# STARS DER FORMEL 1

## Ein Tribut an 25 berühmte Grand Prix-Fahrer

# STARS DER FORMEL 1

## Ein Tribut an 25 berühmte Grand Prix-Fahrer

SERAG AG, Verlagsunternehmen, CH-8808 Pfäffikon

**Titelseite:** Gilles Villeneuve, wie ihn die Welt in Erinnerung hält. Der Ferrari T5 war 1980 hoffnungslos unterlegen, aber Gilles gab nie weniger als sein Ganzes. Hier mit rund 250 km/h im Ausgang der Rindtkurve in Zeltweg.



Die englische Ausgabe ist erschienen bei Patrick Stephens Limited, Wellinborough, unter dem Titel »GRAND PRIX GREATS«

Die Übersetzung in die deutsche Sprache besorgte Frau Dane Kurth-Rowe, Boswil/SO.

1. Auflage 1986

Postfach 8, CH-8808 Pfäffikon, Telefon 01 / 7 84 85 95



ISBN 3-908007-15-1

Satz und Druck: Schwabenverlag AG, 7302 Ostfildern 1

# INHALT

# VORWORT

## von Murray Walker

Über den Motorrennsport gibt es viel Lesestoff. Wenn Sie die Kolbenfläche des 1937er Mercedes-Benz W125 (sie betrug rund 555 $cm^2$!) wissen möchten, oder wer die grösste Anzahl sukzessiver Grand Prix Pole-Position besetzte (Niki Lauda 1974), über die Geschichte des einzigen österreichischen Grand Prix in Zeltweg 1964 - oder über sonst ein obskures Ereignis lesen möchten - gibt es Bücher, in welchen Sie sich informieren können. Ich weiss es, weil ich sie sammle!

Aber in einem Sport, wo es ebenso um Männer wie um Maschinen geht, gibt es nur wenige, die uns wirklich etwas über die Fahrer erzählen. Ich meine, etwas über die Personen, ihre Persönlichkeiten, Ansichten, Finten und Schwächen. Was haben sie gern und - noch interessanter - was haben sie nicht gern? Das Ihnen vorliegende, wunderschöne Buch von Nigel Roebuck tut genau das, und ich verspreche Ihnen, dass, wenn Sie begonnen haben, seine warmen, aufschlussreichen Skizzen einiger der grössten Rennfahrer der Weltgeschichte zu lesen, es Ihnen schwerfallen wird, das Buch wieder abzulegen. Nigel ist als Biograf für die von ihm so gut beschriebenen Männer sehr gut qualifiziert. Er ist nicht nur einer der führenden Historiker und Autoren des Grand Prix-Sports, sondern wirklich ein Freund der Fahrer selber, ein Freund, welchem die Piloten ihre Gedanken und Gefühle anvertrauen können. Aus eigener Erfahrung weiss ich, wie schwer es ist, ein solches Ansehen zu verdienen.

Ich schreibe dieses Vorwort in dankbarer Anerkennung der Freundschaft und Hilfe, welche ich seit Jahren von Nigel empfangen habe, und voller Hochachtung seines Talents, die Essenz so vieler grossen Grand Prix-Fahrer in einer unterhaltsamen Weise weitergeben zu können. Es ist nur schade, dass, nachdem er meinen Appetit angeregt hat, er diese Arbeit (noch) nicht weitergeführt hat. In der Hoffnung, bald das Nachfolgewerk lesen zu können, wünsche ich Ihnen also beim Lesen von «Band Eins» viel Spass!

*Murray Walker*
*Fordingbridge, Hampshire, November 1985*

# ZU GROSSEM DANK

für die Fotografien in diesem Buch bin ich folgenden Personen und Organisationen verpflichtet: Autosport, Jeff Bloxham, Michael Brown, Paul-Henri Cahier, Jim Chini, Bob Constanduros, DPPI, Edita Lausanne, Geoff Goddard, Jeff Hutchinson, Nick Loudon, David Phipps, Cyril Posthumus, Jad Sherif, Alan Smith, Keith Sutton, Claude Vialard, Emmanuel Zurini.

# EINLEITUNG

Was den Titel dieses Buchs betrifft, muss ich gestehen, dass mein Verleger gewonnen hat. Am Anfang dachte ich an etwas esoterisch und kunstvolles, aber ich wurde öfters darauf aufmerksam gemacht, dass ein Titel dem potentiellen Käufer etwas bedeuten sollte, anstatt ihn zu verwirren. Am Schluss gab ich also nach . . .

Mein Hauptargument war, dass der Titel «Stars der Formel 1» nicht ganz stimmte. Ich habe über 25 Fahrer geschrieben, und keineswegs kann jeder als «Star» bezeichnet werden. Ayrton Senna, zum Beispiel, wird diese Bezeichnung mit der Zeit zweifellos verdienen, aber als ich dieses Buch schrieb, hatte er bloss zwei Grand Prix-Saisons hinter sich.

Als Charakter sind sie jedoch alle die Bezeichnung würdig, und auf dieser Basis machte ich meine Selektion. Jean Behra, zum Beispiel, ist hier, weil er mein Held war, als ich noch ein Junge war, ein Rennfahrer, der mich wie kein anderer hypnotisierte. Mir würde es schon schwerfallen zu argumentieren, dass er in die gleiche Klasse wie Fangio, Moss oder Brooks gehöre, aber an guten Tagen zählte er wirklich zu den grössten.

Die Idee für das Buch kam von meiner Spalte «Fifth Column», welche ich seit Jahren für «Autosport» schreibe. Diese Kolonne ermöglichte mir, ein Grand Prix-Wochenende voll auszuschlachten; Gespräche und Ereignisse zu erwähnen, welche nicht zum üblichen Rennbericht gehören.

Hin und wieder gibt es allerdings ein relativ langweiliges Wochenende, und der Grosse Preis von Deutschland 1984 in Hockenheim gehörte dazu. Ich schrieb meinen Bericht sofort nach meiner Rückkehr, aber am Donnerstag gab es für mich zunächst nichts, wovon ich schreiben konnte.

Hockenheim war immer so. 1981 rettete mich ein langes und schmerzhaft komisches Gespräch mit Frank Gardner. Ich vergass das Formel 1-Rennen vollkommen und erzählte statt dessen die herrlich trockenen Anekdoten des Australiers: «Der erste Porsche 917 . . . der Computer sagte, der Wagen brauche bloss 9″-Felgen. Aber der Computer war nicht im Fahrersitz . . .»

Diesmal hatte ich jedoch keinen Gardner, der mir aus der Klemme helfen konnte. Gab es sonst noch etwas am Wochenende? Wo bin ich gewesen? Die Situation wurde langsam brenzlig, als ich plötzlich an Rosemeyer dachte. Natürlich! Auf der Autobahn mache ich bei seiner Gedenktafel immer einen kurzen Halt. Das würde doch ein Stück über ihn rechtfertigen.

In dieser Kolumne gab es kein einziges Wort über den modernen Grand Prix-Sport – und doch interessierte sie meine Leser mehr als ich geglaubt hätte. «Gibt's ein Buch über ihn?» fragte mich Derek Warwick beim nächsten Rennen. «Jemand sollte eins schreiben», sagte er, und kurz danach erhielt ich zum gleichen Thema einen Telefonanruf vom Verlagshaus PSL. Auch ihre Aufmerksamkeit wurde durch den Rosemeyer-Bericht auf mich gelenkt. Seit meiner Kindheit war ich vom Grand Prix-Sport besessen, aber mein Interesse lag hauptsächlich im menschlichen Aspekt, in den Fahrern mehr als in den Wagen. Ich sehe fürs Leben gern Rennwagen in Aktion, aber in erster Linie sehe ich diese Fahrzeuge als Mittel für den Fahrer, seine Kunst, seine Persönlichkeit, auszudrücken. Ich habe nicht alle Menschen in diesem Buch gemocht, aber ich respektiere alle für das, was sie zum Rennsport beigetragen haben. Ich hoffe, dass Sie es zwischen den Zeilen lesen können.

*Nigel Roebuck*
*Dorking, Surrey, November 1985*

SHELL
Firestone

# CHRIS AMON

## Auf der Suche nach dem Glück

«Der Fluch des Kommerzialismus bedeutet den Ruin des Sports, und der Rückgang des Rennsports geht auf die heutigen finanziellen Fragen zurück. Der Charme verschwindet, und ich glaube, dass die sportliche Seite vom allfressenden Monster des Kommerzialismus bald verschlungen sein wird. Es ist der Fluch des zwanzigsten Jahrhunderts.»

Ich zitiere das, um zu zeigen, dass sich nichts ändert. Die Worte wurden 1905 von Charles Jarrott gesprochen. Siebzig Jahre später sagten Mike Hailwood und Chris Amon das gleiche. An der Wand meines Arbeitszimmers hängt ein Bild von Chris' Ferrari in elegantem Powerslide in Oulton Park, 1968. Über seiner Unterschrift sind die Worte: «In Erinnerung an die Pre-Mafia Formel I». Amon war der erste Grand Prix-Fahrer, welchen ich gut kennenlernte; und einer der wenigen, den ich als Freund gewollt hätte, auch wenn er mit dem Rennsport überhaupt nichts zu tun gehabt hätte. Für diejenigen ausserhalb dieser Kreise sind viele Grand Prix-Fahrer weder attraktive noch interessante Leute. Wie im Showgeschäft tendieren ihre Gespräche dazu, sich ausschliesslich mit «Dem Geschäft» zu befassen, was sehr lästig sein kann.

Vielleicht ist es unrealistisch, etwas anderes zu erwarten. Fünfzig- oder sechzigtausend Dollar die Woche kann ausserordentlich konzentrationsfördernd wirken. Viele der grossen Fahrer der Geschichte waren egoistisch, gierig und der Aussenwelt gegenüber total blind. In einer normalen Umgebung würden solche Charakterfehler ein einsames Leben bedeuten. Im Formel 1-Sport werden sie als Tugend gepriesen. Von Laffite, zum Beispiel, sagt man, er sei «ein zu netter Kerl. Wo ist der Killerinstinkt?» Glücklicherweise ist Jacques ein viel zu ausgeglichener Mann, um sich darüber Gedanken zu machen. Für ihn ist der Rennsport bloss eines der guten Dinge im Leben, und so sollte es auch sein. «Es gibt Leute in diesem Geschäft», sagte Amon, «über die ich mir Sorgen mache. Bei den GPDA-Sicherheitskonferenzen verlangen sie, dass Bäume gefällt werden, Böschungen eingeebnet und überall Leitplanken errichtet werden. Es ist ein Wunder, dass sie für ihre Hotelzimmer keine Leitplanken verlangen – die meisten Leute sterben ja schliesslich im Bett . . .».

«OK, gut, dann bist du im gleichen Rennen mit diesen Kreuzrittern, und Du siehst, dass sie bereit sind, Dich ohne mit der Wimper zu zucken über ihre geschätzten Leitplanken zu stossen. Ich konnte es nie verstehen. Ich war durchaus nicht gegen die Sicherheit – niemand will getötet oder verletzt werden –, aber für mich war es ein zweischneidiges Schwert, weil mehr Sicherheit zu undisziplinierterem Fahren führt. Vor Stewart nehme ich jedoch den Hut ab, er war kein Heuchler. Er arbeitete schwer für Streckenänderungen. Er war ein harter, aber fairer Fahrer.»

«So lange ich in einem mir vertrauten Wagen sass, machte ich mir über die Rennstrecke keine Sorgen. Es war nicht mein Job, in den Bäumen zu landen. Und wenn irgendein Kerl beim Überholen einen Fehler machte, liess ich ihm Platz – und drückte ihn bestimmt nicht in die Bäume. Was für ein Mensch würde anders handeln?»

«Als ich noch am Anfang war, bedeutete die Strasse verlassen in einen Baum oder einen Telegrafenmast oder in ein Haus oder sonstwas Hartes fahren. Für den anderen Kerl war es genau gleich. Also war der Respekt füreinander – der Verstand, wenn Du willst – absolut unentbehrlich. Einige dieser Leute, die nach Auslaufflächen, Fangzäunen und dergleichen schrien, erwecken den Eindruck, diese Einrichtungen noch vor Sonntagnacht gebrauchen zu wollen.»

Bereitwillig die Angst zuzugeben ist zweifellos die Tat eines mutigen Mannes, und dazu war Chris immer bereit. Er hasste Indianapolis, wusste aber nie wirklich warum, ausser, dass die dortigen Geschwindigkeiten den Unfall eines andern blitzschnell auch zum eigenen Unfall machen können. Amon war vom Gefühl, eingeschlossen zu sein, beunruhigt. «Bruce McLaren sagte, dass ich dort nur konkurrenzfähig sein würde, wenn man Bäume an die Mauern malen würde . . .»

Er liebte die traditionellen schwierigen Strecken, insbesondere Spa Francorchamps. Und eines der grössten Rennen seines Lebens – als er dort 1970 den viel schnelleren BRM von Rodriguez das ganze Rennen lang unbarmherzig hetzte – fuhr er nur Tage nach einem allerletzten Versuch, Indy mal richtig zu verstehen.

«Ich war, als ich nach Hause kam, sehr beunruhigt», sagte er, «weil der Ort mir Angst machte. So etwas ist mir vorher nie passiert, und ich konnte es nicht verstehen. Aber ich freute mich umsomehr über meine Leistung in Spa – und glaube, wenn Du irgendwo Angst bekommen würdest, dann dort. Unser Durchschnitt betrug rund 240 km/h, samt Stacheldraht, Bäume und alles – und dabei war ich nicht viel schneller als in dieser ewigen Linkskurve von Indy!»

«In der letzten Runde behielt ich im Masta-S meinen rechten Fuss unten, und Du darfst nicht verges-

Oulton Park 1968. Amon und sein geliebter Ferrari V12 jagen im Gold Cup-Rennen Stewarts Matra. «Anpressdruck» und «Slicks» gehörten noch nicht zum F1-Vokabular. Es war eine langsame Zeit für die Technologie, aber eine grossartige für die Zuschauer.

sen, dass der Wagen der March 701 war, ein ziemlich schlimmes Automobil. Masta ist doch die links-rechts zwischen den Häusern mit über 280 km/h. . . also warum zum Teufel habe ich vor Indy Angst gehabt? Frage mich was anderes!»

Die Geschichte hält Moss als den Mann in Erinnerung, der nie eine Weltmeisterschaft gewann. In der gleichen Weise wird Amon als «der Mann, der nie einen Grand Prix gewann», abgestempelt. Es war eigentlich kein Wunder: Er war unorganisiert (oft in einem gerade heroischen Grad), sein Leben jenseits der Rennstrecke war fast immer undiszipliniert, und er war offenbar immer zur falschen Zeit im falschen Team. Er lief also ständig dem Pech in die Arme. Seine Karten kamen anscheinend immer von unten - sogar wenn er sie selber verteilte.

Jochen Rindt sagte öfter, dass Stewart und Amon seine einzigen wahren Rivalen seien. Stewart ist vorsichtiger: «Für mich gehörte Chris' rohes Talent in die oberste Klasse. Für ihn war es so einfach, fliessend und natürlich. Seine Beherrschung des Wagens war wunderschön anzusehen. Das traurige war nur, dass er viel seines Talents verschwendete . . .» Das tat er. Erstens hatte er nie den Ehrgeiz, auf den sich der echte Erfolg stützen muss. Er schob alles auf die lange Bank. Domani, tomorrow, morgen: So lebte er - so wollte er leben.

Eines Mittwochs im August 1975 rief er mich an. «Mo Nunn hat mich gebeten, am kommenden Wochenende in Österreich seinen Ensign zu fahren. Willst Du mitkommen?» Ich legte meinen Horror vor Kleinflugzeugen beiseite und begab mich am folgenden Morgen zum Flugplatz. Ich weiss nicht mehr warum, aber wir sind spät gestartet. Als wir über Österreich waren, war der Militärflugplatz in Zeltweg schon geschlossen, und wir mussten nach Graz ausweichen. Dort dauerte es eine Ewigkeit, einen Mietwagen zu finden.

«OK», sagte Chris, «nun, wo übernachten wir?» Niemand wusste es. «Habe ich den Namen des Hotels nicht irgendwann erwähnt?» «Nein.» «Ach so . . .» «In Zeltweg gibt es nicht allzuviel Hotels», sagte ich.

«Ich glaube nicht, dass es in Zeltweg selber ist», kam die Antwort.

«Nun, wie heisst es denn?» fragte ich. Stille. Schliesslich sagte er, dass er sich an etwas wie ‹knikkers› (Höschen) erinnerte. «Niklasdorf?» wagte ich. Es musste dort sein, also riefen wir alle Hotels dort an, bis jemand sagte ja, Ensign habe dort Zimmer reserviert. Als wir ankamen, räumten sie gerade die Teller weg.

Das Wochenende war für Chris das erste mit dem Team, und für Nunn und seine Leute war es eine revolutionäre Erfahrung. «Er ist unglaublich», flüsterte Mo. «Wir versetzen den Flügel um einige Millimeter – und er merkt es. Das sind wir nicht gewohnt.»

Der Renntag war schrecklich. Während dem Aufwärmen am Morgen verunglückte Mark Donohue in der extrem schnellen Hella-Lichtkurve, und am frühen Nachmittag wussten wir, dass er nicht überleben würde. Das Rennen wurde in geradezu Wagnerischen Bedingungen abgehalten: Regen, schwarzer Himmel und Blitz. Alle waren erleichtert, als es vorbei war.

Am Abend waren Amons Emotionen gemischt. Er trauerte über Donohue, freute sich aber trotzdem, wieder zur Formel 1 zu gehören und war froh, dass er alles heil überstanden hatte. «Schnaps!» rief er nach dem Abendessen, «für alle!»

«Ist er immer so?» flüsterte Nunn. «Ich meine, wir haben nie einen Fahrer gehabt, der raucht, geschweige denn . . .»

Im guten und im schlechten konnte sich Chris nie damit abfinden, dass das Leben eines Rennfahrers monastisch sein sollte. «Wenn das der Fall ist», bemerkte er oft, «dann will ich nicht mitspielen. Ich glaube, es kommt von meiner Zeit bei Ferrari», lächelte er. «Wir machten in Modena den ganzen Morgen Probefahrten, dann gingen wir für das Mittagessen zum Alten. Dort gab es immer Wein mit den Nudeln. Einmal – ich war eben erst zu Ferrari gekommen – merkte ich, dass wir alle je eine Flasche Lambrusco getrunken hatten – Du weisst, wie das Zeug leicht hinuntergeht. Ferrari sagte, ‹Gut, heute nachmittag wirst Du noch schneller sein!› Und, glaube es oder nicht, er hatte recht. Vor einem Rennen blieb ich immer vom Alkohol weg. Wenn alles vorbei war, dann OK, ich trank ein Glas oder zwei.»

Drei Jahre lang arbeitete Amon für Maranello, und sie waren bei weitem die glücklichsten seines Rennlebens. Es ist für viele der heutigen Rennfahrer zur eintönigen Norm geworden, vom Erbgut des Sports (d. h. alles, was vor ihrer aktiven Zeit passierte) nur wenig zu wissen, oder nichts davon wissen zu wollen. Aber Chris war schon als Kind von Rennwagen fasziniert, und er gibt zu, dass dieses Interesse während seiner Karriere möglicherweise gegen ihn wirkte.

«Ich glaube, ich kam in Europa mit einem Minderwertigkeitskomplex an. Da war ich 19jähriger, der es gegen Clark, Gurney und Kompanie wissen wollte. Es dauerte einige Zeit, bis mir bewusst wurde, dass ich vielleicht sogar eine Chance hätte. Bevor ich Neuseeland verliess, nahm ich an einem Rennen teil, das auch Stirling fuhr. Ich sah aber nur wenig von ihm! Es war in einem Cooper-Climax und ich rutschte mit meinem alten Maserati 250F auf der regennassen Strecke herum. Plötzlich fand ich mich

Das letzte Rennen für die Ferrari/Chris Amon-Partnerschaft. Chris spricht während dem Training für den britischen Grand Prix 1969 mit Mauro Forghieri und Pedro Rodriguez.

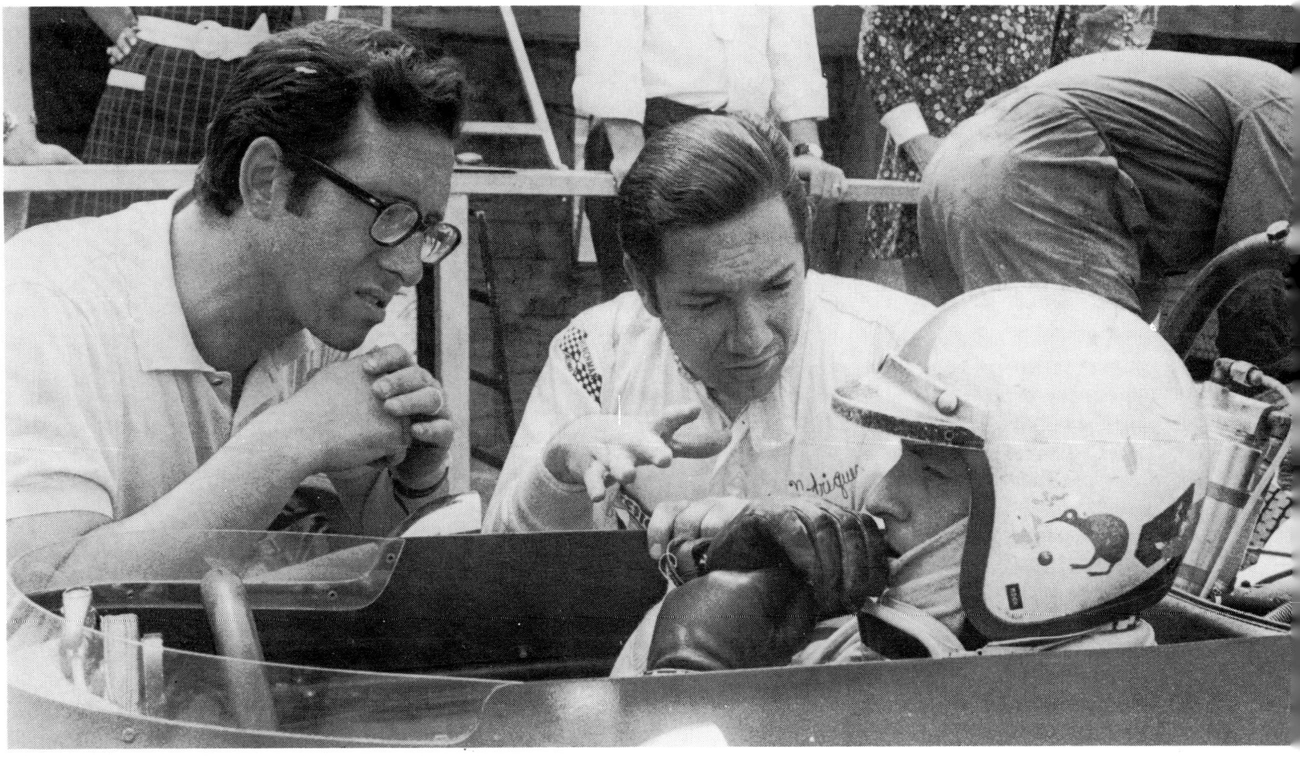

Die weggeworfene Chance. Amon fährt den 12-Zylinder-Ferrari 312B bei seinen ersten Tests im September 1969 in Modena. Nach wenigen Wochen verliess er das Team und suchte frische Weiden bei March.

in einem riesigen Slide, und eine Sekunde später kam er vorbei und winkte seinen Dank. Er dachte, ich hätte für ihn Platz gemacht . . .»

Der 250F passte perfekt zur romantischen Vorstellung des Grand Prix-Sports dieses jungen Mannes. Es war das Vorbild für Rennwagen der 50er Jahre, und da sass er schon mit siebzehn und lernte die Tricks des Übersteuerns, welches ihn nie verliess. Von da an war es der logische Traum, eines Tages für Ferrari zu fahren. Und 1968, mit nur einer Prise Glück, hätte er Weltmeister sein sollen. Achtmal von elf Rennen qualifizierte er sich für die vorderste Startreihe, und es hätte – *hätte* – wenigstens drei Siege geben sollen. In Spa war er wegen seiner um vier Sekunden schnelleren Zeit in Pole-Position. Bei St. Jovite führte er kupplungslos das Rennen mit mehr als einer Minute Vorsprung an, als das Getriebe den Geist aufgab. In Spanien brannte eine Benzinpumpensicherung durch.

Kein Rennen dieses Jahres fasste Chris' Karriere besser zusammen als der Britische Grand Prix. Lange jagte er Jo Sifferts Rob Walker-Lotus 49. «Weisst Du, Seppi und sein Wagen haben fast nie ein Rennen beendet, und als sie einmal ein Rennen gewannen, musste es ausgerechnet vor mir passieren. Es war das gleiche mit Pedro in Spa zwei Jahre danach. Ich wusste, dass BRM die Distanz nicht durchhalten könnte, aber an jenem Tag haben sie es geschafft . . .»

«Uns gelang es, die Lenkung des Ferraris besser als bei sonst einem Wagen einzustellen, aber der alte V12 hatte einfach keine Leistung. Es tönte wie einen Zwitter, und Ferrari-Motoren hatten den Ruf, doch sehr muskulös zu sein. Man glaubte uns also nicht – Enzo Ferrari am wenigsten! Auf der Geraden wurden wir von den anderen einfach weggepustet, aber trotzdem gehörten die Rennen dieses Jahres zu meinen besten.»

Mauro Forghieri ist in seiner Einschätzung von Amons Talent weniger zurückhaltend: «Als Testfahrer war er der Beste, den ich kannte, und es ist eine Tatsache, dass wir ihm nie einen Wagen gaben, welcher ihm würdig war. Meiner Meinung nach war er so gut wie Clark . . .» Wir können jedoch nicht übersehen, dass Jimmy 25 Grand Prix gewann, während Chris nur ein paar nicht zur Weltmeisterschaft zählende Rennen als Sieger beendete. Er gewann Le Mans und einige andere Sportwagenrennen und schlug Rindt offen und ehrlich bei der Tasman-Meisterschaft.

Seine grösste Tragödie war, dass er Ferrari genau in dem Moment verliess, als der neue 12 Zylinder-Motor eingeführt wurde; der Commendatore hatte wegen dem Übernahmegeld von Fiat ein grösseres Budget als je zuvor. Nach drei Jahren mangelnder Leistung und Unzuverlässigkeit entschloss sich Chris für den Cosworth und unterschrieb beim jungen March-Team einen Vertrag.

«Chris», sagte Ferrari, als sie sich voneinander verabschiedeten, «ich werde vor Dir einen Grand Prix gewinnen . . .»

Nach March kamen zwei Jahre bei Matra, und es gab eine Wiederholung der Ferrari-Geschichte: Ausgezeichnetes Chassis, schöner Sound, keine Pferde. Auch hier hätte es Siege geben sollen, vor allem 1972 in Clermont Ferrand, wo Amon unangefochten in Führung lag, bis er eine Reifenpanne erlitt. Seine Aufholjagd an diesem Tag gehört zu dem spannendsten, das ich je erlebt habe. «Amon - Seigneur!» proklamierte am nächsten Morgen die Schlagzeile von ‹L'Equipe›. Chris zeigte sich darüber ein bisschen verletzt. «Zugegeben, es war eine meiner besseren Fahrten, aber Hauptsache der Wagen war bereit, einmal richtig mitzumachen.»

Wie viele andere milde und höfliche Leute konnte Amon, wenn auch nur selten, so wütend werden, dass man am liebsten in Deckung ging. Sein Problem war, dass er alles auf die leichte Schulter nahm. Unzufriedenheit wurde unterdrückt und wie alter Wein begann sie zu gären, und wenn der Korken wegflog, ging die Hölle los.

Aber die meiste Zeit war er ein exzellenter Gesellschafter, ein unübertroffener Erzähler mit einem Humor so trocken wie Gordons Gin. Vielleicht war seine Persönlichkeit einfach zu menschlich, um mit einer Karriere im Grand Prix-Sport kompatibel zu sein. Er glaubte, er sei zur falschen Zeit auf die Welt gekommen: «Im heutigen Rennsport sehe ich von Ethik kaum eine Spur», sagte er kurz nach seinem Rücktritt. «Es scheint mir ganz falsch, dass man sich den Weg in die Formel 1 kaufen kann. Das Geld sollte in jedem Sport sekundär sein, wie es immer für Jimmy Clark war.» In den mittleren 70er Jahren war dies bestimmt nicht die Meinung der Mehrheit. Gegen Ende seiner Karriere war Chris gegenüber dem Rennsport äusserst zynisch, blieb jedoch weiterhin zu leichtgläubig. 1972 erhielt ich von einem Verlagshaus den Auftrag, die Amon-Biografie zu schreiben. Im nachfolgenden Winter verbrachten ich und mein Tonbandgerät viele Tage bei Chris zu Hause. Ich staunte über sein unglaubliches Erinnerungsvermögen und war vom Strom der Anekdoten fasziniert.

Beispiel: «Ich fuhr 1966 bei diesem Indy-Rennen in Fuji zusammen mit Hill und Stewart. Es wurde zu einem Zweikampf zwischen den ‹Briten› und den Profis von USAC. Alles lief unter einem ziemlich mageren Budget - ich meine, wir hätten mit dem Zug und dann mit dem Bus zur Rennstrecke fahren sollen! Graham kannte den Rolls Royce-Vertreter in Tokyo, und er organisierte für uns einen Silver Wraith oder so etwas, komplett mit Chauffeur. Das war grossartig. Wir sausten an der USAC-Brigade in ihrem Bus vorbei und gaben ihnen das königliche Winken. Sie hatten uns gar nicht etwa gern . . .»

«In Fuji ist eine Haarnadelkurve, und ich glaube, dass die meisten Amerikaner nie zuvor eine gesehen hatten, wenigstens kam es mir so vor. Sie trainierten einer nach dem anderen und kamen mit der Kurve nie zurecht. Graham, Jackie und ich sassen in den Boxen, warteten, bis wir dran waren, und wurden hysterischer und hysterischer. Jedesmal hörten wir, wie ein Offenhauser zur Haarnadelkurve mit Vollgas hinunterdüste, dann kam ein heftiges Gekreisch von blockierten Rädern, dann war es für einen Moment still - als die die Grasfläche umpflügten - und schliesslich ‹bums›, wenn der Fahrer in der Böschung einschlug. Es dauerte dann immer ein paar Minuten bis irgendein Amerikaner mit rotem Gesicht zu Fuss erschien und uns im Vorbeigehen einen bösen Blick zuwarf.»

Endlich einen Formel 1-Sieg. Chris' March 701 besiegt Jackie Stewarts ähnlichen Wagen beim International Trophy 1970 in Silverstone.

«Für das Rennen hatte ich einen alten Vollstedt. Die Anordnung der Pedale war sehr ungewöhnlich: Bremse, Gas, Kupplung. Aber er lief im Rennen ziemlich gut, und ich kämpfte mit Andretti um den dritten Rang. Dabei landete ich auf einer Böschung. Ich überrundete gerade einen Kerl namens Chuck Hulse, der einen der alten Indy-Roadsters - ohne Rückspiegel - fuhr. Ein Spiegel hätte diesem Mann sowieso nicht viel genutzt, er war nämlich im rechten Auge blind und im rechten Ohr taub. Ja, Du hast richtig geraten, ich überholte ihn rechts.»

«Aus irgendeinem Grund entschloss er sich in diesem Moment nach rechts abzubiegen, und so endete mein Rennen. Er hatte absolut keine Tiefenschärfe. Man sagte, es käme davon, dass er so oft auf dem Kopf gelandet sei. Ich fragte mich, was wohl zuerst gekommen war, das Huhn oder das Ei?»

Es schien uns, die Basis für ein sehr unterhaltsames Buch zu haben - und dann verschwand eines Nachts der Verleger. Ohne es zu wissen, war ich nur einer in einer langen Reihe von Personen, die Chris enttäuscht hatten. «Macht nichts», zuckte er mit den Schultern. «Es wirkte therapeutisch für mich, wieder mal über alles zu sprechen.» Wir haben keinen Vertrag gehabt, gar nichts. Heute weiss ich es besser. Ich frage mich, ob er es auch tut.

In erster Linie war es seine eigene Integrität, welche ihm zum Verhängnis wurde. Nach einem planlosen Jahr bei Tecno 1973 entschloss er sich, in Zusammenarbeit mit John Dalton einen eigenen Wagen zu bauen. Ein unbekannter Konstrukteur produzierte Zeichnungen eines unpraktischen Autos, und von Anfang an war das Projekt ein Desaster. Schon früh im Leben des unglücklichen Fahrzeugs wusste Chris, dass es nie funktionieren würde.

Im Herbst 1973 bekam er von Ferrari ein festes Angebot - etwas, wovon er fast seit dem Tag seiner Trennung von Ferrari geträumt hatte. Aber er konnte nicht. Er hatte Dalton sein Wort gegeben. Einige Wochen später bot ihm Teddy Mayer für 1974 den Yardley McLaren M23 an und erhielt die gleiche Antwort.

Die Saison war halb vorbei, und das Amon F1-Projekt lag in Fetzen, als Ricky von Opel das Brabham-Team verliess. Bernie Ecclestone rief Chris an, der wiederum «nein» sagte. Beim nächsten Rennen, in Brands Hatch, sass Carlos Pace im Brabham. Der Wagen von Amon war nicht mal gemeldet. «Ich möchte ihn am liebsten in Brand stecken...», sagte er.

Danach war Chris eine Zeitlang wie ein Spuk ohne Schloss - er versuchte sein Glück bei der Formel 5000, aber ohne grossen Enthusiasmus. Es gab jedoch einen schönen Tag im Frühsommer 1975, an welchem er mit dem gleichen Ferrari P4, mit welchem er und Lorenzo Bandini vier Jahre zuvor in Daytona und Monza gewonnen hatten, eine Reunion

Während der ersten Hälfte des Grand Prix de France von 1972 führte Amon mit dem Matra MS2120D überzeugend vor Hulme und Stewart, bis eine Reifenpanne ihn zurückwarf. Chris' Aufholjagd zum dritten Platz in Clermont Ferrand war sensationell.

Im hoffnungslos unterfinanzierten Ensign fuhr Amon während seiner letzten Formel 1-Saison 1976 einige erstaunliche Rennen. Hier setzt er in Zolder Hunts McLaren unter Druck.

feierte. Jetzt war er in Oulton Park und nahm mich für einige aufregende Runden mit. Im Rennen schaute ich ihm bei der Arbeit zu, wie er seitwärts durch Old Hall kam, und staunte, dass so viel Können verschwendet wurde. «Wunderbar!» rief er nachher. «Es war, als durfte ich ein paar Stunden mit einer alten Flamme verbringen.»

Als er einige Wochen später das Angebot akzeptierte, den Ensign zu fahren, wurde er von den meisten Aussenstehenden für verrückt gehalten, aber bald mussten sie zugeben, dass er nichts von seinem Talent verloren hatte. Im folgenden Jahr überraschte Amon die reichen Teams mehr als nur einmal, und in Schweden gelang es ihm und seinem Budgetwagen, sogar die dritte Startposition zu erobern. Zweimal ging das Auto kaputt: In Zolder landete es verkehrt auf der Strasse, und in Anderstorp schlug es mit voller Wucht in die Leitplanken. Besorgt, dass es nochmals passieren könnte, entschloss er sich, nach Niki Laudas Unfall beim Grossen Preis von Deutschland nicht teilzunehmen. «Der Ring ist für unsere Autos eine besonders harte Strecke», erklärte er. «Wenn ich einen Unfall baue, möchte ich gerettet werden. Und soviel ich sehe, dauert das hier zu lange.»

Kurz danach begann die «Anti-Nürburgring»-Kampagne. Chris kümmerte sich nicht darum. «Ich weiss nicht, was das soll», sagte er. «Meiner Meinung nach haben sie den Nürburgring schon 1970 zerstört, als sie die Kurven breiter machten und die Bäume fällten. Sie haben damit auch die Herausforderung weggenommen.»

Seit Ende 1977 lebt er wieder als Farmer in Neuseeland. Es geht ihm gut, er hat endlich mit seiner englischen Frau und ihren drei Kindern Wurzeln geschlagen. Er will immer noch «bald» das Rauchen aufgeben, und ich vermute, dass er Europa mehr vermisst als er zugeben will. Für ihn, das Vorbild des grosszügigen Gastgebers, bedeutet der ideale Sonntag, ein paar Freunde zum Mittagessen einzuladen, im Fernsehen vielleicht einen Cricket-Match anzuschauen und mit seinen geliebten Hunden spazierenzugehen. Aber es gab andere Sonntage, Tage in Clermont Ferrand, Monza und Spa Francorchamps, Tage, an welchen Tausende von Rennfans ihm mit angehaltenem Atem zuschauten, ihm durch Stöhnen ihre Zuneigung zeigten, als er mitten im Rennen in die Boxenstrasse einbog. Es war wirklich eine verschwendete Karriere.

# MARIO ANDRETTI

## Der Mann aus Nazareth

Ich sprach mit Mario einmal über eine führende Persönlichkeit der Rennwelt, einen Mann, dessen Motive für sein Engagement alles andere als selbstlos zu sein schienen. «Auf was», fragte ich, «steht er wohl?»

«Keine Ahnung», antwortete Andretti. «Auf einer Bombe, hoffentlich.»

Er sagt gern, er sei auf diese Welt gekommen, um Rennwagen zu fahren, dass für ihn keine andere Karriere in Frage käme. Ich bin jedoch sicher, dass ihm seine lakonischen Witze in Form von einzelnen Sätzen vor einer Fernsehkamera ein Vermögen eingebracht hätten. Wenn Mario spricht, d. h. die meiste Zeit, ist er entzückend.

Einmal redeten wir über einen anderen Fahrer, jemanden, der nicht mehr der jüngste ist, aber der diese Tatsache nicht wahrhaben will. Er fährt drittklassige Wagen, wann und wo er sie nur kriegen kann. «Was ist überhaupt mit dem Mann?» fragte Mario. «Er hat wohl einen Vertrag bei Manpower.» Als er und Lotus ganz oben waren, ging das Berichtschreiben eines Grand Prix blitzschnell. Seine Zitate alleine sorgten für den halben Bericht. Das einzige Problem lag darin, sie gleichzeitig aufzuschreiben und anzuhören. Andrettis Schlagfertigkeit wegen kaufte ich bald ein Tonbandgerät und trug es immer bei mir.

Für die Journalisten war er Gold wert, und natürlich ärgerten sich einige seiner Kollegen darüber. «Warum schreibt Ihr immer über Andretti?» fragte mich einmal Jody Scheckter. «Immer heisst es ‹Mario dies› und ‹Andretti das›.»

Meine unendliche Faszination für amerikanische Oval-Rennen war manchmal zugleich ein Fluch, weil sie mich zu Orten wie Daytona und Indianapolis führte. Und wenn Sie wissen, wie sich Fahrer wie Cale Yarborough oder Al Unser nach 500 anstrengenden Meilen verhalten, würden auch Sie sich gegen, sagen wir, Patreses Schmollen nach einem ungestoppten Training sträuben.

Andretti wuchs natürlich mit dem American Way of Life auf und war clever genug, schon früh in seiner Karriere die Bedeutung des Starsystems zu merken. Seine jungen Jahre in einem Flüchtlingslager formten seine Philosophie auf Lebenszeit. Als er mit seiner Familie 1955 auf dem Schiff nach New York war, schaute er gar nicht zurück.

Er wurde in Montana, in der Nähe von Triest geboren, in einem italienischen Gebiet, welches kurz nach Kriegsende Jugoslawien zugesprochen wurde. Das Leben, erinnert er sich, sei in den späten 40er Jahren noch schön gewesen.

«Dann kam der Kommunismus an. Alle sollen gleich sein, richtig? Well, das stimmte. Alle waren gleich – alle hatten nichts. So kamen wir ins Lager und darum sind wir in die Staaten ausgewandert. Man vergisst solche Dinge nicht, dass meine Mutter weinte, und ich wusste nicht warum. Also brauche ich niemanden, der mit mir über Kommunismus spricht, nein danke. Das ist nicht Hörensagen, ich habe es selber gesehen.»

«Der stolzeste Tag meines Lebens war, als ich amerikanischer Bürger wurde. Die Italiener können es nicht glauben, aber es ist wahr. Ein Pass wird nichts daran ändern, dass in meinen Venen italienisches Blut fliesst, aber es endet dort. Als ich noch klein war, hat mir mein Land verdammt wenig geholfen.»

Abgesehen von gelegentlichen Überholmanövern ist Mario also konservativ, eine Charakteristik, welche er mit fast allen mir bekannten Fahrern teilt. Laut Mario ist das nicht schwer zu erklären: «Rennfahrer sind eindeutig Leute, die lieber auf sich selber aufpassen, als das dem Staat zu überlassen. Im Cockpit ist man ja ziemlich allein . . .»

Das soll nicht etwa heissen, dass Andretti ein erbarmungsloser Mann ist. Im Spätjahr 1978 arbeitete ich an einem Buch über ihn, und kurz vor Weihnachten flog ich nach Brasilien (wo er Reifentests durchführte), um mit ihm zu sprechen. Eines Abends in São Paulo gingen wir auswärts essen und waren unterwegs ins Hotel zurück. In einer Seitenstrasse sahen wir einen der zahllosen verkrüppelten Bettler der Grossstadt in einem Hauseingang kauern.

«Mein Gott», flüsterte Mario, «diese Stadt ist voll von Sprint-Rennfahrern.» Aber der schwarze Humor, der in harten Sportarten immer anzutreffen ist, wurde vom plötzlichen Erscheinen einer grösseren Banknote entschärft. Als ob er sich seiner Geste schämte, erklärte er: «Ich habe keine Zeit für Leute, die sich nicht helfen wollen, aber das ist nicht dasselbe wie Leute, die es nicht können.»

Es ist nicht leicht, die Fahrer, wenn man sie nur bei den Rennen sieht, gut kennenzulernen. Während dem ganzen Wochenende stehen sie unter Druck, und es bleibt kaum Zeit, von was anderem als vom Untersteuern und vom Ansprechverzug zu sprechen. Während jener Woche in Brasilien sammelten wir jedoch Material für das Buch. Dabei hatte Mario die Gelegenheit, über sein Leben nachzudenken, und ich konnte Einsicht in seine echte Persönlichkeit gewinnen. Wer hätte zum Beispiel gedacht, dass der

Agip
Mario Andretti
Marlboro
WORLD CHAMPIONSHIP TEAM
CW'85

neue Weltmeister Carnegie Hall besuchte, um sich «Rigoletto» und «I Pagliacci» anzusehen? «Das Blut in meinen Venen ist italienisches Blut . . . Nein, das vergass ich nicht.»

Was mich am meisten beeindruckte, war, wie er mit Leuten, sei es Ingenieure, Streckenposten, Kellner, anderen Rennfahrern oder Fans, umgehen konnte. Alle wollten etwas anders von ihm, und er fühlte sich mit jedem wohl. Wir gingen zum Beispiel in ein Restaurant, und bevor wir einen Drink bestellen konnten, gab es im Hintergrund ein gemurmeltes Summen, Augen schwenkten, da ihre Besitzer zu scheu waren, den Kopf umzudrehen, um ihn anzustarren. Dann kamen sie langsam zu unserem Tisch herüber, um eine Freundin zu beeindrucken, ihm die Hand zu schütteln, sein Autogramm auf ein abgerissenes Blatt Papier einzufangen.

Im folgenden Sommer, nur ein paar Tage vor Silverstone, wurde das Buch bei einem Diner in London vorgestellt, und danach verdrückten sich ein paar von uns in ein kleines italienisches Restaurant. «Hey Mario!», rief uns eine amerikanische Stimme zu, als wir über Trafalgar Square gingen. Mehr Hände schütteln, mehr Autogramme. Und als wir beim Restaurant ankamen, musste der Oberkellner zweimal hinschauen. Der grosse Andretti . . . hier!

Der unwiderrufliche Beweis für Marios Charisma kam jedoch von einer unerwarteten Quelle. Meine Frau interessiert sich für den Rennsport etwa wie ich mich für das Jonglieren, aber Andrettis Präsenz und Charme beeindruckte sie sehr. «Das», sagte sie, als sie ihn kennenlernte, «ist ein Star. Auch wenn Du nicht wusstest, wer oder was er ist, würdest Du soviel mit Sicherheit wissen.»

Er ist wirklich ein Star. «Was das Publikum in Indianapolis betrifft», erklärte A. J. Foyt in einem schwachen Moment, «sind nur Mario und ich etwas wert.» Es war das einzige Mal seit Menschengedenken, dass Anthony Joseph einen anderen Fahrer mit sich in eine Klasse einstufte. Und er hatte wahrscheinlich recht.

1982 schien es, als ob Andrettis Formel 1-Tage vorüber seien. Er hatte sich entschlossen, nicht bei Alfa Romeo zu bleiben – «Nicht mal um das Raumforschungsprogramm zu retten!» – und widmete sich dem CART oder, wie er es immer noch nennt, «Meisterschaftsrennen». Eine Probefahrt für Williams in Long Beach verlief enttäuschend, aber später im Jahr kam «Der Anruf». Pironi war verletzt und Enzo Ferrari suchte einen Teampartner für Tambay in Monza.

Aus Amerika kam die Meldung seiner Annahme.

Der Mann, der alles erreicht hat. Die Reifen von Andrettis Dirt Track-Wagen rauchen in Sacramento, 1969.

Einer der ersten Ausritte im Ferrari. Nach Problemen am ersten Tag versuchte Mario verbissen, seinen 312B für den Monte Carlo Grand Prix von 1971 zu qualifizieren, aber das nasse Wetter machte ihm einen Strich durch die Rechnung.

«Habe ich zugesagt?» echote er als ich ihn anrief. «Hey, das hier ist Ferrari! In Monza, Mensch! Wie kann man dazu nein sagen?»

Seine Ankunft in Malpensa war eine Tour de Force. Die Kavallerie war zur Rettung unterwegs! Fernsehkameras peilten das Alitalia-Flugzeug vor der Landung an und filmten das Anrollen auf der Rollbahn. Reporter sammelten sich in der Nähe der Treppe.

Die Tür wurde geöffnet und Mario kam alleine heraus, ein breites Lächeln auf dem Gesicht, die Arme hoch. Auf dem Kopf – welch wunderbare Note von Showmanship – war eine Ferrari-Mütze. Es war die reine Schau, eine Frage von «den Leuten geben, was sie haben wollten», und so leicht erreicht. Dieses Stück Fernsehfilm erhöhte die Besucherzahl in Monza wahrscheinlich um runde 10 000.

Ähnlich ging es am Freitagmorgen zu, als er in Monza ankam. Andretti trug einen neuen Rennoverall mit all den üblichen Ferrari-Annähern, genau wie er in Long Beach «Williams»-Kleider getragen hatte. Nicht ein um die Ecke gekaufter Overall mit temporär und schief angenähtem steigenden Pferd.

«Ferrari hatte mich für das Wochenende angestellt, und ich musste für ihn, in jeder Hinsicht, mein Bestes geben. Ich kann Nachlässigkeit nicht ausstehen, egal ob im Rennsport oder sonstwo. Für mich ist Schlamperei keine Tugend, vor allem nicht, wenn es geplant ist. Ich finde es nicht besonders clever, wenn Hunt in Jeans und Turnschuhen zu einem formellen Diner geht. Ich finde es ignorant. OK, wenn Du Weltmeister bist, müssen sie sich damit abfinden, weil sie Dich dort haben wollen, aber nachher . . .»

Andretti stellte seinen Ferrari auf die Pole Position in Monza und wurde im Rennen dritter. In Las Vegas, zwei Wochen später, musste er wegen einer defekten Aufhängung aufgeben, und das war bestimmt sein letzter Auftritt in einem Formel 1-Wagen. Obwohl sein Name im Grand Prix-Sport immer mit Lotus synonym bleiben wird, gefällt ihm die Tatsache, dass sein Schwanengesang in einem Ferrari stattgefunden hat.

«Es besteht kein Zweifel: Die zwei wichtigsten Personen meiner Karriere waren Clint Brawner, der mir mein erstes Meisterschaftsrennen ermöglichte, und Colin Chapman. Brawner ging mir oft auf die Nerven, er jammerte so oft. Frage ihn die Uhrzeit und er wird Dir alles über seine Uhr erzählen. Aber er hatte eine gute Organisation und wir kamen gut miteinander aus.»

«Die Zeit mit Colin waren auch nicht gerade Flitterwochen, aber mit einem Genie wird man immer

Das Weltmeisterteam. Mario Andretti und Colin Chapman schlossen sich während eines Tiefpunkts in ihren Karrieren zusammen, aber die Partnerschaft löste eine Periode der Lotus-Überlegenheit aus.

Probleme haben, nicht wahr? Wenn ich auf unsere Zusammenarbeit zurückblicke, kommt es mir vor, als ob wir uns genau zum richtigen Zeitpunkt trafen. In den mittleren 70er Jahren waren unsere Karrieren an einem Tiefpunkt, und wir hatten zusammen genug Energie aufzustehen und die Situation zu ändern. Wir waren Zündkerzen füreinander.»

«Weisst Du, das einzige, an was sich die Leute über Japan 1976 erinnern, ist, dass Hunt die Weltmeisterschaft gewann und dass Niki aufgeben musste. Das ist verständlich, aber mein Sieg dort war wahrscheinlich der wichtigste meines Lebens. Es war das letzte Rennen des Jahres, der erste Lotus-Sieg seit langem, und Colin freute sich wie ein Kind. Während des Winters dachte er an nichts anderes als an die kommende Saison, und das Resultat war der Lotus 78.»

«Der Wagen war so fortschrittlich – allerdings konnte er auf den Geraden sich selber nicht aus dem Weg gehen! Wir gewannen mehr Rennen als sonst jemand, aber nicht die Weltmeisterschaft, und in Colin brannte immer noch ein Feuer. Also baute er den 79er, der uns endlich den Titel brachte . . .»

1978 in Monza erreichte Mario seine Ambition – er gewann die Weltmeisterschaft. Dort verlor er auch seinen Teampartner, einen Mann, der zu einem seiner engsten Freunde geworden war. Ronnie Peterson starb zwölf Stunden nach dem Rennen im Spital.

«Ich muss sagen, dass ich eine Zeitlang durcheinander war. Meine Emotionen, die Höhen und Tiefen, waren verwirrt. Ich hatte bekommen, was ich mir so lange gewünscht hatte, und zur gleichen Zeit verlor ich wieder einen engen Freund. Wir wussten am Abend, dass Ronnie Knochenbrüche erlitten hatte, aber niemand ahnte, dass er sterben würde. Das war das schrecklichste daran. Der Rennsport hat schöne Momente, aber leider bedeutet auch so etwas.»

«Manchmal stört es mich, dass ich nach dem Tod eines Freundes nicht entmutigt bin. Natürlich traueere ich, aber ich spiele nie mit Rücktrittsgedanken oder etwas ähnlichem. Es ist eine Art Übermacht. Ich kann sie nicht erklären, aber sie ist verdammt viel stärker als die Vernunft. Es muss das sein. Ich zweifle, ob es auf dieser Erde jemand gibt, der das Leben mehr liebt als ich, aber ich liebe auch meinen Job, und manchmal hat er leider seinen Preis.»

«Es ist kein Geheimnis; ich ziele immer auf die oberste Budgetzeile, aber wenn ich nur des Geldes wegen dabei wäre, hätte ich, wie viele andere auch, schon lange meinen Rücktritt erklärt. Ich hasse es, wenn Fahrer sich vorzeitig vom Sport zurückziehen. Wenn Männer wie Jackie Stewart den Sport wirklich liebten, hätten sie es nicht fertiggebracht, aufzuhören. Sie würden es immer noch aus Spass machen. Ich kann mir nicht vorstellen, dass jemand bloss gegen Bezahlung sein Leben riskieren kann.»

«Ich glaube, Stewart war stark genug, mit seiner

Gegen Andretti und den Lotus 78 hatten die Gegner beim Gran Premio d'Italia in Monza 1977 keine Chance. 23 Jahre zuvor hatte er dort Ascari zugeschaut und seinen zukünftigen Weg festgesetzt.

Entscheidung fertig zu werden, aber ich mache mir Sorgen um die Leute, die zurückkommen. Was sind wohl ihre Motive? Sie haben sich wahrscheinlich gelangweilt, waren im normalen Leben frustriert, was in diesem Geschäft sehr gefährlich sein kann. Die Frust ist der sicherste Weg ins Grab.»

In den mittleren 80er Jahren etablierte sich Andretti nochmals als einer der führenden Indy-Fahrer unserer Zeit, eine Beschreibung, welche schon vor zwanzig Jahren zu ihm passte. Ein Rücktritt, betont er, komme überhaupt nicht in Frage.

«Ich glaube, die besten Jahre eines Mannes kommen, wenn er rund vierzig ist, auch für einen Rennfahrer. Ich werde jetzt weniger müde, ich mache kein Fitnesstraining und brauche es auch nicht. Ich fahre immer Rennwagen, und bin immer rennwagenfit.» Er lernte sein Handwerk in der härtesten Schule; mit Sprintwagen bei Dirt-track-Rennen, und er bestreitet nie die Andeutungen – manchmal auch die Vorwürfe –, dass sein zweifellos aggressiver Stil hier seine Wurzeln hat. Der von Hunt wegen einem Überholmanöver in Zandvoort kritisierte Fahrer ist auch der Mann, der in den Arenen von Indiana und Pennsylvania zahllose Kämpfe gegen Foyt bestritten hat.

«Sicher», stimmt er zu, «ich ging dort zur Schule. Ein Teil des Geheimnisses im Rennsport ist zu wissen, wie man den anderen Kerl bescheissen kann. Du musst aber wissen, wie man es tut, ohne ihn zu gefährden, aber im Grunde genommen musst Du ihn einschüchtern, plagen. Ich lernte das in den Ovalen von Leuten wie Don Branson. Er war ein Künstler!»

«Ich kann nicht leugnen, dass meine Persönlichkeit sich ändert, wenn ich in ein Rennauto steige. Es ist auch nichts Romantisches. Ich werde böse, und es stammt von jener unbarmherzigen Lehre bei den Sprints. Da musstest du gnadenlos sein, wenn Du Erfolg haben wolltest.»

Mario verliess den Grand Prix-Sport zur gleichen Zeit wie Alan Jones. Beide Fahrer gaben als Grund für ihre Entscheidung die Unzufriedenheit mit den Wagen an. Das Thema Bodeneffekt erreichte gerade die Spitze des Wahnsinns.

«1981 waren die Wagen wirklich lächerlich, ungeschliffen und ohne jegliche Federung. Das Fahren ging wie der Umgang mit einen Kippschalter, überhaupt ohne Feingefühl. Stampfen und steuern – so musste man fahren. Erfahrung? Vergiss es. Es zählte überhaupt nicht, und das ärgerte mich. Wenn die Schürzen funktionierten, war der Wagen in Ordnung. So einfach war das, und es machte meinen Rücktritt sehr leicht. Ich bin Rennfahrer, weil ich es eben liebe, Rennwagen zu fahren, aber diese Dinger machten mir gar keinen Spass.»

Eines Morgens während unserer Woche in Brasilien gingen wir sehr früh zur Rennstrecke. Ich hatte mich an Marios Freistil-Lösung des Stadtverkehrs in São Paulo schon gewöhnt. Für ihn war eine Lastwagenkolonne bloss eine sich bewegende Schikane, ihre Heckklappen eine Reihe von Scheitelpunkten.

Erstaunlicherweise brauchte Andretti offensichtlich keine Bremsen. Er schlängelte den Wagen von Spur zu Spur, so wie sich Raum zum Überholen ergab. Alles ging so leicht, ohne jegliche Anstrengung, ohne das Gespräch zu unterbrechen. «Kennst Du die Strecke schon?» fragte er mich, als wir ankamen.

Wir fuhren vier oder fünf Runden, bevor wir abgewunken wurden, und Andretti hatte Spass daran, die Grenzen eines VW Passats neu zu definieren: «Im Lotus bin ich hier im vierten Gang . . . diesmal gehen wir ein bisschen tiefer in die Kurve hinein . . .»

Es ist diese bewusste Freude am Fahren, welche Mario von so vielen seiner Kollegen unterscheidet. Für ihn wird es nie Arbeit sein. Um ihn herum findet man alle Zeichen von Erfolg und Wohlstand, aber spricht man von, sagen wir, Sprintwagen, und der Wall Street Börsenmakler-Partner verwandelt sich wieder in den reinen Rennfahrer und beschreibt in einer beinah poetischen Weise seine früheren Tage. «Für mich gibt es keine schönere Ansicht auf der Welt als ein Sprintwagenrennen am Abend . . . die Tribünen und das Fahrerlager in der Dunkelheit und die Rennstrecke im Scheinwerferlicht. Und dort unten steht ein ganzes Feld von Schätzchen, die kaum auf das Grünlicht warten können. Wunderschön! Und wenn sie sich in Bewegung setzen! Die Alkoholabgase von den Auspuffen und ein tiefer, muskulöser Lärm. Es ist verzaubernd, und für mich gibt es sonst nichts in diesem Sport, welches mir die gleiche packende Sensation gibt wie eines dieser Dinger, seitwärts mit 190 Sachen in die Kurve zu werfen. Ich bin seit Jahren keinen Sprinter mehr gefahren, aber bloss der Gedanke gibt mir eine Gänsehaut.»

Andretti besitzt ein herrliches 260 Hektar grosses Grundstück in Pennsylvania. Vor ein paar Jahren habe ich ihn dort besucht. «Der Rennsport», sagte ich, «hat Dir furchtbar viel gegeben.» Ich sagte etwas Falsches.

«Der Rennsport», erwiderte er, «*gibt* Dir nichts ausser Spass. Alles andere musst Du Dir selber nehmen. Viele Leute haben dafür ein Talent, aber die meisten erkennen nie ihr volles Potential. Es ist einfacher, den letzten Teil tief begraben zu lassen. Ich war aber nie ein Wochenendfahrer. Von Anfang an war es nicht genug, bloss einer der Jungs zu sein – und ich habe deswegen viel geopfert. Sicher, ich bin jetzt ein reicher Mann und ich bin ganz sicher nicht einer dieser Leute, die eine fingierte Bescheidenheit vortäuschen. Ich bin über alles, was ich erreicht habe, sehr stolz. Das Geld beeindruckt mich nicht, es wäre denn, die Leute haben etwas geleistet, um ein Leben in der ersten Klasse zu verdienen.»

«Was ich wirklich hasse, sind diese reichen, hochnäsigen Nichtsnutze, die nie ihre Hände schmutzig machen. Meine Frau und ich waren zur Amtseinsetzungsparty von Ronald Reagan eingeladen, wahrscheinlich, weil ich zur Wahlkampagne beigetragen hatte. Dort gab es viele solcher Leute. Nie in meinem Leben habe ich so was Chaotisches gesehen. Wir ka-

Das war 1978. Andretti und der Lotus 79. Sechs Grand Prix-Siege brachten Mario seine langjährige Ambition, die Weltmeisterschaftskrone.

Der Supersubmarin. Nach Pironis Unfall in Deutschland suchte Enzo Ferrari für Monza 1982 einen Partner für Tambay. Andretti konnte dem Angebot nicht widerstehen und bedankte sich bei seinem temporären Chef mit der Pole Position und dem dritten Platz.

men an und sahen eine Reihe Nerzmäntel im Regen stehen. Sie warteten, bis man die verdammten Türen aufschloss. Da stand die High Society der Vereinigten Staaten, nass bis auf die Haut und taten, als ob sie sich nur die Zeit vertreiben wollten. Scheiss d'rauf, dachte ich mir, und sagte dem Wächter, ich wolle mit seinem Boss sprechen. Schliesslich haben sie uns hineingelassen, was die Nerzmäntel wirklich nervte . . .»

Ich vermisse Andrettis Anwesenheit in der Formel 1. Er schliesst die Möglichkeit einer gelegentlichen Fahrt nicht völlig aus (unter der Bedingung, dass es ihm sein CART-Terminkalender erlaubt), sagt jedoch, dass ihm das Reisen heutzutage schwerfällt. Kurz nach seinem 45. Geburtstag unterschrieb er einen Dreijahresvertrag mit dem von Beatrice gesponsorten Haas/Newman-Team.

«Was ist mit Deiner alten Regel, nie für mehr als eine Saison zu unterzeichnen?» fragte ich.

«Nun, weisst Du,» Mario lächelte, «für einen Mann in meinem Alter war es vielleicht cleverer.»

«Dein Lohnzettel sieht wohl wie eine Liste Telefonnummern aus, richtig?» wagte ich zu äussern. «Richtig», kam die Antwort, «mit ausländischen Vorwahlnummern . . .»

# ALBERTO ASCARI

## Mailänder Dynastie

Entweder lieben Sie Monza oder Sie hassen es. Mehr als sonst eine Rennstrecke beschwört das ehrenwerte Autodromo heftige Emotionen herauf. Es ist ein Ort der Anarchie, ein Karneval in Rio mit Rennwagen. Aber obwohl ich die brasilianische Stadt, mit oder ohne Karneval, nicht ausstehen kann und mich weigere, wieder dorthin zu gehen, liebe ich Monza. Seit mehr als sechzig Jahren hat dort die Legende marinieren können. Es stimmt zwar, dass viel vom originalen Charakter durch die Schikanen weggenommen wurde, aber die wesentliche Natur bleibt. In jedem der Gebäude lassen sich Geister fühlen.

Im Fahrerlager steht ein Restaurant. Kein Café mit Fantasiepreisen, welche man bei so vielen anderen Rennstrecken der Welt meidet, sondern ein richtiges Restaurant. Hier ist man ja in Italien, wo man lebt, um zu essen. Während einem Grand Prix-Wochenende muss man stundenlang anstehen und Taschendieben ausgesetzt sein, bis man hineinkommt, aber wenn Sie es endlich geschafft haben, finden Sie Schutz vorm Irrenhaus draussen. Und die Pastas sind fantastisch.

Auch an ruhigen Tagen habe ich dort gespeist, Tage, an welchen nur ein paar Testfahrten ausgeführt wurden. Tortellini alla panna und einige Gläser Barolo, die warme Sonne, die vorübergehend stillen Motoren. Alles kommt zusammen und erinnert einen daran, dass es schön ist, am Leben zu sein. Aber Monza kann auch traurige Erinnerungen wecken. Peterson starb hier, und Rindt. Und an einem Nachmittag in Mai 1955 verlor auch Alberto Ascari hier sein Leben. In der untersten Ecke unserer Abendzeitung befanden sich folgende Worte: «LETZTE NACHRICHTEN: MAILAND: ASCARI, RENNFAHRER, BEI UNFALL GETÖTET.» Ich konnte nicht glauben, dass sie «Den Ascari» meinten. Einen so talentierten Mann mit einer Handvoll Worte abzufertigen?

Ich weiss noch, wie ich vergebens hoffte, dass es sich um einen Namensvetter handelte. Vielleicht war es auf meinen kindlichen Optimismus zurückzuführen, aber es gab wirklich Gründe zum Zweifeln. Testfahrten fanden damals nicht während der Woche statt, und es war Donnerstag. Warum wäre der grosse Ascari an diesem Tag in Monza gewesen? Und, wie hätte er so kurz nach seinem Unfall beim Grand Prix von Monaco in einem Rennwagen sein können? Die Montagszeitungen hatten doch Fotos des spektakulären Flugs seines Lancias in den Hafen gezeigt und die heroischen Rettungsmassnahmen der Froschmänner beschrieben.

Am folgenden Morgen wurde die Meldung bestätigt. Es handelte sich doch um Ascari.

Er hatte in Monaco die Nase gebrochen und wurde angewiesen, sich einige Tage völlig auszuruhen. Am folgenden Wochenende fand jedoch der Supercortemaggiore Gand Prix, ein 1000 km-Sportwagenrennen, in Monza statt. Lancia, welche nicht gemeldet hatten, gaben Ascari die Erlaubnis, einen Werks-Ferrari mit seinem jungen Schützling, Eugenio Castellotti, zu teilen.

Am späten Vormittag am Donnerstag rief Castellotti in der Mailänder Wohnung Ascaris an. Er sei in Monza und macht Probefahrten mit dem neuen Auto. Vielleicht möchte Alberto ihm dabei zuschauen? Zu diesem Zeitpunkt war von Fahren gar keine Rede, und in der Tat verliess Ascari Corso Sempione in einem Anzug und Krawatte.

Im Fahrerlagerrestaurant speiste er mit Eugenio, Ingenieuren und Monteuren des Ferrari-Teams sowie seinem engen Freund Luigi Villoresi. Sein Rükken schmerze ihn, sagte Ascari, und seine gebrochene Nase sei noch empfindlich, aber sonst habe sein ungewolltes Bad im Mittelmeer keine Zeichen hinterlassen.

In den Boxen war Castellotti erstaunt, als Alberto den Wunsch äusserte, mit dem Ferrari einige Runden zu drehen. Wenn man es zu lange lasse, sagte er, bekomme man Hemmungen.

Ascari war ein extrem abergläubischer Mann, und einer seiner Spleens betraf seinen hellblauen, von ihm als Glücksbringer betrachteten Sturzhelm. Villoresi konnte daher seinen Augen kaum trauen, als er sah, wie Ascari den weissen Helm von Castellotti aufsetzte. Da Ascari nicht vorhatte zu fahren, hatte er seinen eigenen Helm zu Hause gelassen. Bevor er auf die Strecke fuhr, nahm er seine Jacke ab, behielt jedoch seine Krawatte an, welche im Wind flatterte, als er die Box verliess.

Seine erste Runde fuhr er sehr locker, die nächste war viel schneller – nur wenige Sekunden langsamer als Castellotis Bestzeit vom Morgen. In der dritten Runde stürzte er aus unerklärlichen Gründen.

Der Ferrari war allein auf der Piste, und sein muskulöses 6-Zylinder-Röhren liess sich um die ganze Strecke hören. Die Männer in den Boxen hörten, wie Ascari aus der Lesmo-Kurve beschleunigte, mit Vollgas durch Serraglio und hinunter nach Vialone fuhr, viel lauter jetzt gegen Ende der Runde. Plötzlich stellte der Motor ab. Es folgte das Knallen der Zerstörung und dann war es still. Vialone ist nicht weit von den Boxen entfernt, und sie rannten zur Unfall-

Das Ferrari Team 1951 in Silverstone: Villoresi, Ascari und Gonzales. Ein Sieg über Alfa Romeo stand unmittelbar bevor, und beim Britischen Grand Prix war es so weit. Gonzales gewann das Rennen.

stelle. Der schwerverletzte Ascari lag neben dem Wagen. Innerhalb weniger Minuten war er tot.

Kurze Zeit später kam Mike Hawthorn an, um für den Sonntag zu trainieren. Er fand das Fahrerlager verlassen und das Restaurant wie eine Echokammer. Meazza, der Chefmechaniker von Ferrari, versuchte, seine Trauer zu verbergen. «Ascari e morto», weinte er, und auch Hawthorn sank in einen Schockzustand. Mike sagte später: »Er war der schnellste Fahrer, den ich je gesehen habe - schneller sogar als Fangio.»

Am Tag der Beerdigung war es still in Mailand. Durch die Strassen der Stadt ging das Gefolge auf seinem traurigen Weg, und Zehntausende seiner Verehrer standen mit gebeugten Köpfen am Wegrand und warfen in letzter Erinnerung Blumen. Er wurde neben seinem Vater Antonio, der dreissig Jahre zuvor beim Grand Prix de France sein Leben verloren hatte, zur Ruhe gesetzt.

Während den nachfolgenden Tagen suchten die Zeitungen Erklärungen für den Unfall und machten viel aus den unheimlichen Zufällen, welche den Tod von Vater und Sohn verbanden. Man bezog sich auf «cabela», einen italienischen Aberglauben Zahlen und Daten betreffend, über welchen Alberto viel wusste. In diesem Fall, fragten die Berichte, war es nicht erstaunlich, dass Ascari ausgerechnet an diesem Tag in den Wagen gestiegen sei? Hatte er nicht gegen mehrere seiner eigenen Regeln verstossen?

Diese Idee machte Eindruck, und weitere Vergleiche kamen ans Licht. Vater Ascari starb am 26. Juli 1926, sein Sohn am 26. Mai 1955. Beide waren zum Zeitpunkt ihres Todes 36 Jahre alt. Bei beiden erreignete sich der Unfall vier Tage nach einer wunderbaren Rettung, und beide Unfälle fanden am Ausgang einer schnellen Linkskurve statt. In beiden Fällen gab es weder eine offensichtliche Ursache noch eine zufriedenstellende Erklärung.

«Nach dem Unfall haben wir den Wagen eingehend untersucht und sind überzeugt, dass er im kritischen Moment in perfektem Zustand gewesen ist», erklärte Enzo Ferrari.

Einige Leute vermuteten, dass Albertos Krawatte ihm ins Gesicht geflattert sei und ihn abgelenkt habe, andere behaupteten, er habe wegen seines Heuschnupfens bestimmt niesen müssen. Oder vielleicht

Monza 1951. Wo es am meisten zählte - vor einem italienischen Publikum -, überquerte Ascari mit seinem Ferrari die Ziellinie vor den Alfa Romeos. Hier versucht Kronprinz Fangio vergebens, Ascari einzuholen.

1952 in Silverstone war Ascari konkurrenzlos. Er führte das Rennen von seiner Pole-Position aus und beendete es mit einer Runde Vorsprung vor seinem Teampartner Taruffi.

wurde er bewusstlos, eine Folge seines Unfalls in Monaco? Und da war sogar eine Geschichte im Umlauf, dass Ascari einem über die Strecke laufenden Gärtner ausweichen musste. Diese Version wurde durch alle möglichen Verzierungen zum Tagesthema. Der Mann habe es einem Priester gebeichtet, wollte eine Zeitung wissen. Jetzt, sagte eine andere, sei er, vom Schuldgefühl und Schmerz in den Wahnsinn getrieben, in einem Irrenhaus. Und schliesslich sagte man, dass er dort Selbstmord begangen habe . . .

Hawthorn, ein Mann mit den Füssen fest auf dem Boden, schlug mit der Logik eines Rennfahrers eine mögliche Unfallursache vor. Seiner Meinung nach war eine Kombination von unpassenden Reifen und die Strassenoberfläche am Desaster Schuld. Englebert, erklärte er, sei damals nicht in der Lage gewesen, die von Ferrari für die 750 Monza-Sportwagen bestellte Reifenbreite zu liefern. Die montierten Reifen seien für die Felgen zu breit gewesen, meinte Mike, und sie neigten dazu, besonders auf den Strassenunebenheiten in der Vialone Kurve, übermässig seitlich zu walken. Er habe es während Testfahrten selbst erlebt, sagte er.

Egal was die Ursache war, Ascari hatte keinesfalls bloss einen Fehler gemacht. Darin waren sich alle einig. Es war unvorstellbar, dass ein Fahrer seiner Qualität an dieser Stelle sich selber in seriöse Schwierigkeit bringen konnte, was 13 Jahre später auch über den Unfall von Clark gesagt worden ist. Trotz ihrer unterschiedlichen Herkunft hatten diese zwei grossen Weltmeister vieles gemeinsam. In einer besonderen Hinsicht waren sie genau gleich: Beide waren am besten, wenn sie ganz vorn lagen.

«Ascari hatte einen präzisen und distinktiven Fahrstil,» erinnert sich Ferrari, «aber er war ein Mann, der vom Start weg in Führung sein musste. Dort war er kaum zu überholen und beinahe unschlagbar. Das war überhaupt nicht selbstverständlich, da der führende Fahrer normalerweise damit beschäftigt ist abzuwägen, wie schnell er fahren muss, um in Führung zu bleiben. Alberto fühlte sich in seiner Rolle als Hase sehr sicher. In dieser Situation war er ein herrlicher Fahrer. Auf dem zweiten Platz oder noch weiter hinten war er weniger selbstsicher . . .»

Das gleiche galt für Jimmy Clark, und seinen grössten Fehler beging er 1965 beim Race of Champions, als er von Dan Gurney unter Druck gesetzt wurde. Ich sehe den Lotus immer noch, wie er am Ausgang vom Bottom Bend in Brands Hatch viel zu weit nach aussen getragen wurde, und danach den grässlichen Unfall. Ich zweifelte an meinen eigenen Sinnen.

Im allgemeinen war Clark damals konkurrenzlos,

und zu seiner besten Zeit, 1953–53, war Ascari in der gleichen Lage. Alberto wurde nie bedrängt, aber 1953 in Monza dauerte ein Ringkampf zwischen ihm, Fangio und Farina vom Start bis ins Ziel. Marimon spielte dabei als Catchpartner auch eine Rolle. Es waren zwei Italiener in Ferraris gegen zwei Argentinier in Maseratis. Für die Zuschauer war es ein hypnotischer Nachmittag.

Alberto führte bis zur letzten Runde in dem Wissen, dass er vom gnadenlosen Farina keine Hilfe erwarten konnte. Auf dem Weg zur letzten Kurve bei Vedano (heute Parabolica) sah Ascari ein paar überrundete vor sich und hoffte, dass ihnen sein Aufschliessen bekannt war. Seinen Fuss vom Gaspedal zu nehmen hiess den Tag zu verlieren. Aber er nahm die Kurve etwas zu schnell, und der Ferrari drehte sich.

Vielleicht passierte Ascari und Clark so etwas, weil ihre Überlegenheit sie vom alltäglichen Zweikampf befreite. Für beide Männer war ein Grand Prix-Wochenende eine unkomplizierte Sache; die Pole Position sichern, das Rennen bis zum Schluss anführen und eine weitere Trophäe für die Vitrine nach Hause nehmen. Sie brauchten bloss zu erscheinen.

Ascari begann seine Rennkarriere auf Motorrädern und stieg später auf Automobile um. Kurz vor seinem 22. Geburtstag nahm er 1940 bei der Mille Miglia im allerersten Ferrari-Modell, dem Tipo 815, teil. Innerhalb von ein paar Wochen hatte Mussolini sein Land in den Krieg gestürzt. Wie so viele seiner Landsmänner war Alberto entschieden gegen die Unterstützung Hitlers und es gelang ihm in den folgenden Jahren zusammen mit seinem Freund Villoresi, ein Transportgeschäft aufzubauen.

Das Unternehmen war so erfolgreich, dass er bei Kriegsende seine Rennkarriere zunächst nicht wieder aufnahm. Er hatte jetzt eine Frau und zwei Kinder und ihre Sicherheit lag immer an erster Stelle. Aber der Reiz war stärker als der Wille. In Ascari hatte Villoresi ein Talent viel grösser als sein eigenes entdeckt, und schliesslich konnte er Alberto überreden, den Platz hinter dem Steuerrad wieder einzunehmen. Ascari war 28 Jahre alt.

Nach einigen Jahren in seinen eigenen Maseratis ging er 1949 zu Ferrari und gewann in Bern den ersten Grand Prix für seinen Commendatore. Während der darauffolgenden Saisons war es allen klar, dass er und Fangio in einer Klasse für sich weit über den anderen waren. Wunderbare Spektakel – Fer-

Ascari nimmt die Flagge am Ende des Italienischen Grand Prix. Es war sein sechster Grand-Epreuve des Jahres – und sein sechster Sieg.

Auf der Startlinie von Silverstone 1953. Ascaris Darbietung war diesmal nicht so perfekt – für einmal war er im Training nicht der schnellste. Aber wie gewöhnlich wurde es für ihn zu einem Start-Ziel Erfolg.

rari gegen Alfa Romeo – rissen Hunderttausende in ganz Europa von ihren Sitzen.

Ascaris beste Jahre waren 1952 und 1953, als alle Weltmeisterschaftsrennen unter der Formel 2 abgehalten wurden. Es war eine demoralisierende Zeit für seine Rivalen. Alberto gewann elf von fünfzehn Grand Prix's. Bei einem Epreuve war er nicht anwesend, da er sich für ein Rennen in Indianapolis verpflichtet hatte.

Am 22. Juni 1952 gewann er in Spa und am 21. Juni 1953 wiederholte er den Sieg. Zwischen diesen zwei Daten gab es ausser Ascari niemanden, der einen Grand Prix gewann. Sein zweiter Triumph in Belgien war Nummer neun in einer ununterbrochenen Serie. Ja, der Ferrari war ohne Zweifel der beste Wagen, aber diese blendende Statistik ist in der Geschichte des Sports einmalig. Vergessen Sie nicht, dass Ascari zwischen den Grand Prix beinah jedes nicht zur Meisterschaft zählende Rennen auch gewann!

Genug vom Buch der Superlative. Meines Erachtens ist nicht nur der Sieg selber von Wichtigkeit, sondern die Weise, in welcher er errungen wird. Nichts für mich der Pragmatiker, der hinten lauert, kalkuliert und wartet, bis die anderen geschwächt sind, obschon ich zugeben muss, dass diese Fahrer oft die besten Resultatenlisten vorweisen können – und am längsten leben. Mir haben die Vordermänner immer gefallen, die Männer, welche das Rennen schon beim Start mit dem Stempel ihrer Autorität prägen. Ascari, wie Clark, war immer bereit, die Initiative zu ergreifen. Man sagt, es zähle nur der Sieg. Diese zwei Persönlichkeiten betrachteten jedoch jede Runde als Rennen für sich, und sie gewannen dank ihrer königlichen Beherrschung.

Albertos Fahrstil war nur aussergewöhnlich, wenn es sein musste, und im allgemeinen musste es eben nicht sein. Er sass gelöst am Steuer, seine Fahrlinie war auf Zentimeter genau, was eine ordentliche und logische Denkweise widerspiegelte, die kaum als typisches Latein beschrieben werden kann. Seine Vergnügungen waren einfach, er war ein ruhiger Mann, der auf öffentlichen Strassen vorsichtig fuhr. Er verbrachte den Abend gern vor dem Fernsehen mit einem Glas Wein in der Hand. Seine Stimme war tief und beruhigend. Villoresi sagte jedoch: «Wenn er seine Rennbrille aufsetzte, wurden seine warmen und freundlichen Augen zu Stahl, konzentriert und intensiv.»

In Italien wurde er vergöttert, wurde aber vom Rennsport nicht reich. Er bewohnte eine nette Wohnung und besass ausserdem ein Villa auf dem Land, aber vor dreissig Jahren waren Rennfahrer und Fussballer im falschen Geschäft. Nach seinem Tod wurde für seine Familie sogar ein Fonds gegründet – das für die Familie eines Mannes, dessen Beerdigung die Stadt Mailand zum Stillstand gebracht hatte. Eine erstaunliche Summe Geld wurde gesammelt. Villoresi gab einmal zu: «Ich weiss, was die Rennfahrer heute verdienen, aber ich würde mich schämen zu sagen, wie wenig wir damals bekamen.»

Von Auslandsreisen kam Ascari öfters mit Edelsteinen zurück, welche er mit seinem Preisgeld gekauft hatte. Für ihn bedeuteten sie eine gute Investition, und der Gedanke, dass seine Familie vielleicht eines Tages ohne ihn auskommen musste, war nie fern. Er liebte seine Kinder abgöttisch, war aber ziemlich streng mit ihnen. Enzo Ferrari hat ihn einmal deswegen getadelt. «Jedes Mal, wenn ich von einem Rennen nach Hause komme,» antwortete Ascari, «gebe ich ihnen alles, um sie glücklich zu sehen. Ich versuche alle ihre Wünsche zu erfüllen. Aber ich muss mit ihnen streng sein - ich will nicht, dass sie mich zu sehr lieben. Eines Tages werde ich vielleicht nicht zurückkehren. Ihr Schmerz wird kleiner sein, wenn sie mir nicht so nah sind.»

Hauptsächlich aus finanziellen Gründen gab Ascari nach der Eroberung seines zweiten Weltmeistertitels bekannt, dass er 1954 nicht mehr für Ferrari fahren würde. Er hatte einen Vertrag mit Lancia unterschrieben und sollte den neuen, revolutionären D50 Grand Prix-Wagen fahren. Italien war schokkiert.

Die Zeit zeigte, dass Ascaris Entscheidung die falsche war. Das D50-Projekt lag weit im Rückstand, und bei den meisten Rennen war Ascari überhaupt nicht anwesend. Das Auto war für Monza immer noch nicht bereit. Er kam mit einem Ferrari an und führte das Rennen an, bis er aufgeben musste. Am Ende der Saison hatte der regierende Weltmeister keinen einzigen Punkt.

1954 gab es nur zwei glückliche Ereignisse, und das erste kam sehr unerwartet. Alberto hatte nie grosse Lust, an Sportwagenrennen teilzunehmen

Ascaris letzte Rennen. Der Lancia D50 donnert 1955 den Hafen von Monte Carlo entlang, unweit von der Stelle entfernt, wo er später in das Mittelmeer flog. Alberto wurde nicht schwer verletzt, wurde jedoch vier Tage später in Monza getötet.

und seine Antipathie für die Mille Miglia ging so weit, dass er diesen Wettbewerb aus dem Lancia-Vertrag streichen liess. Aber als Villoresi sich bei einem Trainingsunfall verletzte, war sein alter Freund bereit, für ihn einzuspringen. Ascari gewann das unter fürchterlichen Bedingungen abgehaltene Rennen mit mehr als 30 Minuten Vorsprung.

Der andere Lichtblick kam am Ende des Jahres in Barcelona. Der D50 machte endlich sein Debüt. Der dunkelrote Wagen mit Seitentanks war, nach heutigen Massstäben, winzig klein und, nach allen Massstäben, so kontrollierbar wie ein wildes Pferd. Sein Leistungsgewicht war eindrucksvoll. Aber es brauchte einen Ascari, um den eigensinnigen Wagen zu meistern.

Der Frust einer leeren Saison wurde während dem Training herausgelassen. Er war auf einem Höhepunkt. Er überraschte alle, als er Fangios Mercedes schlug und die Pole Position eroberte. Während neun Runden, bis die Kupplung den Geist aufgab, liess er im Rennen die anderen stehen. Es war eine kurze, aber deswegen nicht weniger elektrifizierende Demonstration.

Die Slides mit vollem Gegensteuer waren nicht etwa, um dem Volk eine Sensation zu bieten - so war er nicht - noch hatte er die gelernte Fahrtechnik eines Rennfahrerlebens plötzlich geändert. Es war möglich, den Lancia zu beherrschen, so lange man ihn, wie Villoresi, nicht so schnell fuhr. Aber so war Ascari auch nicht. An der Limite musste man gegen diesen Wagen kämpfen, also kämpfte er.

Alberto war für das Jahr 1956 zuversichtlich. Allein der Lancia schien in der Lage zu sein, etwas gegen die Herrschaft der Mercedes zu unternehmen. Während des Winters versuchte die Mannschaft ihren nervösen jungen Hengst zu zähmen, liessen ihm aber seine Zähne. Am Anfang der neuen Saison gewann Ascari nationale und internationale Rennen in Neapel und Turin. Versagende Bremsen warfen ihn in Monte Carlo in den Hafen, aber das Rennen war fast zu Ende, und der Wagen lief sonst perfekt. Alle Mercedes waren aus dem Rennen, und Ascari lag eine Zeitlang in Führung dieses seines letzten Rennens. Vier Tage später hörte man von seinem Tod. «Ich habe meinen grossen Gegner verloren», sagte Fangio. «Ascari war ein Fahrer unvergleichlichen Talents, und ich denke, dass der von mir im letzten Jahr gewonnene Weltmeistertitel etwas von seinem Wert verlor, da er nicht dort war, um ihn zu verteidigen. Ein grosser Mann, und ein treuer und grosszügiger Freund.»

«Warum,» fragte Ferrari einmal seinen Fahrer, «hörst Du nicht auf, wenn Du Dir wegen Deiner Kinder so viele Sorgen machst?» Ascari legte seine Hände auf die Schultern des Commendatores und schaute ihm direkt ins Gesicht. «Ohne Rennen,» sagte er, «wüsste ich nicht, wie ich leben sollte.»

# JEAN BEHRA

## Der karierte Helm

1978 in Zandvoort hatte ich für meinen Bericht mehr als genug Material. Die Weltmeisterschaft befand sich im letzten Stadium, und es war eindeutig, dass einer der Lotus-Fahrer den Titel gewinnen würde – die Frage war nur welcher? Würde Peterson sein Wort halten und Andretti helfen? Wer Ronnie kannte, zweifelte nie an seiner Integrität, aber trotzdem war Mario in Holland ungewöhnlich besorgt.

Nach dem Training gönnte ich mir eine kleine Pause und begann, mit einem Glas Wein in der Hand meine Notizen durchzulesen. Bald kam Denis Jenkinson, um mir Gesellschaft zu leisten. «Weisst Du, wer das ist?» fragte er, und zeigte auf einen dunklen Mann mit Lederjacke in unserer Nähe.

Mir kam er irgendwie bekannt vor: Das Lächeln, wie er die Zigarette hielt, wie er mit den Händen redete. Aber schliesslich sagte ich nein, ich konnte ihn nicht unterbringen.

«Nun,» antwortete DSJ, «vor allem Du solltest ihn kennen. Das ist der Sohn von Jean Behra . . .»

Nachdem ‹Jenks› uns einander vorgestellt hatte, versuchte ich, Jean-Paul in gebrochenem Französisch zu erklären, was mir sein Vater vor vielen Jahren bedeutet hatte, und für den Rest des Tages wurden Mario, Ronnie und alle vor kurzem noch aktuellen Ereignisse völlig vergessen.

Es hat bessere Fahrer als Jean Behra gegeben, aber es gab keinen, der mich so fesselte. Er war nie Weltmeister und gewann auch nie einen Weltmeisterschaftslauf. Aber an einem guten Tag konnte er grossartig sein, und man wusste nie, ob er das auch gerade heute sein würde.

Behra kam 1951, nach vielen erfolgreichen Jahren auf einer roten 500 $cm^3$-Moto Guzzi, zum Automobilsport. Amedee Gordini bot ihm in seinem verarmten Formel 2-Team eine temporäre Stelle an, und dort blieb er bis Ende 1954.

Es hatte in dieser Ascari-Ferrari-Aera wenig Erfolg gegeben, aber manchmal durfte auch ‹Jeannot› einen süssen Triumph kosten. Der französische Rennsport hatte ein Idol gesucht, und, in Behra, eines gefunden. Sein einziger Gegner zu Hause war der korrekte, träge Maurice Trintignant, ein netter kleiner Kerl, dessen Fahrweise sein Aussehen widerspiegelte. Bei ihm gab es keine Spur von Passion, keine Anzeichen von Wagemut.

Im Vergleich zu ihm liess Behra niemand an seiner Bereitschaft zweifeln, für Frankreich alles zu riskieren, und an einem Nachmittag im Juni 1952 in Reims wurde er zu einer Legende.

Zwei Wochen zuvor hatten sich die Fans, welche in Le Mans Pierre Leveghs albernen Edelmut miterlebt hatten, betrogen gefühlt. Nur Minuten vor dem Ende des Rennens hatte sich der, von seinen 23 Stunden hinter dem Lenkrad erschöpfte, Levegh verschaltet und den Motor unreparierbar zerstört. Der Talbot rollte öltriefend aus und erlaubte damit, Werks-Mercedes die Siegesflagge zu nehmen. Der Krieg war noch nicht vergessen und für viele war dieser deutsche Sieg untolerierbar. Für Levegh gab es, als man ihn zurück in die Box brachte, kein Mitleid. Es war, als sei er unter Folter gebrochen, was eigentlich der Fall war.

Behra war auch in Le Mans, aber sein Rennen endete in typischem Gordini-Stil, lange bevor die karierte Flagge hervorgeholt wurde. Zehn Stunden lang führte der blaue Wagen, aber bei Sonnenaufgang waren Jean und Co-Fahrer Robert Manzon aus dem Rennen. Behra beendete Les Vingt-Quatre Heures du Mans sogar nur einmal in seiner Karriere.

Beim Grand Prix von Reims grub er sich jedoch tief in die französische Renngeschichte ein. Man erwartete einen weiteren Sonntag des Ascari-Sommers, aber Behra wurde nach der ersten Runde frenetisch zugejubelt, als er alle Ferraris anführte. Es schien eine Art trotzige, nutzlose Geste, wie die Franzosen sie lieben, ein Mann, der dem Hinrichtungskommando den Mittelfinger zeigt. Vielleicht hat Alain Prost recht, wenn er sagt, dass seine Landsmänner einen glorreichen, emotionellen Verlierer schätzen.

An diesem Tag war Behra jedoch alles andere als das. In der Hitze welkte der Wagen von Ascari zuerst. Behra nahm sich den Sieg und Frankreich nahm Behra in sein Herz.

Es gibt welche, die lächelnd und ohne Bosheit sagen, dass die unerwartete Leistung und Zuverlässigkeit des Gordinis in Reims einem Motor zu verdanken war, welcher etwas grösser war, als das Reglement erlaubte. Spielt keine Rolle. Es gab wahrscheinlich wenig Unterschied zwischen Enzos 2,0 Liter und Amedees eventuellen 2,5. David hatte Goliath auf eigenem Boden besiegt, und niemand interessierte sich besonders für die Schleuder.

Es war ein glorreicher Tag, einer der wenigen dieser Art für den kleinen blauen Wagen. Jean erlebte noch einen, 1954 in Pau, als er den Ferrari von Trintignant nach einem langen, atemberaubenden Zweikampf schlug, aber in der Regel war es eine Frage von sich an den anderen festhalten, bis der Motor explodiert. Er gab eine Demonstration dieses Phänomens 1954 beim Grossen Preis von Berlin auf der

Gordinis Tage. Behra steuert den kleinen französischen Wagen durch Stowe Corner auf den zweiten Platz hinter dem Ferrari von Gonzales im International Trophy Race, Silverstone, 1954.

Avus, der Rennstrecke, wo er später sein Leben verlor.

Das Rennen gehörte nicht zur Weltmeisterschaft und wurde nur organisiert, um sich mit den allmächtigen, stromlinienförmigen Mercedes W 196 vor einem deutschen Publikum zu brüsten. Karl Kling durfte gewinnen. Der einzige erinnerungswürdige Aspekt des langweiligen Nachmittags war, dass Behra mit weiss der Teufel wieviel Umdrehungen seinen winzigen Gordini so lange im Windschatten des Silberpfeils zu halten vermochte, wie sein Motor die Überanstrengung aushalten konnte.

Wieder war es heroische Nutzlosigkeit, aber es beeindruckte Alfred Neubauer, und als dieser sein Team für 1955 zusammenstellte, dachte er an Behra als Teampartner für Fangio und Kling. Ich glaube, dass Jeannots freier Geist das Neubauer-Regime nicht überlebt hätte, aber die Frage stellte sich nicht. Behra hatte schon bei Maserati unterschrieben und stand vor der glücklichsten Zusammenarbeit seiner Rennkarriere.

Die harte Kritik der französischen Presse war unvermeidlich. Behra sei ein Verräter, schrien sie. Das war unsinnig, weil Jeannot ein fanatischer Patriot war. Sein Umstieg als Nummer Eins zu Maserati war in jeder Hinsicht logisch. Lieber in einem roten Wagen gewinnen, als in einem blauen verlieren, hiess eines seiner Argumente. Er müsse seine eigene Karriere berücksichtigen. Mit 34 Jahren zählte er zu den besten Fahrern der Welt. Er wies auf seine vier Jahre bei Gordini hin - er hatte seine Pflicht getan.

Bei Maserati entdeckte Behra einen Lebensstil, welcher ihm perfekt passte. Für ihn war ein Tag ohne eine Fahrt in einem Rennwagen ein verlorener Tag, und er freute sich, dass er nun so oft wie er nur wollte, trainieren konnte. Er wohnte im Albergo Reale in Modena, verbrachte den Tag mit unzähligen Runden um den naheliegenden Autodromo und den Abend mit Kartenspielen, Wein trinken, Witze erzählen und über den Rennsport plaudern. Er fand diese Existenz äusserst erfüllend.

Raymond Mays (für dessen BRM-Team Behra später fuhr) erzählte mir eine Geschichte, welche Jeannots Besessenheit mit seiner Arbeit demonstriert.

«Er konnte es nicht glauben, dass jemand ihn, um Rennwagen zu fahren, bezahlen würde. Wenn etwas schief ging, war er demoralisiert, blieb es aber nie lang, und ich fragte ihn was er tat, um wieder munter zu werden. Er schaute mich scheu an und sagte,

Pau gehörte zu Behras Lieblingsstrecken, und er gewann dort den Grand Prix dreimal. Hier, 1955, hält sein Maserati 250 F den Lancia von Ascari in Schach.

dass, wenn die Zeiten schlecht waren, er seinen Pass anschaue. Ich sehe alle Visastempel der Länder, die ich besucht habe, dann sehe ich mir die erste Seite wieder an. Name: Jean Behra. Beruf: Rennfahrer. Und es macht mir bewusst, was für ein Glück ich habe, ein solches Leben zu führen.»

«Ich fand das sehr rührend - und ganz anders als viele Fahrer, die ich gekannt habe.»

1955 hat Behra möglicherweise den Trost seines Passes öfters gesucht, da Mercedes die Grand Prix-Saison in eine Reihe von königlichen Paraden reduzierte. Fangio und Moss liessen den Rest atemlos in ihrer Spur. Für Jean gab es jedoch einige Trostpflaster: Siege bei den internationalen Rennen in Pau und Bordeaux sowie bei einigen Sportwagenrennen.

In Aintree qualifizierte sich das Mercedes Quartett für die Startplätze 1-2-4-5. Ihre Reihen wurden nur durch Behras 250 F unterbrochen. Im Rennen hielt der Wagen nur zehn Runden durch, aber die Meldung kam laut und klar durch. «Man müsse,» sagte Gilles Villeneuve später, «eine Geste machen, um seinen Selbstrespekt als Rennfahrer zu behalten, wenn der Wagen nicht ganz in Ordnung ist.»

Die Saison endete mit einem Desaster bei der Tourist Trophy in Dundrod. Behra musste mehrere Wochen im Spital bleiben, aber die einzige bleibende Verletzung war ein abgetrenntes Ohr, welches durch eines aus Kunststoff ersetzt wurde. Mit schwarzem Humor nutzte er das Hörorgan zu seinem Vorteil. In vollgepackten Restaurants ging er langsam auf einen besetzten Tisch zu, die Gäste freundlich anlächelnd und sein Ohr entfernend!

«Dann gibt es immer einen freien Platz», lacht er, «sogar mehrere!»

Jeannot blieb 1956 bei Maserati als Fahrer Nummer 2 hinter Stirling Moss, für welchen er den tiefsten Respekt hatte. Es war allerdings eine untypische Saison, mehr regelmässig als stürmisch. Er wurde vierter in der Weltmeisterschaft und gewann viele Sportwagenrennen, aber irgendwie passten dieser «sotto voce»-Stil und der karierte Helm nicht zusammen. Und ich freute mich, als Behra 1957 seine natürliche Rennpersönlichkeit - mutig und aufregend - durchdrängen liess.

Es war seine beste Saison. Wieder war er die Nummer Zwei im Team, da Fangio Moss ersetzt hatte, aber es gab Zeiten, da war Jean unbestritten der Schrittmacher der Mannschaft. Er gewann den ersten Grand Prix de Maroc (in diesem Jahr leider kein Grande Epreuve) und führte einen 250 F zum

Sieg in Pau und Modena. Zusammen mit Fangio beherrschte er das 12-Stunden-Rennen von Sebring mit dem furchterregenden neuen 450 S-Sportwagen, welchen er auch verwendete, um, zusammen mit Moss, den Schwedischen Grand Prix zu erobern.

Für Monza wollte er den temperamentvollen Maserati V 12, in meinen Augen vielleicht der schönste aller Grand Prix-Wagen, und gab dort eine unvergessliche Demonstration von Gas-Kontrolle, als er in den ersten Runden mit dem Vanwall von Moss um die Führung rang.

Am Ende des Jahres war die Maserati-Geschichte vorbei. Sie hatten zum Weitermachen kein Geld mehr, und Behra siedelte schwermütig von der Reale in die gefrorenen Felder von Lincolnshire um.

1957 fuhr er den BRM schon zweimal: In Caen und in Silverstone, in Rennen, die von Maserati nicht bestritten wurden. Zugegeben, die Konkurrenz war nicht gerade Weltklasse, und er hatte es nicht besonders schwer, beide Wettbewerbe mit grossem Vorsprung zu gewinnen. Aber die 1958er-Saison brachte, obschon er und der dunkelgrüne Wagen in bester Form waren, keine weiteren ersten Plätze.

Mays kannte Behra als «einen hervorragenden Rennfahrer und einen sehr charmanten Mann - aber er war fürchterlich temperamentvoll. Jeder im Team schätzte ihn hoch, aber er litt manchmal unter tiefen Depressionen, was wir verstehen konnten.»

«Er und seine Frau hatten ein kleines Hündchen, und sie liebten es wie ein Kind - ich denke, dass diese Geschichte viel über Behras Charakter aussagt. Sie nahmen den Hund überall mit, und während dem Training in Monza liessen sie ihn mit Wasser und Fressen mit offenem Fenster im Wagen. Als Jean zurückkam, war das Hündchen verschwunden.»

«Er war ausser sich. Lautsprechermeldungen führten zu keinem Erfolg, und alle Wagen wurden beim Verlassen der Rennstrecke vergebens durchsucht. Nichts. Schliesslich liess er über Radio und Fernsehen ein SOS vorlesen, und wie durch ein Wunder wurde der Hund am gleichen Abend bei der Polizei abgegeben. Erst dann war es wieder möglich, mit Jean zu reden. Ich glaube nicht, dass er am nächsten Tag hätte fahren können, wenn der Hund nicht gefunden worden wäre. Er war ein lustiger Kerl, aber schrecklich emotionell . . .»

Während der 1959er-Saison war Behras «in extremis». Er ging zu Ferrari, und ihm war es, als ob er zurück nach Hause gekommen sei: Zurück nach Modena, das Reale, die endlosen Testfahrten. Die neue

Als man noch sliden konnte: Behras Maserati führt vor dem Ferrari von Collins durch die Bergabkurven von Rouen beim Grand Prix de France, 1957.

Der Maserati V 12 hatte leider nur ein kurzes Rennleben, aber Behra lenkte ihn beim italienischen Grand Prix 1957. Er lag während dem Rennen mehrmals in Führung – bis der Motor explodierte.

Arbeit begann unter einem glücklichen Stern. Im Dino 246 gewann er das Aintree 200 vor Teampartner Tony Brooks, und, im Testa Rossa-Sportwagen war er sichtbar schneller als alle seine Rivalen.

Sein Fahrstil während der letzten Monate seines Lebens wurde jedoch von einer ungewöhnlichen Verzweiflung überschattet. Hier war ein Mann, der sich bei Rennwagen auskannte, der ihre mechanische Funktion verstand (was bei der Mehrzahl der damaligen Fahrer nicht der Fall war), aber es schien, als ob das Herunterfallen der Startflagge dieses Wissen heraustrieb. Er hetzte durch die ersten Runden, als ob er von einer Umdrehungslimite nie gehört hatte. Die Revolution hatte zu dieser Zeit schon begonnen. Von jetzt an gehörte der Fahrer vor den Motor, und in diesem trägen Sommer von 1959 überlebte Ferrari nur dank den Pferden unter der Motorhaube. Weg von den wirklich schnellen Rennstrekken waren die Frontmotoren schwerfällig, kaum konkurrenzfähig, und vielleicht war dies der Grund, warum Behra sein einziges As missbrauchte.

Aber nicht ganz. Bei den Sportwagenrennen regierte Ferrari immer noch, aber Jean fuhr den Testa Rossa mit der gleichen feurigen Verbissenheit. Bei der Targa Florio landete sein Wagen auf dem Dach in einem Graben. «Aus, das Rennen», hätte man gedacht. Für Behra aber nicht. Einige Bauern legten Hand an, um den Ferrari wieder zu kehren, Behra verwendete seine Füsse, um die Karosserie einigermassen zurechtzumachen, und stieg wieder ein. Der V 12 lebte noch, und Jeannot war sehr enttäuscht, als Brooks nicht bereit war, das Wrack zu übernehmen.

In Le Mans war er Trainingsschnellster – und mit nicht starten wollendem Motor verliess er die Startlinie praktisch als letzter. Und das in Frankreich, wo der Wagen leicht pro Runde eine Sekunde Vorteil hatte. Nach einer Stunde oder so lag der Ferrari in

Führung. Als Beispiel echter Fahrbrillanz übertraf er alles, was bis dahin in Sarthe gesehen wurde: Gnadenlos, riskant und beängstigend. Im schweren Verkehr der ersten Runden drehte er konstant unter seiner Pole-Position Zeit, und seine Freunde bangten wie nie zuvor um ihn.

Wenn das Rennen über 1000 Kilometer anstatt 24 Stunden gegangen wäre, hätte Jean einen historischen Sieg verbuchen können. Er und Co-Fahrer Dan Gurney hielten die erste Stelle, bis sie aufgeben mussten. Als letztes Wort stellte Behra um ein Uhr morgens eine Reihe von «Tageslicht»-Rundenzeiten auf, mit nur einem Scheinwerfer . . .

Vom Lobgerede abgesehen gab es unbestreitbare Anzeichen dafür, dass der stolze gallische Meister immer mehr die Perspektive verlor. Er wollte anscheinend seinem Volk mitteilen, dass er vor ihnen, wenn auch für nur kurze Zeit, lieber glänzen würde, als unter den «ferner liefen» klassiert zu werden. Als er in Le Mans seinen Weg durch das Feld hackte, wusste er wahrscheinlich, dass er damit alle Hoffnungen auf einen Sieg zerstörte. Aber die Leute sollten glücklich nach Hause gehen und von ihrem Volkshelden träumen. Sie würden ihn lieben und ihn ehren, so lange es Automobilrennen gab.

Zwei Wochen später war er in Reims, der gleichen Stadt, wo die Legende Behra ins Leben gerufen wurde, und wieder blieb er auf der Startlinie stehen – das Resultat einer liebenswürdigen Entscheidung, den «Toto»-Roche, den dicken alten Mann, der von der Strassenmitte aus die Nationalflagge fallen liess, nicht umzufahren.

Endlich gelang es Jeannot, den Wagen in Gang zu bringen, aber die anderen waren schon längst verschwunden. Noch mehr Rundenrekorde, noch mehr Umdrehungszahlen weit über den roten Bereich hinaus. Es war wieder die Darbietung eines erstaunlichen Fahrstils, und nach Halbdistanz befand er sich schon auf dem dritten Platz. Auch als der Auspuff Rauchwolken ausstiess, nahm er den Fuss nicht vom Gaspedal, und bald war sein letzter Grand Prix zu Ende.

In den Boxen schaute Teammanager Romulo Tavoni auf den verräterischen Schleppzeiger im Tourenzähler und begann zu brüllen. Das war ein Fehler. Behra fällte ihn mit einem Schlag, und als Tavoni

Behras letzte grosse Vorführung war 1959 in Le Mans, nur einige Wochen vor seinem Tod. Hier spricht er mit Teampartner Dan Gurney. Es ist Nacht, und die Monteure arbeiten noch verzweifelt am Ferrari.

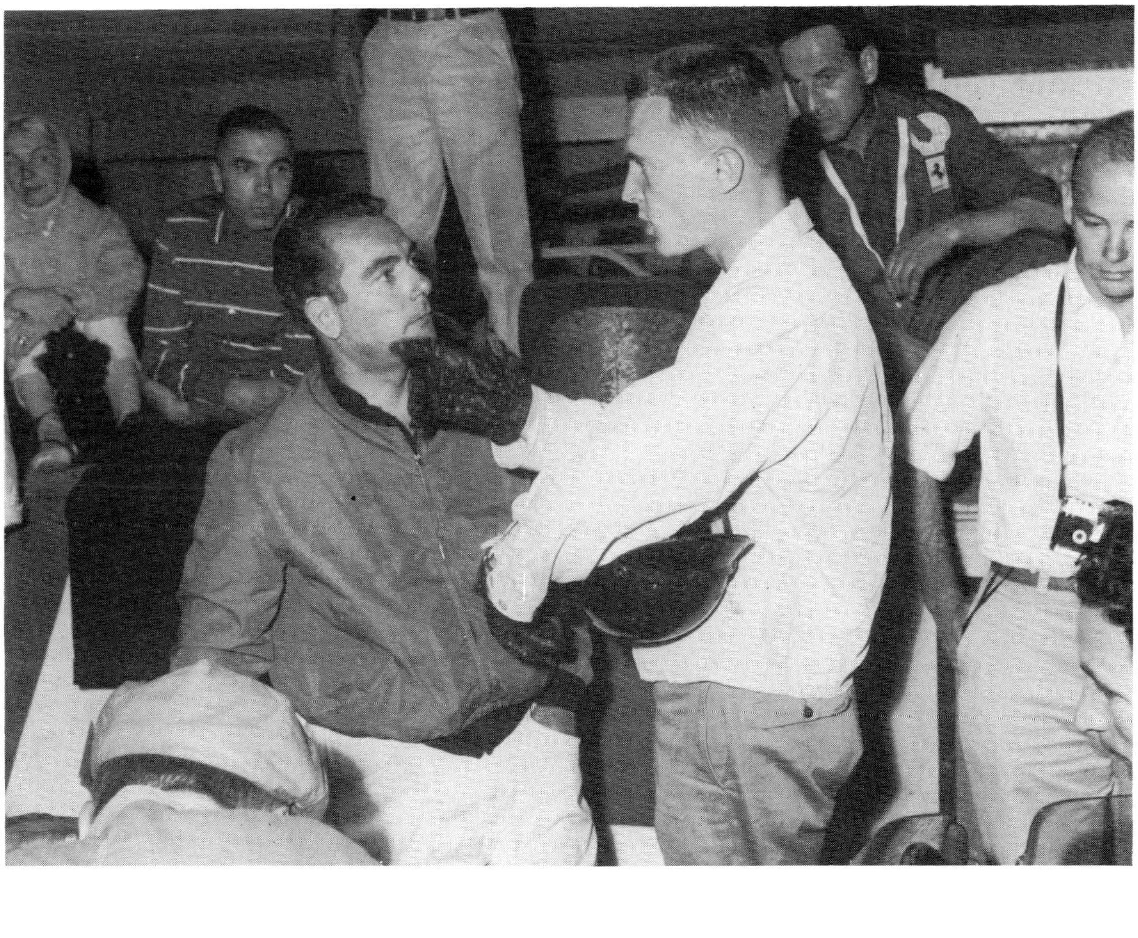

wieder zu sich kam, feuerte er Jean auf der Stelle. Jean suchte eine Audienz mit Enzo Ferrari, aber der Commendatore wollte ihn nicht sehen.

Er kam mit ein paar Porsches zur Avus: Seiner eigenen Formel 2-Kreation für den Grossen Preis von Deutschland und einem RSK-Sportwagen für den am Samstag stattfindenden Grossen Preis von Berlin, welchen er ein Jahr zuvor gewonnen hatte.

«Es war ein schrecklicher Ort», erinnert sich Raymond Mays. «Die Rennstrecke selbst war lächerlich, mit nur zwei langen Geraden, einer Haarnadelkurve und dieser stupiden Steilwand. Jean war in der Box neben uns, und er tat mir sehr leid. Alles war ihm schief gegangen, und er war an diesem Wochenende sehr allein. Es war bestürzend zusehen zu müssen, wie dieser grosse Fahrer seinen eigenen Formel 2-Wagen in einem Grand Prix fahren und sogar selber daran arbeiten musste.»

«Er hatte immer eine Schwäche für BRM, und wir haben eine mögliche Rückkehr besprochen. Er hatte uns um einen Wagen für Avus gebeten, aber es blieb uns zuwenig Zeit, für ihn einen vorzubereiten. Es mag Nachsicht sein, aber während seinen letzten Stunden war er von einem Hauch von Tragödie umhüllt. Und dann kam der grässliche Unfall . . .»

Es regnete, als das Sportwagenrennen gestartet wurde, und die Steilwand war lebensgefährlich glatt. Jeannot war gerade mit den Werks-RSK von Bonnier und von Trips beschäftigt, und in der vierten Runde nahm er die Steilwand zu hoch und zu schnell in Angriff.

Der kleine silbrige Wagen drehte sich, ausser Kontrolle und schlug in einen Zementpfosten am Rand der Steilwand ein. Behra wurde herausgeworfen. Ein Bild in einer sensationssuchenden deutschen Zeitschrift der Zeit zeigte ihn wie Ikarus, als Silhouette gegen den grauen Himmel. Er wurde gegen einen Flaggenmast geworfen, dann fiel sein lebloser Körper hinunter ins Fahrerlager.

Zu Hause sah ich am Fernsehen den berühmten Sturzhelm und hörte den Bericht mit geschlossenen Augen zu. Jean Behra - der Mann, der ohne zu schlafen seinen Porsche die ganze Nacht lang auf Landstrassen herumfuhr, unterwegs zu Nirgends, nur aus Spass - war der erste und letzte Held meines Lebens.

Ich fahre oft nach Silverstone, und auch heute kann ich nicht an der Ecke des Fahrerlagers vorbeilaufen, ohne an jene feste Figur im roten Hemd und hellblauen Hosen, die in ihren BRM springt, den Helm festzieht und die Zigarette wegwirft, zu denken.

Beim Aintree 200 1959 sass Behra zum ersten Mal in einem Formel 1-Ferrari. Ihm fiel der Sieg leicht. Zweiter wurde Tony Brooks im Schwesterwagen.

# TONY BROOKS

## Verstecktes Talent

«Brooks war ein hervorragender Fahrer, der beste ‹unbekannte› Fahrer, den es je gegeben hat», sagt Stirling Moss. «Er war viel besser als einige Leute, welche die Weltmeisterschaft gewonnen haben.»

In den 50er Jahren dauerte es etwas lang, bis Nachrichten eintrafen, oder vielleicht lag es nur daran, dass Fleet Street, das Zuhause der wichtigsten Zeitungen Englands, für den Automobilsport wenig Zeit hatte. Egal warum, ich entsinne mich ganz deutlich an eine kurze Meldung im BBC-Programm «Sportsview» an einem Mittwoch Abend im Oktober 1955. Erwähnt wurde der erste Grand Prix-Sieg eines britischen Wagens, seit 1923. Dabei handelte es sich weder um einen Vanwall noch um einen BRM, weder um Moss noch Hawthorn. Tony Brooks hatte in einem Connaught den Syracuse-Grand Prix gewonnen. Für einen Neunjährigen wie ich, der unter dem Eindruck war, alles zu wissen, war diese Meldung ziemlich unglaubwürdig.

Brooks selbst war vielleicht von den Ereignissen in Sizilien weniger überrascht als sonst jemand. Das Rennen war nicht schwierig zu gewinnen, und seine Gedanken waren mit wichtigeren Aspekten des Lebens beschäftigt. Er war 23 Jahre alt, ein Student an der Universität von Manchester, und bald musste er sich dem Abschlussexamen unterziehen. Für ihn war der Rennsport - auch Grand Prix - ein netter Zeitvertreib.

Wenn das in unserer kommerziellen Zeit unglaubwürdig klingt, ändert sich das, wenn man sich mal mit Brooks unterhalten hat. Sein Talent war unforciert und natürlich. Er fühlte sich in Spa, bei 210 km/h in einem Wagen mit Frontmotor und schmalen Reifen, wohl. Das brachte seine Stirn nicht zum Schwitzen.

«Syracuse kam für mich wie der Blitz aus heiterem Himmel», erinnert sich Tony heute. «Ich war seit drei Jahren Rennen gefahren, hauptsächlich bei Clubrennen, aber nur aus Spass, als Abwechslung zum Studium. Ich wollte wie mein Vater Zahnarzt werden und dachte nie an eine Laufbahn als Profirennfahrer. Als ich 1955 zu Aston Martin ging, hatte ich deswegen keine Probleme. Meine Lehrer hatten gegen mein Fahren keine Einwände, solang ich doppelt so schwer arbeitete, um die verlorene Zeit wieder gutzumachen.»

«Als Connaught beschloss, das Rennen in Syracuse zu bestreiten, baten sie mich, weil sie sonst niemanden finden konnten! Als sie mich ein paar Tage vor dem Rennen anriefen, war ich gerade unter einen Berg von Büchern begraben. Ehrlich, ich war zuvor nicht mal in einem Formel 1-Wagen gesessen, und war etwas geistesabwesend. Ich sagte einfach ja und legte den Hörer auf.»

Dreissig Jahre später leben wir in einer Welt, wo junge Fahrer beim Versuch, eine Formel 1-Fahrt zu kaufen, jede wache Minute mit dem Unterzeichnen von Verträgen und dem Halten von Gesprächen mit potentiellen Sponsoren verbringen. Und hier war dieser junge Kerl, der sein Hirn mit Zahnfleisch und Backenzähne vollstopfte und nebenbei zustimmte. Ja, o.k., er würde sich ein paar Tage für einen Grand Prix freinehmen . . .

Brooks lacht. «Glaube mir, es war genau so. Ich war überhaupt nicht nervös, ich war mit den Schlussexamen so beschäftigt. Ich nahm meine Bücher mit ins Flugzeug und verlor keinen Gedanken an das Rennen.»

«Ich weiss noch, dass wir den ersten Trainingstag verpassten - der Transporter war nicht rechtzeitig angekommen. Also mietete ich einen Motorroller, um die Strecke kennenzulernen. Am nächsten Morgen hatte ich meine allererste Fahrt in einem Formel 1-Wagen. Der Connaught hatte, was die Zuverlässigkeit betrifft, einen schrecklichen Ruf, und man bat mich, nicht allzu viel zu trainieren. Ich glaube, sie hatten fürchterliche Angst, kein Startgeld zu bekommen. Verständlich schon, aber mir half das nicht viel. Als ich schliesslich auf der Startlinie stand, hatte ich nur ein Dutzend oder so Trainingsrunden hinter mir.»

Die Werks-Maseratis von Musso und Villoresi waren als Favoriten gesetzt, und wie erwartet führten sie das Rennen zunächst an. Brooks tastete seinen Weg voran, um den Wagen und die Strecke besser kennenzulernen. Er fand, der Connaught liesse sich sehr gut fahren, mangelte jedoch an Leistung. Nach zehn Runden war der grüne Wagen vorn und Tony konzentrierte sich darauf, hart durch die Kurven zu fahren, um den greisen Alta-Motor zu schonen. Im Ziel hatte Musso fast eine Minute Rückstand.

«Klar hatte ich Freude», lächelt Brooks, «aber ich schaltete nicht sofort. Ich weiss, dass ich während des Rückflugs wieder studierte.»

Er bestand seine Examen problemlos, aber sein Erfolg in Syracuse flüsterte ihm ins Ohr: Vielleicht ein Beruf als Rennfahrer? Es blieb doch genug Zeit, um den Leuten in den Gaumen zu schauen. «Für die Saison 1956 ging ich als Nummer 2 hinter Mike Hawthorn zu BRM. Die Unzuverlässigkeit dieser Wagen war ja legendär, aber auf dem Papier war der Wagen ein Welteroberer. Was es brauchte, und was BRM nicht hatte, war ein gutes Entwicklungsteam.

Ein historischer Moment. In der Dämmerung von Syracuse im Oktober 1955 durchquert Brooks' Connaught das Ziel und errang damit den ersten Grand Prix-Sieg eines britischen Wagens seit mehr als dreissig Jahren.

Der Wagen war tödlich! Man musste sich jede Kurve geometrisch vornehmen. Wenn man einen Slide versuchte, ist man einfach von der Strasse weggeflogen. Mikes Wagen hatte ein langes Chassis, und man konnte dieses Modell wenigstens kontrollieren.» Brooks schätzt die Pause genau ein, bevor er hinzufügt: «Ich hatte das kurze Chassis.»

Was die Wagen doch hatten, war eine eindrucksvolle Leistung und ein überzeugendes Drehmoment. Im Sommer in Silverstone lagen Mike und Tony während den ersten Runden des britischen Grand Prix in Führung. Bald stand Hawthorn aber neben der Piste, und Brooks musste seine Boxen aufsuchen, um ein gebrochenes Gaskabel reparieren zu lassen.

«Ich nahm das Rennen mit mehreren Runden Rückstand wieder auf, weil ich soviel Erfahrung wie möglich sammeln wollte. Das Gaskabel klemmte immer noch ein bisschen, aber ich war schrecklich naiv. Vor dem Boxenstop hatte ich die Abbey-Kurve mit Vollgas genommen - frage mich nicht wie - und ich dachte, ich konnte es immer noch tun, wenn ich in den anderen Kurven vorsichtig mit dem Gas umging. Das Problem war nur, dass während meinem Halt jemand in der Abbey-Kurve ziemlich viel Öl verloren hatte.»

«Der Wagen driftete etwas breit, und ich nahm den Fuss kurz vom Gas, um die Nase wieder hinein zu bringen. Es machte überhaupt keinen Unterschied und ich stand plötzlich auf dem Gras. Wie es von diesem Wagen zu erwarten war, ging er völlig ausser Kontrolle. Er rutschte in den Erdwall, überschlug sich und warf mich hinaus. Schliesslich landete er verkehrt auf der Piste und ging in Flammen auf. Das war eigentlich das beste, was ihm passieren konnte.»

Glücklicherweise landete Tony auf dem Gras und erlitt nichts Ernsthafteres als einen verletzten Fussknöchel, aber er hatte genug vom BRM und akzeptierte ein Angebot von Vanwall, um 1957 zusammen mit Moss ihr Team zu bilden.

Es war der Anfang einer unvergesslichen Epoche der britischen Renngeschichte, aber zuerst klappte überhaupt nichts. Dann nahm Brooks den hervorragenden, wenn nicht ereignislosen, zweiten Platz hinter Fangio in Monte Carlo.

«Stirling führte vor Collins, Fangio und mir vom Start weg, aber in der dritten Runde verpatzte er seinen Bremspunkt vor der Schickane und schlug in die ‹Barriere› ein - damals ein Haufen Sandsäcke mit Telegrafenmasten dazwischen! Plötzlich lagen die

Während den ersten Runden des britischen Grand Prix 1956 lag der BRM von Brooks auf dem zweiten Platz hinter Teampartner Mike Hawthorn. Öl auf der Strasse verursachte einen Unfall, und Brooks wurde aus dem sich überschlagenden Wagen geschleudert.

Masten überall auf der Strasse, und Collins fand sich plötzlich neben dem Hafen. Fangio und ich konnten bremsen, aber plötzlich kam Hawthorn von hinten auf mich zu, schlug in mein Hinterrad ein und flog in die Luft.»

«Nun, so etwas kann sehr ablenkend wirken und bis er Collins Gesellschaft leistete und ich den Weg über die Masten fand, war Fangio längst weg.»

«Eine Runde später verlor ich meine Kupplung. Die Schaltung des Vanwalls war mit Kupplung schon schlimm genug, aber ohne war es ein Alptraum – in diesem Jahr war das Rennen nämlich 105 Runden lang. Ich weiss, dass ich in jeder Runde 23 Mal schalten musste, und als ich endlich im Ziel war, sah meine Hand wie ein Steak aus. Ich war an diesem Tag sehr stolz auf mich.»

Zwei Monate später siegte Vanwall mit einem von Moss und Brooks geteilten Wagen beim britischen Grand Prix. Der Sieg kam nicht leicht. Tony hatte in Le Mans einen bösen Unfall gehabt und war in Aintree noch nicht vollkommen erholt.

«Ich hatte um drei Uhr morgens den Aston Martin übernommen. Wir lagen an zweiter Stelle, aber das Getriebe war im vierten Gang blockiert, was ziemlich oft passierte. Vorher war es mir immer gelungen, den Mechanismus zu lösen. Ich wollte nicht dreizehn Stunden lang herumtrödeln und immer weiter nach hinten fallen, also rückte ich in meiner ersten Runde am Schalthebel und schaute ihn dabei an. Jeder Fahrer mit einem ‹L› am Heck weiss, dass man sowas nicht tun darf, und als ich wieder einen Blick auf die Strasse warf, hatte ich meinen Bremspunkt für die Tertre Rouge verpasst. Ich kam fast um die Kurve herum, aber der Wagen touchierte eine Sandbank und überschlug sich.»

«Ich lag unter dem Wagen und konnte mich nicht bewegen. Ich wartete, bis er entweder in Flammen aufging oder bis er vom nächsten Wagen gefasst wurde. So kam es auch – der nächste Fahrer durch die Kurve – Umberto Maglioli – donnerte in den Aston hinein, und plötzlich war ich frei! Es war erstaunliches Glück und es tat mir sehr leid, dass Maglioli wegen mir aus dem Rennen war. Es war ein sehr schlechter Dank für seine Hilfe.»

Brooks erlitt keine Knochenbrüche, hatte jedoch ernsthafte Hautabschürfungen, musste lange im Spital liegen und wurde nur einen Tag vor dem ersten Training in Aintree entlassen. Er qualifizierte sich als dritter hinter Stirling und dem Maserati von Behra. Das Problem lag nicht im Schnellfahren, sondern im Aufrechterhalten der körperlichen Leistung. Er war noch sehr schwach und zeigte sich bereit, wenn nötig, Moss den Wagen zu übergeben.

Es geschah, wie es sich Tony insgeheim gewünscht hatte: Stirling musste seinen eigenen führenden Wagen aufgeben, übernahm das Auto von Tony und gab bei seiner Aufholjagd eine der eindrücklichsten Darbietungen der Geschichte.

«Moss war phänomenal an diesem Tag», blendet Tony zurück. «Wenn Behra nicht ausgefallen wäre, hätten wir vielleicht nicht gewonnen, aber er tat es, und das Rennen endete wie im Märchen. Tony Vanderwall war natürlich entzückt und bedauerte nur, dass es so lang gedauert hatte. Ich bin sicher, er schätzte seine Wagen viel besser ein, als sie in Wirklichkeit waren. Er hatte Stirling, Stuart Lewis-Evans und mich und ohne falsche Bescheidenheit glaube ich, dass das eines der stärksten Teams aller Zeit war. Verstehe mich nicht falsch: Der Vanwall war tatsächlich ein grossartiger Wagen, aber er war nie leicht zu fahren. Du konntest ihn nicht wie, sagen wir, einen Maserati 250 F in die Kurve hineinwerfen und ihn nur mit dem Gas lenken. Man musste sehr präzis vorgehen. Und, wie ich schon gesagt habe, das Getriebe war absolut fürchterlich!»

Obwohl sich Tony körperlich von seinem Le Mans-Unfall schnell genug erholte, hatte der Sturz eine tiefe Wirkung auf seine psychische Anschauung. Immer ein frommer Katholik machte er sich im Spitalbett tiefe Gedanken und kam zu einem Entschluss, der sich nach seiner Überzeugung mit dem Glauben vereinbaren liess. Vielleicht rettete ihn dieser Entschluss vor dem Rennfahrertod, und er kostete ihm ganz bestimmt die Weltmeisterschaft.

«Meine Philosophie änderte sich ein bisschen nach dem Silverstone-Unfall im BRM, und vollkommen nach Le Mans. Beide Unfälle kamen vom Versuch, die mechanischen Mängel des Wagens durch riskantes Fahren zu kompensieren. Ich entschloss mich, so etwas nie wieder zu tun. Wenn etwas nicht richtig funktioniert, dann Pech gehabt.»

«Meiner Meinung nach ist es moralisch unzulässig,

Neben Behra und Moss auf der vordersten Startlinie in Aintree, 1957. Noch nicht ganz von seinen Le Mans-Verletzungen erholt, hatte Tony nichts dagegen, Wagen Nummer 20 an Moss weiterzugeben, der ihn zu einem unvergesslichen Sieg weiterfuhr.

Brooks teilte in Aintree 1957 den Sieg mit Moss, aber im folgenden Jahr hatte er keine Hilfe nötig, um den Grossen Preis von Belgien auf seiner Lieblingsstrecke in Spa für Vanwall zu gewinnen.

das Leben durch unnötige Risiken aufs Spiel zu setzen, weil das Leben ein Geschenk Gottes ist. Das gleiche gilt für den Selbstmord. Ich nehme an, es gibt Leute, die sagen, dass das Fahren von Rennwagen überhaupt ein unnötiges Risiko darstellt, aber da stimme ich nicht zu. Das Fahren eines unsicheren oder beschädigten Wagens ist zwar kein Selbstmord, geht jedoch in diese Richtung. Ich will nicht etwa theologisch klingen. Ich weiss, dass Tausende anderer Meinung sind, aber das sind meine Ansichten. Ich verspürte eine moralische Verpflichtung, auf mein Leben aufzupassen.»

Bei einem Mann mit einer solchen Philosophie wäre zu erwarten, dass er sich als Kreuzritter für die Sicherheit im Motorsport einsetzten würde, aber für Brooks hatten die zwei Themen nichts miteinander zu tun. Seine Lieblingsstrecken waren trotz allem Spa, Francorchamps und der Nürburgring.

«Zu meiner Zeit sprach man nie über die Sicherheit. Darüber verlor man keine Gedanken. Natürlich schützten wir uns, so gut es ging, mit dem bestmöglichen Sturzhelm zum Beispiel, aber wir hatten keine feuerfesten Overalls. Damals galt es die Zuschauer so gut wie möglich zu schützen und basta. Gegen Ende meiner Karriere, in den frühen 60er Jahren, begann man über die Sicherheit nachzudenken - aber nur, was die Wagen betraf. Die Rennstrecken blieben, wie sie waren, und es gab nie die Tendenz, daraus ‹Scalextric›-Bahnen zu machen.»

«Wir akzeptierten den Grand Prix-Rennsport als Herausforderung für den Konstrukteur und den Fahrer, einen Wagen schneller als andere um die Rennstrecke zu bringen. Wir wurden mürrisch, wenn wir auf künstlichen Flugplatzstrecken fahren mussten. Die grosse Attraktion lag im Fahren eines Rennwagens auf geschlossenen Strassen, und Regel Nummer 1 lautete: Du musst auf der Strasse bleiben. Wenn man die Piste verliess, war es in Gottes Händen, ob man davon weggehen könnte oder nicht. Es ist dem Bergsteigen ähnlich. Mit Sicherheitsnetz ist es nicht mehr interessant.»

Brooks liebt dieses Thema, und es wird sicher Leute geben, die behaupten, dass seine Ansichten, nie wieder «unnötige Risiken» einzugehen, widersprechen. Tony ist anderer Meinung: Wenn der Wagen in Ordnung ist, bleibt es dem Fahrer überlassen, keinen Unfall zu bauen.

«Natürlich will niemand getötet oder verletzt werden, aber es ging darum, so schnell wie möglich zu fahren, aber sich gleichzeitig über die möglichen Konsequenzen eines Unfalls bewusst zu sein. Du wirst mich nie überzeugen können, dass der Fahrer es nicht als grössere Herausforderung empfindet wenn er weiss, dass ihm ein Fahrfehler sehr weh tun kann. Klar kannst Du herumrennen wenn Du weisst, dass ein Fehler bloss in einer Auslaufzone endet, und dass Du dabei nur ein paar Sekunden verlierst oder höchstens anhalten müsstest. Aber wenn Du in einer

Ein nachdenklicher Brooks im Ferrari Dino 246 vor dem Start in Avus 1959. Ihm lag die Strecke nicht mehr als sonst jemanden, er führte aber den 1-2-3 Hattrick seines Teams an.

Nach dem Tode Jean Behras in der Steilwand von Avus nahmen die Fahrer am nächsten Tag nur ungern am Grossen Preis von Deutschland teil. Hier führt Brooks vor den Cooper von Moss und Gregory, unterwegs zu seinem letzten Grand Prix-Sieg.

Kurve schneller fährst als der nächste Mann und doch nicht so schnell, um Dir eventuell weh zu tun, ist das etwas ganz anders.»

«Bei den heutigen Fahrern fehlt es an Disziplin, aber ich kann sie verstehen. Das ist ja nur zu erwarten, wenn Du eine Umgebung schaffst, wo sie Fehler machen und heil davon weggehen können. Steinmauern und Bäume und Graben bewirken einen Sinn für Disziplin, glaube mir. Ich erinnere mich an Fahrer, die auf Flugplatzstrecken unheimlich schnell waren; aber auf echten Strassenrennstrecken gehörten sie überhaupt nicht zur Konkurrenz. Und die einzige Erklärung dafür ist, dass auf Pisten, wo man nicht einfach bedenkenlos wegschleudern kann, eine komplett andere Einstellung nötig ist.»

Brooks' Ansichten widerspiegeln die kontemporäre Denkrichtung in keiner Weise, aber sie stammen von einem intelligenten, rationellen Mann, der die Gefahren überlegt, abgewogen und akzeptiert hatte. In seinen Bemerkungen gibt es keine Spur von nachsichtiger Bravour, keine Andeutung von «zu meiner Zeit waren die Rennfahrer echte Männer». Sein Verhalten ist mild und höflich, mit trockenem Humor durchsetzt. Vor allem ist er ein logischer Mann. Er ist diskret und bescheiden, aber er weiss genau, wie gut er war.

1958 gewann Vanwall sechs von neun Grandes Epreuves. Moss und Brooks sicherten sich je drei, und Tonys Erfolge kamen auf den drei klassischen Rennstrecken Spa, Nürburgring und Monza. Er denkt mit besonderer Freude an Belgien zurück.

«Ich hatte Spa so gern. Für mich war es das Vorbild einer echten Grand Prix-Strecke. Es fiel mir nie schwer, dort schnell zu fahren. Stirling verliess die Startlinie wie eine Rakete, und ich habe immer geglaubt, dass er mich dort ebenso wie die Ferraris schlagen wollte.»

«Heute klingt es fürchterlich naiv und altmodisch, aber ich besuchte eine Public School, wo man lernte, dass ‹das Team alles ist›. Niemals hätte ich Stirling angegriffen, wenn ich ihn noch so drängelte. Aber er glaubte es nicht so recht. In der ersten Runde flog er uns davon, kam nach Stavelot und verpatzte die Schaltung! Im Tennis nennt man so etwas einen ‹forcierten Fehler›; nachher hatte ich keine Probleme.»

Brooks und Moss kamen - und kommen - immer noch sehr gut aus miteinander, aber ein paar seiner Bemerkungen machen deutlich, dass er Stirlings Forderung als die Nummer Eins bei Vanwall irritierend fand. Brooks lächelt. «Ich bin mir ziemlich sicher, dass Moss immer dafür sorgte, den besten Wagen zu kriegen - und wenn er dachte, er hatte ihn nicht, dann korrigierte er die Situation: vielleicht mein Motor in seinen Wagen, oder umgekehrt.»

Auf dem Nürburgring erzielte Brooks seinen grössten Erfolg. In vieler Hinsicht war es eine Wiederholung von Fangios Siegesfahrt des vergangenen Jahres. In beiden Fällen hatte der Fahrer eines anderen Teams die Ferraris von Mike Hawthorn und Peter Collins eingeholt, und überholt. Das Duell von 1958 wurde jedoch von einer Tragödie überschattet. «Peter versuchte an meinen Fersen zu bleiben, ging etwas zu weit und hatte einen tödlichen Unfall. Es tat mir zur Zeit schrecklich leid, obwohl ich wirklich nicht daran Schuld war. Er kannte die Spielregeln so gut wie wir alle - und er wusste, dass es ein gefährliches Spiel ist.»

Ende 1958 löste Tony Vandervell, vom Tod Stuart Lewis-Evans in Casablanca tief erschüttert, sein Team auf. Moss ging zu Rob Walker und Brooks unterschrieb bei Ferrari. Es war in vieler Hinsicht eine schwierige Saison. Die Cooper-Revolution hatte begonnen und Ferrari, immer noch mit Frontmotoren, hatten Mühe, auf allen ausser den schnellen Rennstrecken mitzuhalten. Tony schaut trotzdem gern auf 1959 zurück.

«Zum Fahren war der Dino 246 ein fabelhafter Wagen, nach dem Vanwall war sein Getriebe eine Offenbarung. In Reims und auf der Avus gewann ich ziemlich leicht, aber ich glaube, wir waren in jenem Jahr von viel Pech verfolgt. Der belgische Grand Prix wurde zum Beispiel abgesagt, und in diesem Wagen hätte ich jeden herausfordern können. Wegen einem Streik in Italien verpassten wir Aintree, und in Monza wechselten sie die Kupplung aus, ohne es mir zu sagen. Sie war nicht richtig eingebettet und als ich beim Start einkuppelte, rutschte sie und brannte aus. Mein Rennen dauerte weniger als 100 Meter.»

Brooks ging für den letzten Lauf der Weltmeisterschaft trotzdem nach Sebring und hatte immer noch eine Chance, den Titel zu gewinnen. Erstaunlicherweise qualifizierten sich Moss, Brabham und Brooks für die vorderste Startlinie. Aber in der ersten Runde wurde Tonys Hinterrad vom Teampartner von Trips angefahren. «Darum sage ich immer, dass meine geänderte Philosophie mich vielleicht den Titel kostete. Mein Instinkt war, weiterzufahren. Glaube mir, das wäre das einfachste gewesen, aber ich ging in die Box, um das Auto überprüfen zu lassen. Dabei verlor ich eine halbe Runde und wurde trotzdem dritter. Stirling musste aufgeben, und Jack ging kurz vor Schluss das Benzin aus. Aber ich glaube fest daran, dass ich das Richtige tat.»

Enzo Ferrari war tief enttäuscht, als Tony sein Team am Ende des Jahres verliess, und für Tony selbst war es eine traurige Entscheidung. Er dachte jedoch an eine Zukunft über den Motorsport hinaus, kaufte eine Garage und wollte sie aufbauen. Das wäre nicht möglich, wenn er die Hälfte seines Lebens in Italien verbrachte.

1960 gab es ein Gerücht, wonach Brooks seine Verbindungen mit Vandervell wieder aufnehmen sollte, um den neuen Lotus 18 mit Vanwall-Heckmotor zu fahren. Der Plan klang wie ein perfekter Kompromiss, wurde aber nie verwirklicht. «Ich glaube, Vandervell wollte meinen Rücktritt hören, bevor ich mich verletzen konnte. Er wollte mich immer mit einem Freund bekanntmachen. Der Freund war Zahnarzt in Harley Street!»

Die Saison verbrachte er beim wettbewerbsunfähigen Yeoman Credit-Team, das letztjährige Cooper einsetzte. Brooks demonstrierte öfters seine Qualitäten, zum Beispiel in Spa, wo er sich als zweiter qualifizierte, aber sein Talent wurde verschwendet. Für die Saison 1961, seiner letzten, ging er zu BRM zurück.

«Es war kläglich. Der neue V 8-Motor hatte Monate Verspätung. Graham Hill und ich verbrachten das ganze miserable und hoffnungslose Jahr in schweren Autos mit schlechten Climax-Motoren. Ich stellte in Aintree die schnellste Runde auf, aber nur, weil es regnete. Und in Watkins Glen wurde ich dritter - unser bestes Resultat. Das war mein letztes Rennen.»

«Graham hatte immer den besseren Wagen, und ich denke, dass ich mehr erduldet habe als ich hätte tun sollen. Wenn ich kommerziellerer Herkunft gewesen wäre und eine andere Erziehung gehabt hätte, hätte ich wahrscheinlich etwas unternommen. Aber ich war zum Argumentieren nicht bereit und liess lieber die Finger von der Politik. Um ganz ehrlich zu sein, gefielen mir diese 1,5 Liter-Gokarts sowieso nicht. Ich war immer der Meinung, dass ein Rennwagen für sein Chassis immer etwas Leistungsüberschuss haben soll, wenn es für die Zuschauer und die Fahrer interessant sein soll.»

Im Alter von 29 gab Brooks seinen Rücktritt bekannt. Er ist von der Art Perfektionist, der alles zum Erfolg führen kann, und heute blühen seine Geschäfte. In seinem kleinen ordentlichen Büro sieht man ein paar Trophäen und viele Rennbücher sowie Fotos seiner Familie. Er lernte seine Frau 1956 beim Grand Prix in Rouen kennen.

«Ich bin in meinem Leben sehr glücklich», sagte er. «Das Geschäft geht gut, und meine Kinder lieben mich. Sechs oder sieben Jahre lang war ich Rennfahrer und hatte einen Riesenspass daran. Aber ich war nicht wie, sagen wir, Stirling Moss. Es war nie mein ganzes Leben. Nur ein Teil davon.»

# JIMMY CLARK

## Verlorener Führer

Es wird zum Porsche-Overkill, dachten wir. Während den ersten Runden hatte sich Bruce McLaren im neuen Ford F3L in einen gewaltigen Kampf mit den Deutschen eingelassen, stand aber jetzt mit gebrochener Antriebsachse auf der Strecke. Vielleicht könnten Ickx und Redman mit ihrem GT40 für die Teutonen noch gefährlich werden, aber im Moment war es Patt, eine vorübergehende Windstille beim BOAC 500 von 1968.

Ich spazierte zum Brands Hatch-Büchergeschäft und erstarrte, als ich dort die schrecklichen Nachrichten hörte: Jimmy Clark sei ein paar Stunden zuvor in Hockenheim tödlich verunglückt. Es hatte am Lautsprecher keine Meldung gegeben, und ich konnte es kaum fassen. Es war doch unmöglich, dass der beste Fahrer der Welt bei einem Formel 2-Rennen auf einer relativ zahmen Rennstrecke sein Leben lassen muss. Eine Stunde später unterwegs nach London fand ich zufälligerweise einen französischen Sender. «Un grand champion est mort aujourd'hui», intonierte eine schwermütige Stimme, und erst dann wurde das Gerücht zur Realität.

Für die Fahrer, egal wie gehärtet, egal wie sie an Tragödien gewohnt waren, war die Tatsache von Jimmy Clarks Tod beinahe unfassbar. «Neben der Trauer gab es eine komplett andere Dimension», erinnert sich Chris Amon. «Wenn es ihm passieren kann, was für Chancen haben dann wir? Wir dachten alle etwas ähnliches. Ich glaube, wir hatten alle das Gefühl, unseren Führer verloren zu haben.»

Heutzutage kaut ein Fahrer lieber an einer Rasierklinge, als die Überlegenheit eines Rivalen zuzugeben. Vielleicht haben wir gerade niemand, der so kopfhoch über den anderen steht, oder vielleicht ging alles damals viel zivilisierter zu. Sie wussten auf jeden Fall, dass Clarks Talent ausser Reichweite, hoch oben auf einem Niveau für sich war, wie einige Jahre zuvor das von Stirling Moss. Was konnte man sonst sagen? Für mehr als fünf Saisons beherrschte Jimmy den Grand Prix-Rennsport, und er regierte mit Grazie und Demut.

Zum Beispiel 1965. Zur Weltmeisterschaft zählten die sechs besten Resultate von zehn Rennen. Auf dem Nürburgring gewann Clark seine Nummer Sechs und sicherte sich somit den Titel schon im August. Der Grosse Preis von Deutschland war eigentlich der siebte Grand Prix der Serie, aber Jimmy hatte Monaco wegen einem anderen Engagement absagen müssen. An diesem Wochenende war er in Indianapolis mit dem Einpacken der Indy 500-Trophäe beschäftigt.

Ich möche ein bisschen Zeit für die reinen Statistiken der Karriere dieses Supermanns aufwenden: 72 Grand Prix, 25 Siege, 33 Pole-Positions, 27 schnellste Runden. Was die Siege betrifft, holte Niki Lauda 1985 in Zandvoort Clark ein - bei seinem 168. Rennen. Vielleicht meinen Sie, dass die Formel 1 zu Jimmys Zeit weniger heiss lief als heute, und ich bestreite nicht, dass er normalerweise immer den besten Wagen bekam. Es ist jedoch auch nicht zu leugnen, dass er bei weitem der grösste seiner Generation war.

Die «Heimstrecke» meiner Kindheit war Oulton Park und - je nach Schulagenda - besuchte ich dort immer die grossen Rennen. Bei der British Empire Trophy 1959 wurde ich von den eleganten Slides durch Cascades eines der Lotus Elites bezaubert. In dieser Weise wurde meine Aufmerksamkeit auf «J. Clark» gelenkt. Was noch wichtiger war, die Aufmerksamkeit von Colin Chapman wurde auch geweckt. Am Ende des Jahres unterschrieben sie einen Vertrag, und so begann das feinste Beispiel von Zusammenarbeit in der Geschichte des Grand Prix-Sports. Zuerst galt die Vereinbarung nur der Formel Junior und Formel 2, aber Chapman stellte ihm 1960 für den Grossen Preis von Holland einen dritten Wagen zur Verfügung, und es wurde zur Gewohnheit. In der Formel 1 ist Jimmy nie etwas anders als einen Lotus gefahren.

Ich sprach nur einmal mit Chapman über Clark. «Mehr als zehn Jahre nach der Tragödie in Hockenheim sei es immer noch schwierig, den Tod seines Fahrers zu akzeptieren,» sagte Colin. «Für mich wird Jimmy immer der beste Rennfahrer sein, der je gelebt hat», begann er. «Vielleicht wird eines Tages ein neuer Mann kommen, und alle werden ihn als den Grössten aller Zeiten rühmen. Ich aber nicht. Es wird nie einen anderern geben mit seinen Qualitäten.»

«Heute sind Grand Prix-Fahrer genau das. Sie fahren kaum etwas anders - der Sport hat sich so entwickelt. Vielleicht war diese Entwicklung nicht zu verhindern. Aber was Du von Jimmy nicht vergessen darfst ist, dass er bei allem brillierte. In der Formel 1 war Dan Gurney sein einziger echter Rivale - aber denke an Indy, an das Sportwagenrennen auf dem Nürburgring mit dem kleinen Lotus 23, an die Tourenwagenrennen mit dem Lotus Cortina, usw.»

«Weisst Du, Jimmy war ein paar Mal nahe daran seinen Rücktritt zu erklären und ich hörte ihm immer mit gemischten Gefühlen zu. Auf der einen Seite war die Vorstellung, ohne ihn zu den Rennen zu fahren, undenkbar. Auf der anderen Seite liebte ich ihn sehr,

Der Beginn der Clark Aera. Jimmy und der Lotus 25 unterwegs zum ersten Grand Prix-Sieg, 1962 in Spa.

und wollte nicht, dass er sich verletzt.»

«Er hatte mehr Einfluss auf mich als sonst jemand in meinem Leben. Vergiss sein Talent als Rennfahrer und seine Verbindung zu Lotus, vergiss alles, was er für mich in dieser Hinsicht tat. Jimmy war ein vom Grund auf guter Mensch: Intelligent, absolut ehrlich, und auch sehr bescheiden. Es dauerte lang, bis er aufwuchs, im Sinne von wer er war, und was er geleistet hatte.»

«Ich war an jenem Tag nicht in Hockenheim. Die Zeit danach lebte ich wie in Trance, wirklich. Ich habe meine Zuneigung für den Motorsport nie verloren, aber ich muss gestehen, dass ich seit 1968 anders darüber denke . . .»

Diesen Chapman hatte ich bisher nicht kennengelernt. Wir sassen in seinem Büro in Ketteringham Hall, und eine Zeitlang brach er fast zusammen. Als seine Sekretärin den Tee servierte, drehte er seinen Stuhl weg, um sich wieder zu fassen, tat er, als suche er gerade etwas. Am gleichen Tag sprach er von Rindt, Peterson, Andretti und anderen, welche für sein Team gefahren sind. Er brachte für alle eine Art väterliche Liebe auf, aber nicht einen Bruchteil der Emotion, welche er zeigte, als er von Clark sprach. Offensichtlich besitzt der ruhige Mann aus dem schottischen Borderland einen besonderen Fleck in seinem Herz.

Ich kam ein paar Jahre nach Jimmys Regierungszeit als König der Rennstrecke zum Rennjournalismus und «traf» ihn nur einmal. Es war im April 1964, wieder in Oulton Park. Hier hatten wir das Vergnügen, den regierenden Weltmeister bei einer bescheidenen nationalen Ausschreibung zu bewundern - in drei Rennen.

An diesem Tag lenkte er einen alternden Lotus 19 im Sportwagenrennen, einen Elan in der GT Klasse, einen Lotus Cortina im Tourenwagenrennen - und gewann alle drei. Es war eiskalt und er trug einen verformten, verrissenen Pullover über seinem Overall. Erst später lernte er sich modisch zu kleiden.

Wenn man zum ersten Mal mit ihm sprach, wurde man angenehm überrascht. Ich ging ängstlich auf ihn zu, mein Autogrammalbum in der Hand. Er unterzeichnete und gab es mir zurück. In dieser Weise ermutigt, fragte ich ihn etwas über den starken neuen Lotus 30, welchen er an diesem Wochenende gefahren hätte, wenn er fertig gewesen wäre. «Kommst Du nächste Woche nach Aintree?» fragte er mich. Ich nickte. «Nun, der Wagen sollte dort sein. Er sieht wie eine richtige Bestie aus. Ich hätte ihn gern vor seinem ersten Rennen getestet, aber uns fehlt die Zeit dazu. Aber ich freu mich schon - er ist etwa wie das Indy-Auto mit zwei Sitzen! Viel mehr Leistung als die Formel 1.»

Er hatte eine leise Stimme und, obwohl sein Akzent zweifellos schottisch war, sprach er mit dem musikalischen Schwung des Grenzländers. Er nutzte seinen Dialekt zum besten Effekt und zeigte damit unbewusst seinen trockenen Sinn für Humor. Einmal in Monza erzählte Stewart eine Horrorgeschichte vom Training. Mit graphischen Gesten beschrieb er, wie sein Gaskabel unmittelbar vor der Curva Grande geklemmt hatte. Irgendwie kam er heil durch die Kurve. Von den gesammelten Zuhörer gab es verbalen Applaus.

«Willst Du damit sagen, Jackie», unterbrach ihn Clark, «dass Du dort sonst den Fuss hebst?»

Die Anwesenden bezeugen, dass sogar der schlagfertige JYS darauf keine passende Antwort fand.

Stewart zitiert sein Comeback-Rennen 1973 in Monza als das beste seines Lebens, und eigentlich war es fast eine Kopie von Clarks Sieg dort sechs Jahre zuvor. An diesem Tag verlor Jimmy bei einem Reifenwechsel mehr als eine halbe Runde. Er ging wieder ins Rennen, holte die führenden Wagen ein, überrundete sie, holte die ganze Runde noch auf und überholte sie acht Runden vor Schluss. Aber wie die besten Heldengeschichten endete diese nicht im Triumph. In der letzten Runde begann der Lotus 49 zu husten - das Benzin war fast alle. Surtees und Brabham passierten den stotternden Wagen nochmals und Clark konnte nur noch den dritten Platz retten. Seine schnellste Runde war genau gleich schnell wie seine Pole-Position sichernde Trainingsbestzeit.

Wenn ich heute an Jimmy Clark und sein Leben denke, ist er immer in einem 49, und es ist immer die unvergessliche Saison 1967. Ich finde es äusserst unfair, dass die Geschichte sein Andenken mit der 1,5 Liter Aera von 1961-65 unbedingt verbinden will. Mit rund 200 PS unter der Haube waren sie kaum Grand Prix-Karossen für die Götter, aber damit gewann Clark 19 von seinen 25 GP-Siegen.

Die Wahrheit ist, dass, egal wie das Reglement aussah, Jimmy den anderen überlegen war. Ich sah viele seiner Rennen im 23 und 33 zu, und bei einer anderen Sportart wäre es geradezu langweilig gewesen. Er war immer vorn und zählte die Runden einfach wie bei einem Countdown ab. Spa gewann er viermal hintereinander, trotz seiner Antipathie für diese Strecke. Beim Grossen Preis von Belgien 1960, dem zweiten Formel 1-Rennen seiner Karriere, konnte er in Burnenville der Leiche von Chris Bristow nur knapp ausweichen. Später wurde Teampartner Alan Stacey bei Malmedy getötet. Stirling Moss wurde im Training schwer verletzt. Das waren die Bilder von Francorchamps, die Jimmy nicht vergessen konnte, und es war typisch, dass sie seine Leistungen in Spa nie beeinflussen konnten.

In Wahrheit hasste er Indianapolis ebenfalls. Zu Beginn, 1963, war es ein Abenteuer, etwas Neues, eine Gelegenheit, einen Einsitzer echter Substanz und Leistung zu fahren. In jenem Jahr wurde er zweiter, geschlagen nur von Parnelli Jones, einer gewissen Ignoranz des Brickyard-Reglements und einer

Nur der Monaco-Grand Prix entging Clark. Sechsmal startete er und sechsmal musste er aufgeben. In seinem alten Lotus 33 mit 2,0 Liter-Climax-Motor fuhr er jedoch 1967 die schnellste Runde.

An der Limite mit dem Lotus 43 im Training für den Oulton Park Gold Cup 1966. Dieser Wagen war nie besonders erfolgreich, aber mit ihm gewann Jimmy den American Grand Prix - der einzige Sieg für den BRM H16-Motor.

guten Dosis Vorurteil seitens des Indiana Establishment. Für seine «800 Linksabbiegungen», wie er das Rennen zusammenfasste, gewann er jedoch mehr als $ 56 000 und den Respekt aller - und nicht nur, weil er sich nicht beschwerte. Der Roadster von Parnelli hatte so viel Öl verloren, dass Jimmys leichter Lotus - eindeutig der schnellste Wagen im Feld - auf der rutschigen Bahn zurückfiel. Man hätte Jones die schwarze Flagge zeigen müssen, und wenn die Positionen umgekehrt gewesen wären, hätte Jimmy sie bestimmt erhalten. Aber obwohl Eddie Sachs, dessen Unfall kurz vor Schluss auf das Öl zurückzuführen war, Jones nach dem Rennen mit Fäusten und Mundwerk angriff, blieb Jimmy ruhig. Zwei Jahre später hatte Parnelli beim Indy 500 gegen Clark keine Chance und musste sich mit dem zweiten Platz zufrieden geben. Es war, meinten Clark und Chapman, die einzig richtige Antwort.

Es war vermutlich Jimmys Stolz, welcher ihn Jahr für Jahr nach Indianapolis zog. Sein Charakter mag ruhig und bescheiden gewesen sein, aber diese Erfahrungen aus seiner Anlernzeit vergass er nie. Er war vom absurden Getue und von der Notwendigkeit, bei seinem ersten Besuch in Indy eine Feuerprobe bestehen zu müssen, überhaupt nicht beeindruckt. Er fand es erniedrigend und als Beleidigung. Und genau wie Foyt sich über seine eigene Plünderung Europas freute, war es für Clark eine echte Freude, die Dollars nach Hause zu nehmen. Ein Bekannter erzählte mir von einem Telefonanruf von Jimmy: »Ich bin am Flughafen. Kannst Du hierher kommen?» Als er dort ankam sah er einen ihm unbekannten, in sich vertieften, Clark mit einem Glas Cognak in der Hand. «Ich sollte mit dem Flugzeug nach Scheiss-Indianapolis,» beklagte sich Jimmy, «und ich will wirklich nicht hin. Das ganze Theater und Getue - ich kann es nicht ausstehen.»

Er wollte bloss mit jemandem reden. Mein Bekannter hörte zu und sagte ihm, er solle seinem Instinkt folgen. Clark, der Amateur im Geist, aber der Profi, der sein Wort hielt, nahm seine Reisetasche und ging zur Passkontrolle.

Einige Jahre später war ich auch in Indianapolis, und mein britischer Akzent verleitete viele Leute, plötzlich an Jimmy zu denken. Sie sprachen weder von Hulme, Rindt, Hill noch Stewart. Alle erinnerten sich an Clark den Gentleman, Clark das As. Es bricht Foyts Herz, von eines Gegners Qualitäten zu sprechen - besonders wenn dieser nicht aus dem Land Gottes stammt - aber zum Thema Jimmy Clark zögert er keine Sekunde. «Er war ein fantastischer Rennfahrer. Ich habe nie einen besseren gesehen.»

Beim 500er traf ich auch einen Mann, dessen Vater 1966 als USAC-Steward fungiert hatte. In diesem Jahr war Clarks schlecht fahrbarer Wagen ihm zweimal «entkommen» und hatte sich gedreht. Beide Male gelang es Jimmy, das Auto heil von der Mauer wegzulenken. Sowas hatte man in Indy vorher nie gesehen, staunte der Mann. Was, das weisst Du nicht? Der Wagen kam rückwärts aus Kurve Vier, ohne Motor, Clark gab mit der Steuerung ein Zwick, um den Wagen wieder in Fahrtrichtung zu drehen, fand einen niedrigen Gang und kuppelte ein, da war er schon wieder . . .

Es war ein umstrittenes Finish. Jimmy und Graham Hill bogen beide in die für den Sieger vorgesehene Victory Lane ein - wo das Rennen dem Engländer zugesprochen wurde - versehentlich, laut meinem Informanten. «Die Zeitnehmer hatten eine von Clarks Runden übersehen - und schrieben sie seinem Teamgefährten Al Unser zu. Alle wussten es . . .» Warum wurde der Fehler nicht berichtigt? «Oh, komm! USAC - einen Fehler zugeben? Du spinnst wohl!»

Ich habe zwar viel über Jimmy und Indianapolis geschrieben, da dieser Wettbewerb den Beweis für sein wahres Format zu sein scheint. Unzählige erstklassige Formel 1-Fahrer haben Indianapolis mit leeren Händen verlassen. Für Clark war es bloss ein weiteres, wenn auch überschätztes Rennen. Seiner Meinung nach war es viel schwieriger, in Clermont-Ferrand oder auf dem Nürburgring die korrekte Linie zu finden.

In ähnlicher Weise adaptierte er sich schnell und problemlos an den Lotus 49 mit dem neuem Cosworth Motor, welchen er 1967 zum ersten Mal im Training für den Grossen Preis von Holland erproben konnte. Es stimmt, dass der DFV erheblich stärker war als die Rivalen, aber am Anfang kam die Leistung ruckartig bei 6500 U/min. Dazu kam die eigenwillige Natur des originalen 49er-Chassis. Und jetzt dürfen Sie sich daran erinnern, dass, sobald Jimmy den Dreh heraus hatte, er der Herr des Rennens war.

Seinen letzten Sommer verbrachte er im Ausland, zum grössten Teil in einer Wohnung in Paris, und er fuhr in seinem gelben Elan zu den Rennen. Das war ein wichtiger Charakterzug von Jimmy - er war ein beinahe fanatischer Autofahrer. Er konnte Fahrgelegenheiten in interessanten Wagen nicht widerstehen, und in dieser Hinsicht war er das Gegenteil von Jackie («Köpfchen») Stewart.

«Ach, Jimmy stieg in Dinger ein, an die ich keinen Blick verschwenden würde», erzählt Jackie. «Es gab mal ein Rennen für historische Fahrzeuge in Rouen, und da war er in Pat Lindsays ERA - und drehte schnellere Runden als Pat selbst. Als wir bei der Tasman-Serie teilnahmen, sahen wir ihn in allmöglichen Specials-Wagen, in denen ich nicht mal Platz nehmen würde. Einmal ging er spontan nach Rockingham für ein NASCAR-Rennen. Es wunderte mich, dass Colin es ihm überhaupt erlaubte.»

«Die Wahrheit ist, dass Jimmy mit seinen Wagen immer eine Schau abziehen wollte. Das war das komplette Gegenteil seines normalen Charakters. Er lief eine Meile, wenn er eine Rede halten sollte, und man musste ihn immer mit Gewalt in das VIP-Wartezimmer am Flughafen hineinschieben. ‹Verstehst du

Chapman und Clark. In der langen Geschichte des Grand Prix-Sports ist diese Konstrukteur/Fahrer-Partnerschaft die legendärste von allen.

denn nicht,› sagte ich ihm einmal, ‹dieser Komfort macht das Reisen doch angenehmer›, und dann nickte er. Aber wenn er allein war, benutzte er nie das VIP-Zimmer.»

Als Clark seine Rennkarriere begann, plante er, nach drei oder vier Jahren aufzuhören, um auf seine Farm in Chirnside zurückzukehren. Die meisten seiner Freunde erwarteten seinen Rücktritt Ende 1965, als er die Weltmeisterschaft zum zweiten Mal und Indy 500 gewonnen hatte. Sie erwarteten die Heirat mit seiner langjährigen Freundin Sally Stokes. Aber wir wissen, dass es eben dieses Verhältnis war, das zu Ende ging. Und danach widmete sich Jimmy seinem Sport mehr als je zuvor.

«Viele Leute glauben, dass er wirklich zurücktreten wollte», meint Jackie Stewart, «aber ich weiss, dass das nicht der Fall war. Ich weiss auch, dass er nicht zur Farm zurückkehren wollte - auf jeden Fall nicht beruflich. Als er in Paris wohnte, hatte er sich geändert. Wenn er nicht gerade im Auto sass, war er immer noch ziemlich nervös - hast du je seine Fingernägel gesehen? - aber er hatte sich an einen gehobenen Lebensstil gewöhnt, und es gefiel ihm.»

Vielleicht hätte er sich tatsächlich nicht in Berwickshire niedergelassen, aber ohne Zweifel vermisste er während seinem Jahr im Steuerexil die Chance, gelegentlich nach Hause fahren zu können. In jenem Sommer war er nur einmal in Grossbritannien; für Silverstone und einen weiteren unvergesslichen Sieg. Bilder seines Wagens an diesem Tag - hier mit akuter Untersteuerung, dort in einem Slide bei vollem Gegensteuer - erinnern uns an den unfreundlichen Charakter des 49er, aber Jimmy war immer sein Meister. Zwei Wochen später auf dem Nürburgring stand er mit mehr als 9 Sekunden Vorsprung auf der Pole Position.

Am 7. April 1968 hätte Clark in Brands Hatch sein sollen, um einen der neuen Fords zu fahren, aber die Wagen waren noch nicht bereit, und inzwischen hatte er das Nennformular für Hockenheim, damals eine Strecke ohne Leitplanken und ohne Schickanen, unterschrieben.

«Der Morgen war neblig, nass und miserabel», erinnert sich Chris Amon. «Ich stand neben Jimmy auf der Startlinie, und wir sprachen kurz miteinander. Er war sehr verklemmt an diesem Wochenende. Ich stand ihm sehr nah, aber in Hockenheim konnte ich kaum mit ihm reden.»

Kyalami 1968. Jimmys letzter Grand Prix führte zum 25. Sieg seiner Karriere. Hier trugen die Lotus zum letzten Mal die Farben grün und gelb.

Kurz vor seinem Tod im April 1968. Von Clark sagte Amon: »Ich glaube, wir hatten alle das Gefühl, unseren Führer verloren zu haben.»

«Ich will nicht sagen, dass er eine Vorahnung hatte, er war bloss ein bisschen abwesend. Wir hatten beide die Tasman-Serie hinter uns, und wie ich war er sehr müde und wollte eigentlich gar nicht in Hockenheim sein. Direkt nach dem Rennen wollte er in Schottland Ferien machen und er konnte es kaum abwarten. Er war wegen der Steuergeschichte so lange im Ausland gewesen.»

«Also, das Rennen ging los und die Firestones waren im Regen unbrauchbar. Der Abstand zwischen Jimmy und mir blieb Runde für Runde gleich. Er war etwa an achter Stelle und kam nicht vorwärts. Darum wusste ich, dass seine Reifen nichts taugten!»

«In einer Runde bemerkte ich Dreck am Strassenrand, und in der nächsten sah ich, wie man eine Bahre über den Zaun trug. Es war an einem sehr schnellen Ort ohne Leitplanken, nur Bäume, und es war klar, dass, wenn man dort die Strasse verliess, es keine Rettung mehr gäbe. Aber mir fiel es nie ein, dass es Jimmy sein könnte, weil sich der Lotus immer noch vor mir an der gleichen Stelle befand. Es stellte sich heraus, dass in der Runde, als Jimmy seinen Unfall hatte, Graham Hill seine Box aufgesucht und das Rennen in der relativ gleichen Position zu mir wieder aufgenommen hatte. Am Ende des Rennens ging ich zu Forghieri, beschwerte mich über die Reifen und wies ihn darauf hin, dass Clark damit auch kaum fahren könnte. Mauro sagte, ‹Jimmy beendete das Rennen nicht . . .›. Ich sah sein Gesicht und dachte an den Dreck am Strassenrand.»

«Der folgende Tag war sonnig und warm, und ich ging nach Pontresina, um Ferien zu machen – und um Distanz zwischen mich und den Rennsport zu bringen. Es gab Gerüchte, dass ich aufhören wollte. Es stimmte nicht, aber fortan war es nicht mehr dasselbe.»

Wie die Mehrzahl von Clarks Bekannten spricht Amon gern über ihn. «Ich habe mich oft gefragt, was Jimmy wohl von der modernen Formel 1 gehalten hätte: Sponsoren, Public Relations und keine Erlaubnis, was anders zu fahren. Ich wette, er hätte es gehasst.»

Beim ersten Grand Prix nach Jimmys Tod, in Jarama, stand der einzige Lotus in den rot-weiss-goldenen Farben des neuen Sponsors. Mir gefällt, dass Clark seinen letzten Grand Prix-Sieg, am Neujahr in Kyalami, in einem grünen Lotus 49 mit gelben Streifen errungen hatte. Eine Aera war in mehrerer Hinsicht abgeschlossen.

# PATRICK DEPAILLER

## Niemand für Tennis

Hin und wieder kommt es vor, dass das Tennisfinale von Wimbledon am gleichen Wochenende wie ein Grand Prix stattfindet. In diesem Fall verschwinden viele der Fahrer und ihrer Entourage in ihre Motorhomes, schliessen die Vorhänge und himmeln McEnroe und die anderen Altstudenten der Charme-Schule von Alcatraz an.

Das tun sie, sobald das letzte Training abgewunken ist. Tut mir leid, für Fragen keine Zeit - und innerhalb von zehn Minuten ist es, als ob das Fahrerlager eine Bombendrohung erhalten hat. Abgesehen von Mechanikern und Journalisten ist es menschenleer. Rennen? Was für ein Rennen?

«Incroyable, hein?» grinste Patrick Depailler an einem solchen Nachmittag. «Wimbledon - und die ganze Welt hält an. Heute bin ich der grosse Star.» Die Unverschämtheit des Mannes! Allen Traditionen und Bräuchen spottend sass er in der Sonne. Es war nicht überraschend: Patrick war so. Er passte nie recht in die Form, aus welcher die üblichen Grand Prix-Fahrer gegossen sind. Sein Aussehen stimmte, aber sein Charakter lag weit daneben.

Zum Ersten wollte er von Uniformen nichts wissen. Am Flughafen hätte man ihn nie als Rennfahrer erkannt. Wo war der massgeschnittene Trainerdress und die dazu passenden Schuhe, die waffeldünne Aktentasche - und vor allem der Tennisschläger? Am kleinen Krokodil sollst Du sie erkennen . . .

Ich mochte Patrick Depailler sehr und nicht nur, weil er alle üblichen Ausstaffierungen des kontemporären Superstars überging. In einer Art Chris-Amon-Weise war seine Einstellung gegenüber seiner Arbeit und dem Leben erfrischend frivol. Für Leute wie mich, die stets von den strengen Automaten, welche den professionellen Sport immer mehr bevölkern, zurückschaudern, war seine Bekanntschaft überaus tröstend.

Ich besinne mich an ein Essen mit der Tyrrell-Mannschaft in Österreich.

«Wo fährst Du nachher hin, Patrick?» fragte Ken. «Bin mir nicht ganz sicher», kam die gemurmelte Antwort.

«Was meinst Du, Du bist nicht ganz sicher?»

«Nun», sagte Patrick zögernd: «Ich bin nach Lyon gefahren, um hierher zu fliegen und mein Wagen steht am Flughafen . . .»

«Also, wo ist dort das Problem?» fragte Ken verwirrt.

«Der Flug zurück nach Lyon ist ausgebucht», antwortete sein Fahrer, «also muss ich wahrscheinlich nach Paris, um dann irgendwie nach Hause nach Clermont Ferrand zu kommen. Dann muss ich jemand finden, der mich nach Lyon mitnimmt, so dass ich meinen Wagen abholen kann . . .»

Tyrrell schüttelte zweifelnd den Kopf. Depailler hatte nämlich seinen Flug zu spät gebucht. So etwas könnte doch Ihnen oder mir auch passieren, nicht wahr?

Ich will nicht etwa andeuten, dass Desorganisation eine Tugend ist. Mit unordentlichen Leute zusammen zu arbeiten, kann äusserst lästig sein - ebenso mit Personen, die von einem pünktlichen Termin zum anderen rasen. Erfahrungsgemäss ist es aber der Wirrkopf, der attraktiv wirkt. Pech für die Tüchtigen, aber wahr. Ken Tyrrell hat schon bessere Fahrer als Depailler angestellt, aber ich wette, dass es nur wenige gab, die er so mochte.

«In vielen Hinsichten war Patrick immer ein kleiner Junge», lacht Ken. «Er wollte immer Skifahren, auf seinem Motorrad sitzen oder Hängegleiten. Er vertraute dem Glauben, dass alles ein gutes Ende finden würde. Er lebte in der Gegenwart.»

«Ich gab ihm seine erste Fahrt in der Formel 1 1972 in Clermont Ferrand und bot ihm anschliessend einen dritten Wagen für die 1973er-Rennen in Nordamerika an. Das war eine Riesenchance für ihn, und ausgerechnet zehn Tage vor den Rennen fiel er vom Motorrad und brach sich das Bein. Später, als er bei mir vollzeitbeschäftigt war, schrieb ich in den Vertrag, dass er von solchen gefährlichen Spielzeugen die Finger lassen müsste.»

Ich hatte immer das Gefühl, dass Depailler sich selber zu einem guten Fahrer machte. Er war sich bewusst, dass seine Kunst, schnell zu fahren, mit dem mühelosen Stil eines Stewarts überhaupt nichts gemeinsames hatte.

«Es gibt nur wenige wie ihn, aber es stimmt, ich fahre immer an der Limite. Ich fahre gern an der Limite, hole gern das möglichste aus dem Wagen heraus. Das gilt für alles was ich tue. Wenn ich mich entschliesse, etwas zu machen, dann gebe ich alles, was ich habe. Immer», sagte mir Patrick einmal.

Es war klar, dass er besonders glänzte, wenn die Umstände mehr als nur blossen Mut verlangten. Im schlechten Wetter war er unschlagbar. Denken Sie an den Nürburgring 1975. Die Lauda/Ferrari-Herrschaft hatte gerade ihren Höhepunkt erreicht, der Österreicher war einfach ausser Reichweite. Wenn ich den Namen Depailler höre, denke ich sofort an das Ende der ersten Runde: Niki vorn, der Tyrrell von Patrick an seinen Fersen, und die anderen weit entfernt am Horizont.

Auf Rennstrecken wie dieser zeigte der Franzose seine Stärken. Mosport ist ein weiteres Beispiel. Dort bestritt er einen langen Kampf gegen den McLaren von Hunt, und es schien als ob Patrick im Sinn hatte, in der letzten Runde die Führung zu übernehmen. Am Schluss verlangsamte sich der 6-Rad-Tyrrell abrupt, und als er die Ziellinie überquerte, hielt er sofort neben der Piste an. Depailler lag, der Bewusstlosigkeit nahe, zusammengesunken im Cockpit. Im letzten Viertel des Rennens war eine Treibstoffleitung gebrochen, und er bekam zwanzig Minuten lang den Benzinnebel direkt ins Gesicht.

«Während der letzten Runde war ich auf Autopilot geschaltet. Aus einem Auge sah ich überhaupt nichts, und ich fühlte mich wie ein Betrunkener. Es war sicher gut, dass das Benzin meine Haut brannte – die Schmerzen hielten mich wach!»

Bei den Rennen selbst trieben Patricks Instinkte ihn zu stürmischen Angriffen, aber er wies eine grosse Sensibilität auf, die ihn zum exzellenten Testfahrer machte. Als Derek Gardner der Mannschaft den P34 6 Rad-Tyrrell vorstellte, zeigte sich Jody Scheckter skeptisch. Depailler hingegen war bezaubert. Es war etwas neues, interessantes. Ich bringe den Wagen immer mit Patrick in Verbindung, nie mit Jody.

Der P34 hat Patricks Hoffnungen nie erfüllt, obschon es nicht immer an Leistung mangelte. Patrick arbeitete pausenlos an dessen Entwicklung und übernahm mehr als seinen gerechten Anteil an Testfahrten. 1977 schloss sich Peterson der Mannschaft an, und Depaillers Enthusiasmus hielt ihn immer vor Ronnie, der während der laufenden Saison immer mehr an Vertrauen verlor.

Die Erklärung, warum so etwas von Depailler nie gesagt werden kann, mag in einer Bemerkung liegen, die er während einem Interview mit mir kurz vor seinem Tod machte: «Viele Leute hassen Testfahrten, aber das verstehe ich nicht. Wie kann es ihnen nicht gefallen, in einem Rennwagen zu sein? Und,

Monaco 1968. Depailler musste lang auf seinen ersten Grand Prix-Sieg warten, und der Triumph schmeckte doppelt süss, als er bei seiner Lieblingsstrecke eintraf. Hinter ihm ist der Brabham von Watson.

Es machte immer Spass, Patrick zuzusehen! Hier zielt er 1979 den Ligier den Linden Drive in Long Beach hinab. Andretti bleibt ihm auf den Fersen.

wenn es ihnen nicht gefällt, warum machen sie dann überhaupt mit?»

Patricks narkotische Besessenheit vom Motorsport hatte vor allem anderen Priorität. Ich erinnere mich noch, wie er betrübt über das Ende seiner Ehe sprach: «Sie ist ein normales Mädchen. Sie hat Angst vor dem was ich tue. Wie kann ich es ihr übelnehmen? Und wie kann ich aufhören?»

Er zeigte eine Art Verwundbarkeit, welche für Frauen geradezu magnetisch wirkte, und sein Gesicht hatte normalerweise einen tragischen Ausdruck, welcher durch sein schiefes Grinsen sofort verschwand.

«Egal was er tat», erinnert sich Tyrrell, «man konnte mit ihm nicht lange böse sein. Es war wieder diese Schuljungen-Charakteristik. Ein Moment lang war er betrübt, dann begann er zu lächeln, und ich musste lachen. Es war hoffnungslos.»

Während seiner fünf Saisons mit Ken Tyrrell beendete Depailler 31 Rennen in den Punkterängen, aber nur einmal als Sieger. 1978 in Kyalami führte er bis in die letzte Runde, aber der Wagen begann wegen einer verstopften Treibstoffleitung zu stottern. In der letzten radtouchierenden Meile zog Peterson seinen Lotus nach vorn. Patrick, der den Saum des Erfolgs wieder bloss anfassen durfte, war nach dem Rennen sprachlos.

Sein erster Grand Prix Sieg kam endlich, wie es sich gehört, in Monaco. Er liebte die Strecke dort mehr als alle anderen und hatte denn Triumph nach einem langen Kampf gegen die Brabhams von Watson und Lauda ehrlich verdient. Es war einer der seltenen Tage, an welchem sich alle Fahrerlagerbewohner über das Resultat freuten.

Am Ende des Jahres verliess er Tyrrell, um Jacques Laffite bei Ligier Gesellschaft zu leisten. «Es war einer der schwierigsten Momente meines Lebens», sagte Patrick. «Ich meine, als ich es Ken sagen musste. Für mich war's, als ob ich meine Familie verlasse.»

Die Entscheidung schien zunächst die richtige zu sein. Der Ligier JS11 dominierte zu Saisonsbeginn 1979 und gewann beide Rennen in Südamerika - in den fähigen Händen von Laffite. Depailler wurde in Interlagos zweiter und war davon überzeugt, dass sein Wagen unter einem fundamentalen Steuerungsproblem litt. Zu Beginn der europäischen Saison erwies es sich, dass er recht hatte. In Jarama war Patrick an der Reihe, den Platz auf dem Siegerpodest zu nehmen. Aber zwei Wochen zuvor hatten er und Jacques durch gegenseitiges Zanken, was eine zu frühe Abnutzung der Reifen zur Folge hatte, einen sicheren Sieg für Ligier weggeworfen.

«Es gab keine Teambefehle, dass wir etwa dem anderen Platz machen müssten. Ich weiss, dass viele dachten, das sei falsch, aber ich war anderer Meinung. Wenn Du Rennfahrer bist, solltest Du Rennen fahren . . .»

Nach Monaco, mitten in dem, was für ihn seine beste Saison zu sein versprach, hatte Patrick einen Unfall mit dem Hängegleiter. Seine Beinverletzungen erregten bei den Ärzten Sorgen.

«Es war kein gefährliches Wetter, aber ich flog zu nah an die Berge heran. Dort gab es viel Turbulenz und es, nun ja, warf mich gegen den Berghang. Es war bestimmt auf meine mangelnde Erfahrung zurückzuführen. Wenn ich besser Bescheid gewusst hätte, hätte ich wohl etwas dagegen unternehmen können, aber . . .»

Patrick stand vor einem langen Spitalaufenthalt, erhielt von den Rennkreisen jedoch kein Mitleid. Seine Kollegen reagierten kalt und hart. Vom kommerziellen Standpunkt war es sicher verständlich, aber mich störte der Mangel an Sympathie für einen Mann, welcher vielleicht für den Rest seines Lebens an einem Rollstuhl gefesselt sein könnte.

Viele betrachteten Depaillers Lage hauptsächlich als Unannehmlichkeit für sein Team. Er hätte den Hängegleiter nicht mal anrühren sollen, meinten sie. Was, ein Mann könnte sich dabei verletzen! Ligier behauptete, er habe sich nicht nur unverantwortlich verhalten, sondern auch die Bedingungen seines Vertrags ignoriert. Das machte Patrick wütend.

«In meinem Ligier-Vertrag waren keine Beschrän-

Jarama 1979 brachte einen überlegenen Sieg. Depaillers Ligier führte von der vordersten Startreihe aus bis zum Schluss.

Auf dem Siegerpodest zwischen Reutemann und König Juan Carlos steht Patrick für «La Marseillaise» nach seinem Erfolg in Spanien.

kungen, und bei Jacques auch nicht. Zugegeben, ich durfte bei Tyrrell so etwas nicht machen. Als ich bei Ken war, wartete ich fünf Jahre lang bis ich hängegleiten gehen konnte. Ich begann damit in der Woche, als ich seine Mannschaft verliess! Aber bei Ligier hatte ich absolute Freiheit. Ich durfte tun, was ich wollte - und sie wussten, wie ich war.»

Stimmt; Depaillers Zeitvertreibe waren immer von der «Action Man»-Sorte. Er ging skifahren, tauchte und segelte und verlor natürlich nie seine Liebe für starke Motorräder. Er hatte zwei Helden: Jacques Anquetil und Eddy Merckx, beide fünffache Sieger der Tour de France. «Le sport dur», betonte er. Das war anziehend.

Ein anderer Fahrer teilte mir einmal vertraulich mit, er glaube ernsthaft, dass Patrick einen Todeswunsch habe. Warum wäre der Mann sonst von allem Gefährlichen so gefesselt? War sein Mut nicht abnormal? Fuhr er nicht Motorräder ohne Sturzhelm? Und wie war's mit dem Hängegleiten?

Andere machten ähnliche Äusserungen über Villeneuve und ich glaube, dass sie sich bei beiden irrten. Patrick und Gilles hingen ausserordentlich am Leben und aus diesem Grund gingen sie bei allem, was sie unternahmen, bis zur - und über die - Limite. Depailler wollte, wie wir gesehen haben, das Leben herausfordern.

Eines der im Rennsport ältesten, in jedem Spielfilmdrehbuch enthaltenen Klischees ist das vom «alles viel intensiver erleben, wenn man dem Tode nahe ist». Dies trifft für diese zwei Männer höchstwahrscheinlich zu. Es war kein Todeswunsch, sondern nur, dass das Risiko alles noch süsser macht.

Interessanterweise hatten Depailler und Villeneuve in Hinsicht auf die Sicherheit die gleichen Ansichten. Ihr Interesse galt dem Wagen mehr als der Rennstrecke. Sie machten sich über die unnötigen und zusätzlichen Gefahren des Phänomens Bodeneffekt Sorgen, und nicht über die Versetzung einer Leitplanke zwanzig Zentimeter mehr nach links.

«Man gebe mir einen Wagen, der stark genug ist», sagte Patrick, «und es ist meine Sache, ihn auf der Strasse zu halten. Es gibt schon Strecken, die unsicher geworden sind, aber nur, weil die Kurvengeschwindigkeiten gestiegen sind. Wenn man die Rennstrecken nicht ändert, muss man die Kurvengeschwindigkeit irgendwie hinunterbringen. Die Sicherheitsvorkehrungen müssen relativ zu den Ge-

Ein typisches Depailler-Kunststück, 1980 während einer Pause in Brands Hatch. Sechs Wochen später verlor der Franzose sein Leben.

schwindigkeiten bleiben. Aber es ist verrückt, die Strecken dauernd ändern zu müssen, nur weil das Reglement für den Bau von Rennwagen so stupid ist.»

«Mir gefallen Orte, wo der Fahrer auch in einem schlechten Wagen immer noch eine Rolle spielt. Aber leider sind es diejenigen, welche in dieser Bodeneffektzeit gefährlich geworden sind. Ich denke, ich bin mutig, aber spinnen tue ich nicht.»

Wie die überwiegende Mehrheit seiner Kollegen hasste Depailler die Schürzenwagen. «An ihnen stimmt überhaupt nichts. Sie sind zwar leichter zu fahren, aber dafür viel gefährlicher.»

Für Patrick stammte das Trauma des Spitals nicht von den Schmerzen, sondern von der Angst vor der Zukunft.

«Das schlimmste war, wochenlang dort zu liegen, ohne zu wissen, ob ich mich je erholen würde. Sie sprachen von Amputation und das machte mir Angst. Es dauerte fünf Monate bis feststand, dass ich doch wieder fahren könnte.»

In Rennkreisen ist man der Meinung, dass ein Fahrer nach schweren Beinverletzungen nie wieder derselbe ist. Aber Depailler verliess das Spital, verabschiedete sich bald von seinem Rollstuhl und unterschrieb 1980 einen Vertrag bei Alfa Romeo. Nach ein paar Rennen war es klar, dass er immer noch der alte war. Allein die jämmerliche Unzuverlässigkeit hielt ihn von guten Plätzen fern.

Ende Juni kamen die F1-Teams nach Brands Hatch, um einige Testfahrten durchzuführen, und dort nahm ich ein Interview mit Patrick auf Tonband auf. Unsere Unterhaltung schweifte über alle möglichen Themen, und wir sprachen lang und enthusiastisch über zwei von uns geteilten Passionen: Den Wein und die Verehrung von Jean Behra. Meine Jugend drehte sich um Behra, und als ich das erwähnte, strahlte Depailler: «Nein, wirklich? Bei mir war es das gleiche.»

Eigentlich war es keine Überraschung, da auch Behra klein, drahtig, stark pechverfolgt und vom Rennsport absolut besessen war. Wenn er im modernen Rennsport einen Zwilling hatte, dann wäre es Patrick, ein Mann, der vom Glitzer nichts hielt.

Er zog noch eine filterlose Gauloise aus der Pakkung und ich machte die Bemerkung, dass obwohl der Rennsport die Tabakfirmen gern von ihrem Geld trennt, er nicht besonders froh sei, wenn die Fahrer die Waren ausprobierten . . .

«Pah, Unsinn. Ich fahre einen Rennwagen und nehme nicht an einem 10 000 Meterlauf teil. Andere haben auch geraucht – Hunt, Amon, Cevert, manchmal auch Andretti. Es macht überhaupt keinen Unterschied, genau wie das Trinken von Wein. Und

Patrick erholte sich von seinem Hängegleiter-Unfall besser, als man erwartete, und war 1980 mit Alfa wieder in Topform. Am 1. August verunglückte er in Hockenheim tödlich.

wenn ich aufhöre zu rauchen», fügte er lachend hinzu, «würde ich vielleicht während dem Rennen an Zigaretten denken und meine Konzentration verlieren!»

Keine Spur von Enthaltsamkeit, wie Sie sehen. Patrick war aber eine scheue und manierliche Person, die sich nicht gern ins Rampenlicht stellte. In Paul Ricard wurde er dem Musiker Nick Mason vorgestellt, und plötzlich war der Schuljunge wieder da. Er liebte «Le Pink Floyd».

Einige Wochen später verbrachte ich den Morgen im Williams-Werk. Es war der 1. August, der Jahrestag von Behras Tod 1959, und ich dachte an ihn, als ich nach Didcot fuhr. Auf dem Nachhauseweg hörte ich die Nachricht von Depaillers Tod in Hockenheim. Der Zufall ist manchmal beunruhigend.

«Heute», hatte Patrick in Brands Hatch gesagt, «nehmen wir die Kurven so schnell, dass die Auslaufzonen und Fangzäune wirklich nötig sind. Ohne sie würde jeder mechanische Defekt das Desaster bedeuten. Und ich bin sicher, dass keiner das will.» Etwas brach am Alfa, als er sich der erschreckend schnellen Ostkurve näherte. Seine Geschwindigkeit war so hoch, dass er, als ihm das Problem bewusst wurde, nichts mehr tun konnte, als versuchen zu bremsen. Fürchterliche schwarze Linien markierten den Weg des Wagens bis zum zerschellenden Aufschlag mit den Leitplanken.

Es war Freitagmorgen, eine Woche vor dem Rennen, und aus nie geklärten Gründen war der Fangzaun entfernt worden. Als sich der Unfall ereignete, lag der Zaun hinter den Leitplanken, fein säuberlich aufgerollt.

CW85

# JUAN MANUEL FANGIO

## Maestro

Es war der Tag nach dem Monaco Grand Prix 1971. Ich hatte noch etwas Zeit bevor ich zum Flugplatz fliegen musste und entschloss mich, noch einmal um die Strecke zu spazieren und die Sonne zu geniessen. In der Nähe vom Casinoplatz bemerkte ich vor Rampoldis Restaurant einen Tumult.

Die Zeit hat die Skulptur von Monte Carlo umgestaltet. Die elegante Silhouette der Stadt hat hässlichen Bauklötzen, Wohnblöcken und Hotels mit unzähligen Etagen weichen müssen. Hier spürt man die Einflüsse von Reno. Einiges ist uns jedoch glücklicherweise geblieben, und Rampoldis ist eines davon, ein Hauch Côte d'Azur wie aus einem Buch von Somerset Maugham: Verblichene Schilder und frische, weisse Tischtücher. An den Wänden befinden sich Bilder von Rennen, die in vergangenen Jahren auf der Strasse vor der Tür bestritten wurden.

An diesem Tag fuhren jedoch keine Rennwagen vorbei. Dort standen Transporter, zum Ärger der Arbeiter, welche die Leitplanken von gestern abmontierten. Ich ging in das Restaurant und fand um einen der Tische ein Gedränge. Überall standen Scheinwerfer, Leute mit schweren Filmkameras auf den Schultern, und drüben stand eine umwerfende Blondine mit einem Klapperbrett.

In der Mitte, an einem der Tische ruhig sitzend, war Fangio. Hinter ihm war ein Bild der berühmten Karambolage von Tabac, 1950, durch welche er seinen Alfa fädelte, um das Rennen schliesslich gewinnen zu können. Mit Messer, Gabeln und einigen Modellautos war er wieder mitten im Gefecht. Während einer Pause in den Filmarbeiten bat ich ihn, mein Programm zu unterzeichnen. Ein Interview kam offensichtlich gar nicht in Frage.

Es bot sich keine weitere Gelegenheit, bis der grosse Mann acht Jahre später für das Gunnar Nilsson-Memorial-Rennen in Donington nach England kam. Im Steering Wheel Club in London gelang es mir, ihn endlich kennenzulernen.

Was sein Aussehen betrifft haben die Jahre nur wenige Spuren hinterlassen. Trotz zwei Herzinfarkten vor einiger Zeit sieht er für einen Mann über siebzig erstaunlich jung aus. Die Augen sind immer noch hypnotisch. Seine Stimme ist leise und mit erhöhtem Tempo spricht er von den Ereignissen, welche ihm besondere Freude bereiteten.

Um seine Karriere in Perspektive zu bringen, dürfen Sie nicht vergessen, dass Fangio bei seiner Ankunft in Europa schon 38 Jahre alt war. In Argentinien war er schon der Held unzähliger Langstreckenrennen auf den staubigen Strassen von Südamerika.

«Sie waren hart, diese Rennen, sehr hart. Der Gran Primio del Norte, welchen ich 1940 gewann, war fast 10 000 Kilometer lang, von Buenos Aires durch die Anden nach Lima, Peru, und zurück. Es dauerte beinahe zwei Wochen, eine Etappe pro Tag, ausschliesslich auf Nebenstrassen. Wir durften keine Mechaniker mitnehmen und die nötige Arbeit am Wagen mussten Fahrer und Copilot ausführen, und dann nur für eine Stunde nach jeder Etappe.»

«Ich war, glaube ich, achtzehn, als ich mein erstes Rennen bestritt – der Wagen war ein Ford Taxi! Ich borgte ihn von einem Freund und habe die Karosserie entfernt. Nach dem Rennen haben wir sie wieder montiert und der Wagen wurde wieder zum Taxi!»

Wenn der Krieg nicht gewesen wäre, hätte seine Grand Prix-Karriere bestimmt früher begonnen. Er kam 1949 nach Europa, seine Reise vom Automobilclub von Argentinien finanziert. Er verliess den Kontinent mit fünf Weltmeisterschaften und 24 Grand Prix-Siegen nach 51 Starts! Der erste Titel kam 1951.

«Ich habe sehr gute Erinnerungen von meiner Zeit mit Alfa Romeo. Ich bin vielleicht sentimental, wenn ich sage, dass der Alfetta mein Lieblingswagen war, da er mir zum ersten Welttitel verhalf. Es gab wundervolle Kämpfe zwischen Alfa und Ferrari. Ich hatte immensen Respekt vor Ascari, der die Ferrari-Mannschaft so lange anführte. Er und später auch Moss gehörten zu meinen gefürchtetsten Rivalen. Mein Teamgefährte bei Alfa war Farina . . .»

Hatte ich nicht irgendwo gelesen, dass Fangio den Farina als Irren bezeichnet hatte? Er lächelte. «Si, si, loco! Auf der Piste war er nicht so schlimm, aber auf der öffentlichen Strasse, aiaiai! Unterwegs zu den Rennen stieg ich nur selten zu ihm ein. Felice Bonetto war dasselbe.»

Nach überwältigendem Erfolg 1951 stellten sich die zwei darauffolgenden Saisons als weniger erinnerungswürdig heraus. Die Grand Prix wurden nun unter der 2,0 Liter-Formel 2 abgehalten. Alfa Romeo hatte sich zurückgezogen, und Fangio verbrachte seine Zeit mit Maserati. Aber die Zeit gehörte Ascari und Ferrari.

Gelegentlich setzte sich Fangio für die wenigen noch stattfindenden F1-Rennen hinter das Steuerrad eines BRM V16. 1952 nahm er damit beim Ulster Grand Prix in Dundrod teil, welcher am Tag vor dem Monza Grand Prix stattfand, wo er für Maserati gemeldet war.

«Ich hatte mein Wort gegeben, dass ich in Monza sein würde. Prinz Bira hatte versprochen, mich in sei-

In einem Alfa Romeo 159 über das nasse Kopfsteinplaster von Bern. Fangio errang 1951 beim Grossen Preis der Schweiz den ersten der drei Grand Prix-Siege, welche zum Weltmeistertitel Nummer 1 führten.

nem Privatflugzeug von Belfast nach Mailand zu fliegen, aber es ging kaputt und ich musste mir etwas anderes einfallen lassen. Ich flog mit der Linienmaschine nach London in der Hoffnung, einen Anschluss nach Mailand zu bekommen. Aber in London sagten sie mir, alle Flüge nach Italien seien dem schlechten Wetter wegen abgesagt, also flog ich nach Paris und versuchte einen Zug zu finden. Leider war es schon Mitternacht und es gab keine Züge mehr.»

«Verzweifelt borgte ich einen Wagen und machte mich auf den Weg nach Monza. Ich kam eine halbe Stunde vor dem Start an. Natürlich hatte ich das Training verpasst und es blieb nicht mal Zeit für einige inoffizielle Runden. Das Rennen wurde um 14.30 Uhr gestartet. Um drei Uhr nachmittags war ich im Spital und hatte Glück noch am Leben zu sein.»

«Der Unfall ereignete sich in der zweiten Runde. Ich musste von hinten starten und versuchte, mich nach vorn durchzudrängen. Plötzlich ging der Maserati in einen massiven Slide und, da ich so müde war, reagierte ich zuwenig schnell. Ich sehe es noch so deutlich - ich verliess die Strasse, fuhr gegen die Böschung, flog hoch und drehte in der Luft, ich sah die Bäume kommen, wurde aus dem Cockpit geworfen und landete auf dem weichen Gras. Ich weiss noch wie das Gras roch, bevor ich bewusstlos wurde . . .»

Einige Stunden lang schwebte Fangio am Rande des Todes. Sein Genick war gebrochen.

«Als ich wieder zu mir kam, stand Farina neben meinem Bett mit einem Kranz in der Hand. Ich dachte, er sei auch tot! Schliesslich wurde mir bewusst, dass ich noch am Leben war, dass er gewonnen hatte und mir den Kranz als Tribut gebracht hatte . . .»

Es war Fangios bisher schwerster Unfall und er musste mehrere Monate aussetzen. Trotz seinem Alter - er war 42 - dachte er jedoch nicht an einen Rücktritt.

«Meine Verletzungen waren die schlimmsten, die ich je in meinem Leben erlitten habe, aber vom moralischen Standpunkt her war mein schrecklichster Unfall bei einem Langstreckenrennen 1948 in Peru. Wir rutschten von der Strasse und fielen den Berg hinunter. Daniel Urrutia, mein Copilot, wurde aus dem Wagen geschleudert. Als sie ihn fanden lag er im Sterben. Das war fürchterlich. Er war mein bester Freund und damals dachte ich an einen Rücktritt. Nach dem Monza-Unfall konnte ich es aber kaum abwarten, wieder fahren zu dürfen. Es war etwas komplett anderes. Aber bei beiden Unfällen war die Ursache dieselbe: Müdigkeit.»

Während seiner sportlichen Laufbahn hatte Fangio eigentlich nur wenige Unfälle. Sein unvergleichbares Talent schützte ihn öfters vor Katastrophen. Er versteht heute nicht, wie er 1955 seinen Mercedes durch die Hölle von Le Mans lenkte - «Nachher fand ich grüne Farbe von Hawthorns Jaguar an meinem Wagen . . .»

Dazu kam auch die meisterhafte Umfahrung der Tabac-Karambolage beim Monaco Grand Prix 1950, der Anlass der Rekonstruktion in Rampolid's. Fangio führte das Feld vom Start weg, eng gefolgt von Villoresi. Hinter ihnen ergab sich ein Chaos, als sich der Wagen von Farina drehte. Innerhalb von Sekunden waren mehr als zehn Fahrer darin verwickelt und die Strasse war blockiert. Der Argentinier begann seine nächste Runde und wusste vom Ganzen nichts. Der Alfa raste auf die Tabac-Kurve und ein sicheres Unglück zu. Fangio stand plötzlich auf die Bremsen und hielt kurz vor der Unfallstelle an. Den Unfall selbst hatte er noch nicht sehen können - er war noch ausser Sichtweite. Es war unheimlich, übersinnlich.

«Nein, nein», er zuckte mit den Schultern, als sei nichts gewesen, «so war es nicht, wirklich, ich hatte nur Glück. 1936 hatte sich ein ähnlicher Unfall ereignet, und am Tag vor dem Rennen hatte ich zufälligerweise ein Foto davon gesehen. Als ich aus der Schikane herauskam, bemerkte ich an den Zuschauern etwas anderes - eine andere Farbe. Ich lag in Führung, aber sie schauten mir nicht zu. Sie schauten stattdessen die Strasse hinaus. Ich sah keine Gesichter sondern nur die Hinterköpfe von hinten. Also gab es etwas an Tabac, das interessanter war als der führende Wagen. Ich dachte an das Foto und bremste so hart ich nur konnte . . .»

Beim Grossen Preis von Italien 1953 musste Fangio das ganze Rennen lang die Angriffe von Ascari und Farina abwehren. Sein Protege und Maserati-Teamgefährte Onofre Mariomon tat als Rückenschütze auch sein Teil der Arbeit. In der letzten Kurve der letzten Runde drehte sich Ascari und nahm Farina und Marimon gleich mit. Fangio musste sich nicht mehr anstrengen und überquerte unangefochten die Ziellinie. Seine bleibende Erinnerung gilt jedoch einer ganz anderen Geschichte und er lacht, wenn er darüber spricht.

«Im Training litt mein Maserati unter einer fürchterlichen Vibration, die nicht behoben werden konnte. In jeder Mannschaft sorgte ich dafür, dass die Monteure auf meiner Seite waren. Ich sagte ihnen immer, dass sie zehn Prozent meines Gewinnes erhalten würden. In der Nacht vor Monza beklagte ich mich wieder über die Vibration, und beim Rennen war sie weg! Ich weiss nicht, wie sie das Problem lösten», lacht er unschuldig, «aber ich weiss, dass Bonetto während dem Rennen seine dritten Zähne verlor!»

Als Mercedes-Benz sich entschloss, wieder in das Renngeschäft einzusteigen, verlor Rennmanager Alfred Neubauer keine Zeit, Fangio unter Vertrag zu nehmen. Das Wiedersehen mit dem dreizackigen Stern war kurz aber überwältigend. Es begann 1954 in Reims, wo drei Wagen - alle mit «Sportwagen-Karosserien - gemeldet waren. Fangio und Teamgefährte Kling entfernten sich bald vom gemeinen Volk, das sich bald in eine Reihe von beschädigten Wagen und Motoren umwandelte. Plötzlich war je-

Das Vorbild von Ruhe und Mühelosigkeit. Fangio fährt um die alte Gaswerk-Haarnadelkurve während dem Monaco Grand Prix von 1955. Sein Mercedes-Benz W125 liegt in Führung. Von den zwölf von ihm für die deutsche Firma bestrittene Grandes Epreuves war dies sein einziger Ausfall.

1956 in Monaco glaubte man kaum, dass es wirklich Fangio war, der den bekannten Helm trug. Im Lancia-Ferrari, hier in einem Slide bei Massenet, fuhr er während seiner Aufholjagd auf Moss mit uncharakteristischer Hektik.

der andere Grand Prix-Wagen museumsreif.

«Auf jeden Fall konnte ich dank den Mercedes ruhig schlafen. Ich bestritt zwölf Grand Prix für das Werk, gewann acht davon, wurde je einmal zweiter, dritter und vierter, und beendete nur einen nicht. Sie waren mächtig stark, diese Wagen.»

Was die Entwicklung betrifft, waren die Mercedes Lichtjahre vor der Konkurrenz. Zubehör, wie zum Beispiel vom Cockpit aus einstellbare hintere Stossdämpfer, gehörten in den 50er Jahren kaum zur Standardausrüstung. 1954-55 war Fangio einfach nicht einzuholen, und als Moss zum Team stiess, unternahmen die zwei Männer ihren gemeinsamen Sonntagsausflug vor dem Rest des Feldes. Nur in Aintree war der Engländer vorn und Stirling schwört, dass er immer noch nicht weiss, ob Fangio ihm die Führung überlassen hatte. Ich erwähnte es, und Fangio lächelte.

«Ich glaube nicht, dass ich dort hätte gewinnen können. Moss war an diesem Tag ausserordentlich stark und sein Wagen war höher übersetzt als meiner. Er war schneller.»

Es klang nicht gerade überzeugend, aber ich hatte gleichzeitig den Eindruck, dass ich soeben ein weiteres Beispiel der Grosszügigkeit erlebt hatte, welche «El Chueco» zum Idol der Zuschauer und seiner Kollegen zugleich gemacht hatte.

Nur noch einmal wurde er in einem Formel 1-Rennen von einem anderen Mercedes-Fahrer «geschlagen»: Auf der Avus im Jahre 1954 wurde er beim Grossen Preis von Berlin zweiter, nachdem er lange an der Spitze gelegen hatte. War es wirklich nur Zufall, dass der Sieger das Rennens Kling hiess, ein Deutscher vor eigenem Publikum? Vergessen wir nicht, dass Mercedes zum Grand Prix-Sport zurückkam, um etwas Leben in die sinkenden PW-Verkaufszahlen am Weltmarkt zu bringen. Public Relations ist wirklich nichts Neues.

Die Direktion in Untertürkheim erreichte ihr Ziel, und, am Ende der Saison 1955, wurde der ehrwürdige Name wieder zurückgezogen. Fangio ging für eine weitere lukrative Saison in Form eines vierten Weltmeistertitels zu Ferrari, aber die Freude war nicht mehr da. Er war nie ein politisches Wesen und arbeitete am besten in einer gelösten und sicheren Umgebung. 1956 war das Ferrari-Lager alles anderes als das, und förderte sogar die Rivalität unter den eigenen Fahrern. Wenn Fangio der Team-Chef war, hatte er auf jeden Fall drei junge und ambitiöse Gegner an den Fersen: Castellotti, Musso und Collins. Welche ihn alle anbeteten.

«Ich muss ehrlich sagen, das Jahr mit Ferrari war nicht glücklich, nein. Ich fühlte mich dort nie zuhause, obwohl ich mit den Fahrern sehr gut auskam. Den Teammanager mochte ich nicht. Ich war daran gewöhnt, einen eigenen Mechaniker für meinen Wagen zu haben, aber Ferrari hatte ein anderes System. Bei Halbzeit konnten wir zu einem Arrangement kommen und danach ging alles viel besser. Ich gewann in England - das einzige Mal - und auch auf dem Nürburgring.»

1956 setzte Ferrari die wilden Wagen mit Seitentanks ein, welche er von Lancia übernommen hatte, nachdem diese Firma kurz nach dem Tod Ascaris den Sport aufgegeben hatte. Während der Saison erschienen sie im Programm unter dem Namen «Lancia-Ferrari», obwohl Fangio betont, dass sie seiner Meinung nach bloss Lancias in den Farben Ferraris waren. Er zeigt eindeutig Respekt vor Maranello, aber keine Liebe.

Fangio ohne Übersteuern war wie ein Fisch ohne Wasser, und hier findet man einen weiteren Grund für seine allgemeine Unzufriedenheit mit dem Lancia-Ferrari, welcher immer unwillig zu sein schien, seinen eigenen Vorderrädern zu folgen. Wenn das Heck des Wagens endlich ausbrach, dann erst recht.

Für Monte Carlo war es kaum die ideale Maschine und beim Grand Prix 1956 fuhr Fangio überhaupt nicht wie Fangio. Was sein Stamina und die Geschwindigkeit betrifft, war seine Fahrt überwältigend, aber es war trotzdem nicht wie Fangio. In der ersten Runde drehte sich der Wagen auf einem Ölfleck bei Ste. Devote und stiess Musso und Schell aus dem Rennen. Während seiner Aufholjagd rammte er Collins Ferrari und beschädigte die Nase. Als er wieder an zweiter Stelle lag, krachte er in die Mauer bei Tabac.

Da sein eigener Ferrari zum Wrack reduziert war, hielt Fangio an, übernahm den Wagen von Collins und ging mit neunzig Sekunden Rückstand hinter dem führenden Moss zurück in die Arena. Seine Verfolgung des Maseratis war beängstigend und nur sein Genie schützte ihn vor einer Katastrophe. Zwei Stunden lang war er nur um Haaresbreite von einem Unfall entfernt. Als die Flagge fiel, war er bloss sechs Sekunden hinter Moss.

«Es war vielleicht mein härtestes Rennen. Auch damals konnte man in Monaco kaum überholen. Und ich überholte ziemlich viel, kann ich Dir sagen . . .»

«Viele Leute sagen, dass es nicht Fangio im Wagen war, aber sie wissen nicht, was in dem Auto vorging. Für mich war es der schnellste Weg um die Strecke in diesem Ding. Vielleicht sah es nicht schön aus, aber ich konnte nicht anders.»

Für die Saison 1957 ging Fangio zu Maserati zurück, Moss rückte um einen Platz weiter und landete auf dem Feld Vanwall. Für beide Männer war es ein Jahr des Triumphs. Stirling schenkte endlich seinem Land stolze Grand Prix-Siege und der nun 46jährige Juan Manuel zeigte, dass er immer noch der Beste war. Sie teilten alle Lorbeeren der Grandes Epreuves unter sich auf.

Fangio, wieder in einem bereitwilligen und folgsamen Wagen, war auf seinem Höhepunkt und gewann die ersten drei Rennen des Jahres. Danach erwies sich die Leistung des Vanwall als zu stark für den Maserati, aber der Grosse Preis von Deutschland brachte, was für viele als Fangios Grösster Tag angesehen wird.

Der Rennverlauf ist schon so oft in Zeitschriften und Büchern beschrieben worden, dass ich ihn hier nicht zu wiederholen brauche. Es genügt zu sagen,

Die Kunst der Gaskontrolle, hier 1956 bei Copse Corner in Silverstone. Nein, der Lancia-Ferrari fuhr nicht in die Mauer!

dass nach einem langen Boxenhalt Fangio mehr als eine Minute auf die führenden Ferraris von Collins und Hawthorn aufholte, und verbesserte dabei den Rundenrekord des Nürburgrings zehn Mal. Im vorigen Jahr hatte er ihn bei 9′ 41.6″ gelassen. Seine beste Trainingszeit mit dem 250F betrug 9′ 25.6″ und bedeutete die Pole Position. Im Rennen zeigte er eine zerschmetternde Runde von 9′ 17.4″ und übernahm die Führung in der vorletzten Runde.

Er sass plötzlich auf. «Heute noch spüre ich die Angst, wenn ich an dieses Rennen denke. Ich wusste was ich getan hatte und die Risiken, die ich eingegangen war. Der Nürburgring war fraglos meine Lieblingsstrecke, ich liebte jeden Zentimeter und ich glaube, ich habe ihn an diesem Tag besiegt. An einem anderen Tag hätte er mich vielleicht besiegt, wer weiss? Aber an jenem Tag nahm ich den Wagen und mich selber an die Limite und vielleicht noch ein bisschen weiter. Ich bin zuvor nie so gefahren und wusste, dass ich es nie wieder tun würde. Ai, dieser Maserati, nicht sehr stark aber wunderbar ausgeglichen, ein fabelhafter Wagen zum Fahren. Ich hatte das Gefühl, er wäre mir in die Hölle gefolgt, wenn ich ihn darum gebeten hätte.»

In Monza kam es zwischen ihm, Teampartner Behra und den Vanwalls von Moss, Brooks und Lewis-Evans zu einem atemberaubenden Kampf. Auch hier fuhr Fangio wie ein König. Auf dieser superschnellen Piste waren die italienischen Wagen keine ernste Konkurrenz für das britische Trio. Tony Brooks sagt, er habe an diesem Tag sehr viel gelernt.

«Damals war es ein wundervoller Ort zum Fahren, ohne diese blöden Schikanen überall. Die meisten Kurven waren schnell - aber nicht, was man als Vollgaskurven bezeichnen könnte. Die Curva Granda war besonders schön. Den Anlauf nahmen wir mit rund 280 km/h, dann tupften wir die Bremsen an und gingen mit zirka 250 km/h durch.»

«Ich dachte, ich nahm diese Kurve ziemlich schnell und in den ersten Runden kämpfte ich mit Fangio um die Führung. Das erste Mal touchierte ich leicht die Bremsen, steuerte nach innen - bums! Fangio überholte mich auf der Innenseite, mit Gas übersteuernd! Später überholte ich ihn wieder, kamen zur Curva

Fangios letzte Saison war vielleicht seine beste und brachte ihm den fünften Weltmeistertitel. Hier steht er nach der Eroberung 1957 des Sebring 12-Stunden-Rennens neben seinem Maserati-Teamgefährten Behra.

1957 in Rouen war Juan Manuel eine Klasse für sich und seinen Gegnern so überlegen, dass er sich durch die Kurven von Rouen eine Ruhepause gönnen konnte und den 250F hauptsächlich mit dem Gaspedal lenken.

Grande und bums! Genau das gleiche! Ich weiss nicht, ob er dort überhaupt die Bremsen benützte.»

Ende 1957 änderte sich alles. Nach einer Reihe von ruinierenden finanziellen Tiefschlägen meldete Maserati den Rücktritt vom Rennsport an. Später wurde ein Plan ausgedacht, um einen neuen, leichteren 250F zu konstruieren. Wenn alles gut ging, stimmte Fangio zu, wäre er bereit, den Wagen bei vier oder fünf Rennen zu fahren. Nach endlosen Verschiebungen machte das neue Auto in Reims beim Grand Prix de France sein Debüt.

«Die Kupplung ging nach einigen Runden kaputt», erinnert sich Fangio traurig. «Das Kupplungspedal war mit Löcher versehen um Gewicht zu sparen. Ich kam an die Box und drückte ihnen das Pedal in die Hand. Sie flehten mich an weiterzumachen, also nahm ich das Gefecht wieder auf. Es war nicht leicht, das Auto in diesem Zustand zu fahren, aber ich wurde vierter, glaube ich. Die Zuschauer taten mir leid, weil einige davon wahrscheinlich gekommen waren, um mich zu sehen, und ich bin wie ein Anfänger gefahren.»

«Viele Dinge gingen mir durch den Kopf, was während einem Rennen nicht passieren darf. Ich dachte an meine Karriere zurück. Ich hatte vor, nur für eine Saison nach Europa zu kommen und erwartete nie, ein Rennen zu gewinnen. Inzwischen hatte ich zehn Formel 1-Saisons hinter mir und plötzlich fiel mir ein, dass es schwachsinnig von mir wäre weiter zu machen. Ich war schon 46 Jahre alt und hatte so viel erreicht. Dies waren meine Gedanken in Reims. Nach dem Rennen stieg ich aus dem Wagen und sagte meinem Mechaniker: «Es ist aus. Das war's.»

Eine weitere Grand Prix-Karriere fand an diesem Tag ein Ende. Luigi Musso verlor in der zweiten Runde sein Leben. Man vermutete, dass dieser Unfall bei Fangios Entscheidung eine wesentliche Rolle gespielt hatte.

«Nein, ganz und gar nicht. Ich sah den Unfall, wusste aber nicht, dass Musso gestorben war. Ich hatte mich schon vor dem Ende des Rennens entschieden, bevor ich das von Musso erfuhr. Während meiner Rennkarriere starben dreissig Fahrer. Es betrübte mich, beeinflusste mich aber nicht. Wenn ein anderer Fahrer stirbt, glaubt man, dass er einen Fehler machte, nichts mehr und nichts weniger. Es war daher wichtig, sich so zu konzentrieren, dass man selber eben keinen Fehler machte. Wenn Du Angst hast, im nächsten Rennen zu sterben, ist es besser, wenn Du überhaupt nicht fährst.»

«Ich spürte keine Versuchung zurückzukommen. Ich war müde, durchaus glücklich und ich vermisste es nicht. Ich liebte meine Jahre der Formula Uno, aber ich musste grosse Opfer bringen – nötig, wenn man oben bleiben will, aber trotzdem Opfer. Der Rennsport ist wunderschön, wenn man es gern tut, aber wenn er zur Arbeit wird, sollte man lieber aufhören. Ende 1957 wurde er für mich zur Arbeit.»

Fangio geniesst sein Leben heute. In seiner Position als Vorsitzender von Mercedes-Benz in Argentinien hat er starke Verbindungen zum Unternehmen, welches dank seinem Talent viele grosse Tage feiern konnte. Zuhause ist er ein Volksheld im wahrsten Sinne des Wortes und überall wird sein Name vom Rennvolk mit respektvoller Reverenz erwähnt.

«Ich weiss, was diese Leute von mir erwarten», seufzte er, als er kurz vor seiner Demonstrationsfahrt mit dem Mercedes W125 über Donington blickte, «und ich hoffe, dass ich den Mut habe, ihren Wunsch zu erfüllen«. Nach einer erstaunlichen Vorführung bog er wie immer in die Boxenstrasse ein, schaltete den Motor aus und entfernte ruhig seine Rennbrille, bevor der Wagen anhielt. Er war 68 Jahre alt, und es war immer noch so leicht.

# ALAN JONES

## Sein eigener Weg

«Es hat Höhe- sowie Tiefpunkte gegeben», sagte Keke Rosberg von seinen vier Jahren mit Williams. «Ich stiess zum Team, als es schon drei erfolgreiche Saisons hinter sich hatte - am Ende der Cosworth-Aera. Sie haben mich genommen, weil Jones sie so spät verliess, dass ihnen keine Zeit mehr blieb, für 1982 einen Superstar zu finden. Ich glaube, sie hatten es satt, sich von ihren Fahrern an der Nase herumführen zu lassen und gleichzeitig hielten sie es mir vor, dass ich kein Alan Jones war.»

Williams-Head-Jones: Frank mag über die Tatsachen herziehen, darauf beharren, dass Rennfahrer nichts anders sind als Angestellte, aber es ist nicht zu leugnen, dass der Phoenix, welcher in den späten 70er Jahren aus dem Boden von Didcot emporstieg, drei Köpfe hatte. Williams organisierte, Head konstruierte und Jones steuerte den Wagen. Sie trieben einander. Der Erfolg war etwas neues und stieg ihnen zu Kopf, umsomehr, als ihre Erwartungen gewaltig überschritten wurden.

«Ich kann nicht sagen, dass ich in Alan einen zukünftigen Weltmeister sah, als er zu uns kam», sagt Frank, «und angesichts unseres Rufes hielt er wahrscheinlich von uns auch nicht allzuviel. In unseren Fotoalben gab es nichts, was darauf deuten könnte. Was wir für 1978 brauchten war ein guter, ausgeglichener Fahrer, der regelmässig in die Punkteränge fahren konnte. Ich habe angenommen, dass ich einen solchen Mann bekommen habe. Mit Patrick war es genauso. Als ich Walter Wolf verliess, wollte ich ihn bei mir haben, weil er der beste verfügbare Fahrer war. Das ist alles. Mir war sein Talent noch nicht bewusst. Beim vierten Rennen des Jahres - Long Beach - war Alan in Patricks erstem Formel 1-Wagen, dem FW06, und machte Reutemanns Ferrari die Führung streitig. Erst dann fragte ich mich: ‹Was haben wir denn hier?› Es war wirklich eine Offenbarung.»

Jones wurde später von Problemen geplagt, wie es bei fast allen Rennen in diesem Sommer der Fall war, aber er merkte, dass etwas besonderes im Gange war, etwas Kultivierenswertes. Am Ende der Saison schlug er alle andere Angebote kurzerhand aus.

«Ich bin schon für Graham Hill und John Surtees gefahren - und hasste es», sagt er. «Ich respektiere sie als Fahrer, aber beide glaubten, sie seien es immer noch. Sie wussten immer Bescheid, sie hatten es selber erlebt. Ihnen konnte man nichts beibringen.»

«Dann folgte ein ziemlich erfolgreiches Jahr mit Shadow, wo ich nach dem Tod des armen Tom Pryces angestellt wurde. Ich gewann sogar meinen ersten Grand Prix mit ihnen, in Österreich, aber ich hatte Glück. Der Wagen war in einer geraden Linie so schwer und langsam, dass wir bei trockenem Wetter überhaupt keine Chance hatten.»

Ich muss gestehen, dass ich, bis zum Beginn der Williams-Aera, von Alans Talent etwa soviel hielt wie Frank es getan hatte. Ich sah seine Siegesfahrt in Zeltweg und war ebenso beeindruckt wie nach seinem Einsatz im Surtees beim Race of Champions 1976. Aber dabei musste ich immer an Tony Brise denken, dem Hill-Teamgefährten von Jones, die Faust schüttelnd als er versuchte, Jones im verregneten Zandvoort zu überrunden. Es ist schwierig, einen Grand Prix-Neuling richtig zu evaluieren, wenn er nicht gerade Glück hat, direkt in einen wettbewerbsfähigen Wagen springen zu können. Das wäre dann nämlich keine unbekannte Grösse.

Vergleichen wir die Ansichten zweier ehemaliger Weltmeister (die sich, zugegeben, sowieso nur selten einig sind). Stewart: «Mir gefiel der Fahrstil von Jones immer. In einem Wagen ist er stark und intelligent. Er hat ein grosses natürliches Talent.» Hunt: »Er hatte im allgemeinen eine starke Hand, aber ich würde nicht sagen, dass er der schnellste Kerl auf der Piste ist. Er hatte ein erstklassiges ‹Rennfahrerhirn› und war immer professionell. Aber er war nicht einer, der vom ersten Tag an für Aufregung sorgt - ein Naturtalent ist er nicht.»

Egal wer an seinen Qualitäten zweifelt, Alan selber war zuversichtlich. Schon früh sah er sich als zukünftiger Weltmeister und 1978 war das Williams-Team der gleichen Meinung. Es war das Jahr des Lotus 79, der Anbruch des Bodeneffekts, und alle sahen sich in der folgenden Saison gezwungen, Chapman zu folgen.

So erstand der FW07, einer der grossartigsten Wagen der Geschichte. Bei Halbzeit der Saison 1979 stand er schon auf der Wunschliste vieler Fahrer - bei jedem Start gehörte Jones zu den potentiellen Siegern. Ironisch war es jedoch, dass der erste Erfolg des FW07 - Franks erster nach elf Jahren Teilnahme an der Formel 1 - Clay Regazzoni zu verdanken war. In Silverstone übernahm er die Führung, nachdem Alan, an erster Stelle liegend, ausgefallen war.

Zu diesem Zeitpunkt war Jones masslos frustriert. Elektrische Probleme hatten ihm den Grossen Preis von Belgien geraubt. In Dijon wurde ihm der vierte Platz an der Startaufstellung abgesagt (Streckenposten behaupteten, er habe die gelbe Flagge missach-

GOODYEAR

tet), was seine Abneigung für die Franzosen nur noch steigerte. Überall war er dabei, aber am Jahresende hatte er nur sieben Punkte zu verzeichnen und wurde sehr reizbar. «Warum sind die Australier so unausgeglichen?» lautete ein Fahrerlagerwitz dieser Zeit. Antwort: «Weil für sie sowieso alles schief läuft.»

Alan stimmte später zu. «Es stimmt. Ich litt unter einer Art Verfolgungswahn. Ich brannte darauf, Rennen zu gewinnen. Der Wagen war dazu fähig, und ich wusste, dass ich auch dazu fähig war, aber immer ging irgendetwas kaputt.» Sein Stern ging schliesslich zwei Wochen später in Hockenheim auf. Dort konnte ihn nicht einmal ein flacher Reifen vom Triumph abhalten. Dann gewann er in Zeltweg und in Zandvoort, und während dieser Zeit wurde seine Überlegenheit nur von Villeneuve in Frage gestellt. Durch eine Reihe von klassischen Duellen, welche ihren Höhepunkt in Montreal erreichten, schmiedeten die zwei Männer eine Verbindung mutuellen Respekts. Alan beendete die Saison 1979 mit vier Siegen, mehr als alle anderen, und die gesamte Energie des Williams-Werkes wurde im folgenden Jahr eingesetzt, um den Titel zu sichern. Und, wie 1978 bei Andretti und 1985 bei Prost, siegte auch die Gerechtigkeit. Diesmal gewann Jones fünf WM-Läufe, obwohl Piquet ihm das Leben schwer gemacht hatte.

«Der bedeutendste Sieg für ihn – eigentlich für uns alle – war in Frankreich», erzählt Patrick Head mit einem Lächeln. «In einem Rennwagen ist er ein hartes, gnadenloses Tier, und er wollte dort gewinnen, koste es, was es wolle. Die Geschichte in Dijon vom vorigen Jahr ärgerte ihn immer noch.»

«Es war mein bestes Rennen in diesem Jahr», stimmt Alan zu. «Die Ligiers waren in Paul Ricard eindeutig schneller. Ich hielt sie immer unter Druck und zwang sie, ihre Reifen zu ruinieren. Das mache ich gerne: Jemanden ermüden, zentimeterweise auf ihn aufschleichen. Es ist befriedigend zu wissen, dass das, was man Runde für Runde macht, funktioniert. Ich hatte nichts persönliches gegen Laffite und Pironi, aber sie waren Franzosen in Frankreich.» Um Salz in die Wunde zu reiben, nahm er eine überdimensionale britische Flagge mit auf seine Ehrenrunde.

Meines Erachtens war 1981 sein bestes Jahr – er hätte den Titel wieder gewinnen sollen. Wenn sie Weltmeister werden, neigen viele Fahrer dazu, unbewusst eine kleine Pause zu machen, was den Unterschied zwischen Sieg und Niederlage bedeuten kand. In Montreal hatte er die Weltmeisterschaft fest hinter Schloss und Riegel und nur eine Woche später übertraf er sich in Watkins Glen; neben der Strasse in der ersten Kurve, 12. Platz nach der ersten Runde und an der Spitze nach Halbdistanz. Einige Runden vor Schluss stellte er bloss aus Spass eine neue Run-

Unbeständiges Wetter gab Jones 1977 die Chance für einen unerwarteten Sieg auf dem Österreichring. Für Shadow waren es die einzigen neun Punkte.

Die zweite Hälfte von 1979 wurde in Essenz zu einem Zweikampf zwischen Alan und Gilles Villeneuve. Hier stehen sie nach einem harten Duell in Montreal auf dem Siegerpodest. Regazzoni war mit seinem dritten Platz äusserst zufrieden.

denbestzeit auf; schneller, als er im Training gewesen war.

Den Stil und das Tempo hielt er im folgenden Jahr aufrecht und es sagt viel über seinen Charakter, dass sein Fahrstil von zwei persönlichen Auseinandersetzungen nicht zu beeinflussen war: Eine mit Piquet, die andere mit seinem eigenen Teampartner. «Ich wollte schon vom Anfang an den Reutemann nicht dort haben», sagt Alan, arglos ehrlich wie immer. «Wir hatten 1979 mit Clay ein fantastisches Jahr gehabt. Er gewann einen Haufen Punkte für Frank, war total unpolitisch, war mit der Nummer Zwei vollkommen zufrieden und war ein guter Kumpel. Ich hatte ihn sehr gern. Wenn man am Fernsehen ein gutes Bild macht, warum zum Teufel sollte man es ändern?»

Jones und Reutemann hatten nur den Beruf gemeinsam und sogar hier waren ihre Ansichten verschieden. Carlos zielte auf einen Sieg nach Punkten, Jones wollte seine Gegner k.o. schlagen. Hätte ich einen wählen müssen der um mein Leben fahren sollte, hätte ich ohne zu zögern Alan und seinen Marciano-Stil gewählt.

Die erste Saison verbrachten sie ohne bemerkbare Feindseligkeit in einer kühlen Atmosphäre. «Das einzige war, es ging mir echt auf den Wecker, wenn alle sagten, er habe mir geholfen, die Weltmeisterschaft zu gewinnen. Im Gegenteil, es ärgerte mich manchmal wenn er einfach aufgab, anstatt von Piquet oder sonst jemandem ein paar Punkte zu klauen.»

Dann kam Rio im Frühjahr 1981. Im Regen hielt das Williams-Paar die Spitze vom Start bis in das Ziel. Diesmal war Reutemann vorn. Unter den Bedingungen seines Vertrags hätte Carlos den Weg freigeben sollen, aber gegen Ende des Rennens überlegte es sich der Argentinier nochmals und fand, dass ein Sieg doch viel netter wäre. Nur der Form halber schüttelte ihm nachher Jones die Hand, aber er weigerte sich, dem Südamerikaner auf dem Siegerpodest Gesellschaft zu leisten. Er kochte vor Wut. «Es wäre nett, wenn man an einem kalten Dezembermorgen Verträge unterzeichnet und dem anderen Kerl die Hand gibt, zu wissen, dass er ein paar Monate später so tun wird, als sei das ganze nie passiert. Wenn ihm der Vertrag nicht gefiel, hätte er ihn nicht unterschreiben sollen. Wenn es nochmals passiert, nun, ich würde nicht gern in Williams Schuhen

Die Weltmeisterschaft von 1980 gehörte vom Anfang an Jones und Williams, und sie sicherten sie mit einem überlegenen Sieg beim Grossen Preis von Kanada.

stehen, mehr sage ich nicht. Es ist sein Problem, nicht meins.»

In Anbetracht der gespannten Lage zwischen ihnen hätte man einen vulkanartigen Ausbruch erwarten können, als sich Jones und Reutemann in der ersten Runde in Imola in die Haare griffen. Alan musste anhalten, um einen neuen Flügel montieren zu lassen. Nichts dergleichen. «Er schnitt mich ab, stimmt, aber er war auf der korrekten Linie. Das war schon in Ordnung.» Beim Anhören dieser Worte realisiert man, dass er doch ein sehr ehrlicher Mensch sein muss.

Hauptsache war: Bei Alan wusste man immer wo man stand. Wenn ich mal etwas schrieb was ihm nicht gefiel, wusste ich es schon beim nächsten Rennen. Das ist mir viel lieber als die schlecht unterdrückte Verdriesslichkeit, welche ich schon von genügend anderen zu spüren bekommen habe. Jones ist niemandem gleichgültig. Eine zeitlang fand ich ihn verwöhnt und laut, aber dann lernte ich ihn besser kennen und jetzt mag ich ihn sehr, wahrscheinlich, weil in einem Formel 1-Fahrerlager das Gelächter sonst so rar geworden ist. Alans Bemerkungen schneiden wie eine frischgeschliffene Sense durch die Heuchlerei und Scheinheiligkeit. «. . . etwa so nützlich wie ein Aschenbecher auf einem Motorrad», sagte er über eine bestimmte Persönlichkeit.

Natürlich kann Jones sehr bissig sein, wenn er verärgert ist. Aber ich erinnere mich an ein Ereignis eines Abends am Flughafen Heathrow, welches als Beweis dafür dient, dass die Welt nicht um den Grand Prix-Sport kreist. Wir kamen aus Amsterdam und warteten auf unser Gepäck. In der Nähe stand eine Dame mit Umfragebogen in der Hand. «Woher kommen Sie, Sir?» fragte sie Jones.

«Mmm, wo sind wir gewesen, Holland? Ja, Holland.»

«Und wo wohnen Sie?»

«In der Schweiz.»

«Und der Zweck Ihrer Reise nach Holland?»

«Geschäft.»

Es ging so weiter. Die Dame hatte keine Ahnung, dass sie mit dem Weltmeister sprach. Ich könnte andere erwähnen, welche sie einfach ignoriert hätten, aber Alan zeigte Geduld und Höflichkeit und gab nie eine Andeutung davon, wer und was er war. «Mein Vater lehrte mich, dass gute Manieren nichts kosten – obwohl er mit den Fäusten schmerzhaft schnell war, wenn ihn jemand ärgerte. Auch das habe ich von ihm geerbt.»

Jones war immer der reine Rennfahrer, einer, der im Rennen besser fährt als im Training. Er kann die Wut zu seinem Vorteil nutzen, sie in etwas Produktives umwandeln. 1980 in Zolder war ich zufälligerweise gegen Ende des Trainings in der Williams-Box. Pironi war der schnellste und Jones musste seinen Wagen auf der Strecke stehen lassen. Schliesslich erschien er schlecht gelaunt zu Fuss. Er schaute um sich herum und suchte den Ersatzwagen. Wenn die Zeit dazu gereicht hätte, hätten die Anwesenden

Das Triumvirat von Didcot: Head, Williams und Jones. Training von Monza 1980.

«Nein, wirklich, Carlos und ich mögen uns (offenbar) . . .» Ein Publicityfoto, um die stürmischen Gewässer nach der Kontroverse von Rio 1981 zu glätten.

wahrscheinlich Zettel aus einem Hut gezogen um zu entscheiden wer ihm sagen musste, dass Reutemann das Auto genommen hatte. Als Carlos in die Box kam, um den Wagen zu übergeben, sah Alan aus, als ob er bereit wäre, sich die Pole-Position zu Fuss zu sichern. Er wütete wie ein rasender Bulle herum, bis die Mechaniker den Sitz und die Nummerschilder gewechselt hatten. Es blieb ihm nur die Zeit für zwei schnelle Runden und in der zweiten hat es geklappt.

Er ist ein Mann immenser physischer und geistiger Stärke und das sahen wir 1981, als er Piquet und Reutemann abfertigte. Die Sache mit Nelson stammte von Montreal im vergangenen Herbst. Dort sollten die zwei die Weltmeisterschaft unter sich entscheiden, und in der ersten Kurve hatten sich die Wagen touchiert. Nun, in Zolder passierte das gleiche. Diesmal aber wurde der Brasilianer aus dem Rennen geworfen. Piquet war ausser sich, als er in die Box zurückkam. Was er mit Jones alles tun würde.

Wie erwartet schob Alan die Angelegenheit beiseite. «Es ist nur Hysterie, nicht wahr? Und vergesse nicht, dass er Latiner ist. Wenn ich mich über ihn ärgerte, werde ich es ihm direkt ins Gesicht und nicht durch die Presse sagen. Aber um ganz ehrlich zu sein, es ist mir egal. Ich will meine Zeit nicht mit den Piquets dieser Welt verschwenden.»

Wer immer Nelson in dieser Sache ermutigte, half ihm auf jeden Fall nicht. Wenn es ein Einschüchterungsversuch sein sollte, war er fehl am Platz, wenn das Ziel Alan Jones hiess. Es hatte keine Auswirkung auf den Australier und bloss zur Folge, dass bei der ersten Chance, den Piquet irgendwie zu erniedrigen, er mit beiden Händen zugreifen würde. In Monaco bot sich die Gelegenheit. Er sass für mehr als ein Dutzend banger Runden am Heck des Brabhams. Nelson wurde immer nervöser, schätzte ein Überrundungsmanöver falsch ein und schoss in die Leitplanken. «Noch besser», grinste Alan satanisch, «bevor er endlich weg vom Fenster war, hat er viermal die Mauer touchiert.»

Später im Rennen wurde Alan von einer mysteriösen Fehlzündung geplagt, welche ihn den Sieg kostete. In Hockenheim passierte es schon wieder mit ähnlichem Resultat, und wenn es jemals einen sichtbaren Beweis für die Vereitelung einer Ambition gegeben hat, war es dort. Nach dem Rennen stampfte er mit verschlossener Miene zum Mercedes, welcher ihn zum Flughafen bringen sollte. Aus einigen Metern Entfernung warf er seinen Aktenkoffer in den Kofferraum. Ich entschloss mich, ihn in diesem Moment nicht anzusprechen.

In Österreich war er aber redelustig, und das in einer Weise, welche seinem Boss weh tat. «Goodyear lässt uns im Stich, wir brauchen dringend richtige Trainingsreifen. Wenn ich die Wahl hätte, würde ich schon morgen zu Michelin gehen.» Solche Bemerkungen an Journalisten werden fast immer mit den Worten «zitiere mich nicht» oder «nur unter uns» versehen. «Schreibe es», sagte Jones. «Vielleicht wird es etwas nützen und zu etwas Positivem führen.»

Am gleichen Tag äusserte er sich betrübt über die Formel 1. «Sie haben es zugelassen, dass sich die Wagen in verdammte Go-Karts degenerieren konnten. Ehrlich, heutzutage habe ich Angst einzusteigen, mich überall hinschütteln zu lassen. Ich fahre diese Dinger überhaupt nicht gern. Wenn sie nicht bald das Reglement ändern zweifle ich, ob ich weitermache.»

Er war mit dieser Ansicht nicht allein. Alan meinte es jedoch ernst. Die Atmosphäre bei Williams in

Mit einigen grauen Haaren nach seiner vierjährigen Abwesenheit, aber nicht weniger entschlossen. Alan steht neben dem Beatrice Lola bei dessen Debüt 1985 in Brands Hatch.

Monza war geradezu frostig. Franz und Patrick gefiel es nicht, dass ihre Nummer Eins mit einer verbundenen Hand eingetroffen war. «Sagen wir, ich hatte vor ein paar Nächten eine Auseinandersetzung mit einigen dunkelhäutigen Herren in der Chiswick High Road. Einer meiner Finger ist gebrochen und sie traten mich sorgfältig von Kopf bis Fuss. Sie waren in der Überzahl, aber ich war selber auch nicht schlecht.» Trotz seiner Unpässlichkeit fuhr er ein schönes Rennen und holte sich den zweiten Platz.

Der Hauptgrund für die Kälte zwischen Management und dem Fahrer erfuhr man erst ein paar Tage später. Jones hatte ihnen von seinen Rücktrittsplänen erzählt und nun war es offiziell.

«Ich sagte es Frank nach meiner Ankunft in Monza. Ich weiss, dass ich es früher hätte tun sollen, aber jedes Mal, wenn ich den Hörer in die Hand nahm, spürte ich ein Kribbeln im Magen und legte ihn wieder auf! Ich hatte keine Angst vor Williams Wut, aber ich wollte einfach meiner Entscheidung nicht ins Gesicht schauen.»

«Alans Unsicherheit hat mich immer erstaunt», sagt Williams. «In einem Wagen war er unglaublich positiv eingestellt, aber draussen war er das absolute Gegenteil. Nach dem Rennen befahl ich ihm, nach Hause zu gehen und sich alles nochmals zu überlegen, um ganz sicher zu sein, dass es sich nicht um einen rein emotionellen Entschluss handelte.»

«Genau das war es», erinnert sich Alan. «Am Montag hatte mein Sohn Geburtstag. Wir trugen alle lustige Hüte und alles - dann fing es zu regnen an. Wir mussten ins Haus gehen. Ich dachte: Scheisse, wenn wir in Australien wären, könnten wir wenigstens draussen feiern.»

Jones war eben Jones und er wollte mit einer Sonderleistung Abschied nehmen. In Vegas sah er die Gelegenheit dazu und führte das ganze Rennen lang. Das war der Tag des Reutemann vor Piquets Final.

«Für wen bist Du?» fragte ich ihn scherzhaft.

«Für alle, nur nicht für die beiden. Mir ist es egal», kam die Antwort.

«Werden Sie Reutemann helfen?», fragte ihn ein naiver Amerikaner.

«Natürlich», sagte Alan ernst. Es gab eine Pause dann lachte er. «Ich werde ihm helfen genauso wie er mir letztes Jahr half.»

Ich erinnere mich auch an ein Interview nach dem Rennen, durchgeführt von einem extrem eingebildeten Mark Thatcher, dem Sohn der Premierministerin. Er wurde für das Wochenende von der NBC angestellt. «Spielten heute die Reifen eine wichtige Rolle?»

«Ja, gewiss», antwortete Jones vor Millionen von Zuschauern. «Wissen Sie, sie verhindern, dass die Räder mit dem Boden in Kontakt kommen . . .»

Dann ging er nach Australien zurück um auf seiner Farm zu arbeiten, um Bier zu trinken und um das gute Leben zu geniessen, welches an ihm vorbeizuziehen drohte. Ich zweifle, ob Frank und Patrick es je wieder zulassen werden, dass ein anderer Fahrer eine so wichtige Stelle im Team einnimmt. Als er aufhörte, waren sie in einem Schockzustand. Sie ärgerten sich masslos, dass er, wie sie sagten, so undankbar sein könnte und waren gleichzeitig erschüttert, dass das Triumvirat nicht mehr bestehen würde. Die Rennen mit Alan hatten ihnen grossen Spass bereitet.

Er ist aber eine unruhige Seele, immer in Bewegung, leicht zu langweilen. Zu Hause startete er bei mehreren Touren- und Sportwagenrennen «aus Spass», fand jedoch keine Befriedigung dabei. «Ich hätte es besser wissen sollen. So bald sich mein Hintern in einem Wagen befindet, weiss ich nur, dass ich mein Bestes, fast zehn Zehntel, geben soll und ich fand, ich brauchte den Professionalismus, welcher zum höchsten Niveau des Rennsports gehört. Meine Meinung über Australien hat sich nicht geändert - ich denke immer noch, es sei das schönste Land auf Erden. Aber von Rennwagen habe ich mich immer noch nicht erholt, und für Rennwagen muss man nach Europa kommen.«

Im Frühjahr 1983 gab es ein versuchtes Comeback, aber als Arrows die erwarteten Sponsorengelder nicht erhielt, wurde daraus nichts. Er habe kein Interesse, sagte Alan, solange das Team nicht zur Spitze gehöre. Achtzehn Monate später kam ein weiteres Angebot und diesmal war Jones überzeugt. «Ich bin früher mal für Carl Haas bei der CanAm-Serie gefahren, und seine Organisation hat mich immer beeindruckt. Wir haben die Mittel und die Ford-Motoren. Keine Angst, Carl wird alles unternehmen, um Erfolg zu haben.»

Der von Hart-Motoren getriebene Wagen, eine Übergangslösung für die letzten paar Rennen von 1985, war eine unzuverlässige Katastrophe. Aber beim Rennen in Adelaide sahen wir den Beweis dafür, dass Jones Wettbewerbsfähigkeit alles andere als verschwunden war. Einige meinten, er sei des Geldes wegen zurückgekehrt. Andere behaupteten, er habe sich gelangweilt. Auch wenn beide Theorien eine Prise Wahrheit enthalten, war Alan immer noch der Gefangene seines eigenen Charakters. Beim Grünlicht zieht er los. Sein zynischer Humor liegt immer noch jenseits der Public Relations. «Kann ich Sie morgen interviewen?», fragte ein lokaler Journalist in der Box von Kyalami. «Klar», sagte Alan. «Moment mal, wann beginnt das Rennen? Vierzehn Uhr dreissig? O.K., ich treffe Sie hier um viertel vor drei . . .»

# NIKI LAUDA

## Kurze Pause, süsse Rückkehr

Das alte Pressebüro von Zeltweg war kein populärer Ort. Kein Zelt - nicht mal eines mit Zirkusdimensionen - ohne Klimaanlage eignete sich an diesem tropischen Augustnachmittag in der Steiermark. Ich zog es statt dessen vor in meinem Wagen zu arbeiten, meine Schreibmaschine auf den Knien. Dort konnte ich wenigstens die Fenster hinunterdrehen. Es war daher eine grosse Erleichterung, als wir 1985 auf dem Österreichring ein neues, zweckmässiges Pressezentrum entdeckten. Neugierig lasen wir die merkwürdige Bitte, uns dort am Samstagmorgen zwecks Laudas Pressekonferenz zu präsentieren.

Eine Lauda-Pressekonferenz? Sowas hatte es seit all den Jahren nicht gegeben. Formelle Treffen waren nicht Nikis Art, waren es nie gewesen. Was hätte er uns wohl mitzuteilen? Seit einiger Zeit war zwar ein Gerücht im Umlauf, wonach er wieder aufhören wolle. Aber komm, Lauda war nicht der Mann, der offizielle Mitteilungen machte - besonders nicht in Österreich, wo es zum journalistischen Tagesablauf gehörte, ihm nachzujagen. Nein, nein, um so etwas geht's bestimmt nicht. Wenn er aufhören wollte, ging es wie beim letzten Mal; aus dem Wagen steigen, den Helm abziehen, die Mütze anziehen und fertig. Zugegeben, die einzige Konstante während Nikis zwölf Jahre auf der obersten Stufe des Sports war immer seine Undurchschaubarkeit. Wer sollte wissen, was er nun im Sinne hatte?

Ein Journalist mit gespaltenem Charakter - oder der wenigstens auch heimlich für eine andere Zeitschrift unter einem «nom de plume» arbeitete - konnte sich den Luxus leisten, sich in beiden Wettrichtungen zu decken. In einer seiner Zeitungen zeigte er sich zuversichtlich, dass Niki die Gerüchte betreffend seinem Rücktritt bestätigen würde, und in der anderen zweifelte er daran. Wie es sich herausstellte, erzielte sein anderes Ich den Treffer.

Niki teilte uns mit, dass er am Saisonsende tatsächlich den Sport verlassen würde. «Zehn Jahre meines Lebens habe ich der Faszination des Formel-1-Sports gewidmet und ich liebe ihn immer noch. Aber in diesem Jahr hatte ich das Gefühl, mich bloss zu wiederholen. Ich fand keine frische Motivation. Also habe ich mich entschlossen, dass es an der Zeit ist, etwas neues zu unternehmen.» Es folgten einige Worte über Lauda Air und über seine Pläne, sein Unternehmen auszubauen. Und er beendete seine Rede mit Danksagungen an alle, von Ron Dennis abwärts.

Er sprach mit ruhiger, nobler Würde, wenn auch mit typischem Mangel an äusserlicher Emotion. Am Ende der Rede gab es von diesen sonst zynischen und weltmüden Zuhörern einen spontanen und respektvollen Applaus. Niki ist sehr populär, und es war ein rührender Moment.

Diese Stimmung wurde bald von den näselnden Tönen seines Teambesitzers zunichte gemacht. Da dies seiner Meinung nach eine persönliche Sache sei, hatte Lauda den Ron Dennis nicht bei seiner Pressekonferenz haben wollen, hatte jedoch schliesslich mit den Schultern gezuckt und nachgegeben. Ron wurde um einen Kommentar gebeten, und einige Minuten lang hörten wir uns das in peinlicher Stille an. Es hätte Nikis Tag sein sollen, haben wir uns gedacht.

Anstatt einem grossen Fahrer Tribut zu zollen, anstatt sich bei ihm für seinen bestimmt nicht kleinen Anteil am Aufbau von McLaren International, für die Arbeit von vier Jahren, die Grand Prix-Siege und eine Weltmeisterschaft, zu bedanken, nahm es sich Dennis vor, den Lauda wegen mangelnder Erkenntlichkeit gegenüber John Barnard - «dem Hauptgrund für unseren Erfolg im letzten Jahr . . .» - zu tadeln.

Ja schon, aber wie war's mit Niki und seinem Rücktritt? «Im Prinzip leiten wir McLaren International, um Grands Prix zu gewinnen, und nächstes Jahr werden wir bestimmt zwei Fahrer haben, welche genau das tun werden.»

Ja, aber . . .

Der Moment war vorbei. Niki liess sich nichts anmerken und beantwortete weiterhin unsere Fragen. Aber als er nach der Verabschiedung zu seiner Boxe zurücklief, war er wütend. Die meisten Worte seiner Sätze bestanden aus vier Buchstaben.

Die Saison 1985 hindurch schien es, als ob Nikis Fahrstil den Biss verloren hätte. In der Turboaera war es ihm immer mühsam, sich hoch zu qualifizieren, und an der Startlinie stand er oft weit entfernt vom Teamgefährten Prost. Die inexistente Zuverlässigkeit seines Wagens, welcher das Monopol für die McLaren-Probleme zu besitzen schien, hielt ihn von seiner Stärke ab, die Rundentabelle katzenhaft und unaufhaltsam emporzuklettern. «Ich frage mich, wie seine Wut das Rennen beeinflussen wird?» sagte mir Clay Regazzoni an diesem Morgen in Österreich. «Wird er sie mit in den Wagen nehmen?»

Offenbar hat er das getan, obwohl der disziplinierte Lauda sich fest im Griff hatte. Dazu kam die Erleichterung eines endlich beschlossenen Entschlusses. Niki stand vor dem letzten Halbdutzend Rennen seiner Karriere, und er wollte sie heil hinter sich bringen. An diesem Tag wurde er im Training

Das erste Jahr mit Ferrari. Im Race of Champions 1974 in Brands Hatch fragt sich Lauda, wo Ickx wohl sein mag. Eine Runde später übernahm der Lotus die Führung und blieb an der Spitze.

drittschnellster, und im Rennen lag er an der Spitze, bis ein Turbodefekt ihn zum Anhalten zwang.

«Ich möchte, dass Prost dieses Jahr die Weltmeisterschaft gewinnt, und am Ende der Saison werde ich alles tun, um ihm dabei zu helfen», sagte Lauda vor der berüchtigten Pressekonferenz, und ich fragte mich, ob er nach diesem Reinfall immer noch bereit war, das Angebot aufrechtzuerhalten. Schliesslich wusste er, dass Dennis und Barnard nichts anders wollten als einen glatten Weg zum Titel für Alain. Und Niki konnte manchmal trotzig sein . . .

«Nein, ich könnte es nicht an ihm auslassen», sagte er, «aber wir stehen noch nicht am Ende der Saison, oder? Im Moment will ich gewinnen. In jedem Fall hat sich nichts geändert. Sicher wollten sie, dass Prost schon 1984 den Titel gewinnt. Das spürte ich die ganze Saison hindurch, besonders bei den letzten paar Rennen, als sie vernahmen, dass ich mit Renault gesprochen hatte. Aber ich bin sicher, dass sie ihm nie das bessere Material zukommen liessen. Vielleicht dachten sie, dass wenn Prost gewinnt, es eine Meisterschaft für McLaren werden konnte, aber bei mir wäre es eine Meisterschaft für Lauda gewesen.»

Er mag sich über die schlechten Manieren von Dennis geärgert haben, aber Niki hatte nichts als Hochachtung für seine Qualitäten. «Ron war früher Mechaniker, vergessen wir das nicht, und jetzt gehört ihm ein Team. Er ist sehr weit gekommen und ist ein fantastischer Organisator – verstehst? Wie er Marlboro zum Sponsern überredete, wie er es schaffte, dass TAG den Porsche-Motor bezahlte, dies holen, und das beschaffen. Aber es ist nicht leicht, mit ihm zu arbeiten. McLaren ist kein Team wie Brabham, wo jeder den anderen mag . . .»

Eine Woche später gingen wir nach Zandvoort, und in einigen Jahren werden Leute die Nachschlagwerke konsultieren und feststellen, dass es dort zu einem weiteren McLaren-Wohltätigkeitsereignis wurde. Lauda führte Prost mit nur Zehntelsekunden Vorsprung über die Ziellinie. Warum taten es 1978 Andretti und Peterson nicht für Lotus? Nun, für diese ähnlichen Resultate gab es verschiedene Hintergründe. Wo Ronnie brav beim «Folge-dem-Vordermann»-Spiel mitmachte, waren Alain alle Mittel recht, wenn er nur vorbeifahren könnte.

Es stimmt, dass Prost hätte gewinnen sollen, aber ein verpatzter Reifenwechsel warf ihn weit zurück. Wenn Prost beginnt, auf dem Gras zu fahren, weiss man, dass er es ernst meint, aber für die letzten acht

Runden konnte sich Lauda seinen Teampartner vom Leib halten. Als sie die Ziellinie überquerten, trennten sie nur 0,2 Sekunden. Und drei Punkte.

Nikis erster Sieg in Zandvoort war etwas einfacher. Als ich die alte Ratte auf dem Siegerpodest stehen sah, dachte ich an jenen feuerheissen Junitag im Jahre 1974 zurück und an den jungen Rekruten mit dem noch narbenlosen Babygesicht, der immer pressiert zu sein schien, eifrig und entschlossen. Er hatte das Rennen vollkommen im Griff gehabt und gewann vor Regazzoni im anderen Ferrari.

Heute ist es schwer zu glauben, aber man fand ihn damals ziemlich eingebildet. Das Jahr 1974 brachte ihm neun Pole Positions, aber nur eine Handvoll Siege. Auf dem Nürburgring versuchte er Scheckter einen Kilometer vor dem Ziel zu überholen, verschätzte sich und stürzte. In Brands Hatch blieb er vorn, versuchte nicht an einen immer schlimmer werdenden Reifenschaden zu denken und verlor alles durch einen zu späten Boxenstop. In Mosport entging ihm ein sicherer Sieg, als er den Dreck auf der Strasse zu spät bemerkte.

Die Situation 1974 bei Ferrari war derjenigen fünf Jahre später nicht unähnlich. In beiden Fällen hatten wir die Nummer Zwei - auf Papier wenigstens -, die schneller war als der Teamchef, aber der machte mehr Fehler. Und genauso wie Jody am Ende der Saison mehr Punkte als Gilles hatte, so ging es mit Clay und Niki.

1975 egalisierte Niki seinen eigenen Saison Pole-Rekord (der immer noch steht und der vielleicht nie überboten wird), aber jetzt war er «Der Mann». Es gab keinen vernünftigen Grund, warum er die Weltmeisterschaft nicht gewinnen sollte. Der beste Fahrer war im besten Wagen, und der Tag folgt immer der Nacht. Er war nicht einzuholen, und reduzierte die Grands Prix öfters zu Clark-ähnlichen Vorführungen.

Es ist eine erstaunliche Tatsache, dass, obwohl Nikis 24 Pole Positions ihn an die dritte Stelle der Weltrangliste setzen, alle ausser einer während seiner Jahre bei Ferrari geholt wurden. «Sicher, wir gingen nicht gerade freundlich auseinander, aber das habe ich schon alles vergessen», sagt Lauda jetzt. «Meine letzte Saison bei Ferrari war, obschon ich meine zweite Weltmeisterschaft gewann, die schlimmste. Ich litt immer noch unter ihrer Reaktion nach meinem Unfall. Dazu kam, dass ich mit Regazzoni als Teampartner sehr glücklich gewesen war und Reutemann nicht wollte.»

Die Geschichte der Formel 1-Saison 1975. Laudas 312T vorn, die anderen weit hinten. Hier in der zweiten Runde von Paul Ricard.

parmalat
Racing
Marlboro
CW 85

Sechs Wochen nach dem Horror auf dem Nürburgring 1976 nahm sein eiserner Wille den noch nicht ausgeheilten Lauda nach Monza. Erstaunlicherweise beendete er das Rennen in den Punkterängen.

Während den letzten Jahren ist Lauda reifer und milder geworden. Im Frühjahr 1977 fragte ich ihn über seinen neuen Partner aus. Betrachtete er den Carlos als Teamgefährten oder als Rivalen? «Weder, noch», kam die schnelle, von einem vernichtenden Blick begleitete Antwort. Ich nahm an, sie haben sich nicht gut vertragen. «Ich wollte nur die Weltmeisterschaft gewinnen, um ihnen zu beweisen, dass ich mich vom Unfall erholt hatte, und dann raus, etwas anderes machen, eine neue Herausforderung annehmen.»

Letztere war für Niki immer wichtig gewesen. Als er zu ihnen stiess, hatte sich Ferrari ein Jahr lang mit der «englischen Technologie» beschäftigt und war vollkommen weg vom Fenster. 1973 war wahrscheinlich die schlechteste Saison ihrer Geschichte. Laudas scheinbar unbegrenzter Arbeitswille und seine geniale Methodik brachten Ordnung in die Bude. Seine Ambition war ansteckend. Er wollte Rennen gewinnen, Weltmeister werden und sie mussten ihn dorthin bringen. Er stellte Ferrari auf den Kopf und machte es wie kein anderer zuvor zu einem Team.

Auf der Spitze dieses Bergs angekommen suchte er etwas neues, etwas anderes. Die Aussicht von Gordon Murray's Brabham BT46, trotz Alfa Romeo 12-Zylinder-‹Sportwagen›-Motor, reizte ihn ungemein. Mit Oberflächenkühlung, eingebautem Wagenheber, Digitalinstrumenten, einer endlosen Liste von technischen Neuheiten, gab es so viel das schiefgehen konnte, so vieles, an welchem er mitarbeiten konnte. Sein Hauptinteresse am Motorsport lag nämlich immer dort.

Es kann nur auf dieses Entwicklungsbedürfnis zurückzuführen sein, dass er Ende 1984 mit Renault Gespräche führte. Warum sonst hätte der Mann mit dem besten Wagen im Geschäft ihn verschenken wollen? «Es war wie damals, als ich zu Ferrari ging», erklärte Lauda. «Alle Zutaten für den Erfolg waren vorhanden, aber sie brauchten eine Organisation. Ich hatte ihnen aus der Scheisse geholfen und dachte, ich könnte vielleicht das gleiche bei Renault tun.»

Ein Mitglied des McLaren-Teams sieht ein zusätzliches Motiv: «Er war sich des Titels ziemlich sicher und wusste was er Ron antun würde, wenn er seine Nummer 1 anderswohin mitnahm!»

Eine absichtlich undichte Stelle – vielleicht das Resultat von Rivalität zwischen den Abteilungen von Renault-Sport – verhinderten das Geschäft und ent-

Monaco 1979 im Brabham-Alfa. Es war keine erfolgreiche Saison und Niki hatte es langsam satt, «in Kreisen rumzufahren». In Montreal kehrte er dem Rennsport den Rücken.

lockte eine klassische Antwort aus dem Munde Laudas: «Wenn Renault seine Wagen mit der gleichen Sorgfalt präpariert wie er ein Geheimnis hütet, wundert es mich nicht, dass er dieses Jahr kein Rennen gewonnen hat . . .»

Wäre Niki zu Renault übergelaufen, ist es möglich, dass weder das Team noch der Fahrer am Ende von 1985 aufgehört hätten. Sie hätten wahrscheinlich gemeinsam gute Fortschritte gemacht, und in diesem Fall wäre Lauda sicher nicht gewillt, die Arbeit nur halb fertig zu lassen. Nach seiner steilen Laufbahn 1984 war es jedoch zu bezweifeln, dass ein weiteres Jahr mit einem im Grunde genommen unveränderten McLaren-Chassis und Porsche-Motor seinen Hunger nach Innovation noch stillen konnte. Diese Komponenten hatten ihm doch zum Titel verholfen; wo war die treibende Kraft für ein weiteres Jahr?

Ich glaubte insgeheim immer, dass ein wichtiger Faktor von Nikis Rücktritt 1979 war, dass Murrays neuer Wagen, der Cosworth betriebene Brabham BT49, ihn nicht mehr aufstellte. Der Wagen versprach erfolgreich zu sein, aber er war, nun ja, nichts besonders. «Ich hatte öfters davon geträumt, dass ich dem Rennsport schlagartig den Rücken kehren würde, dass er mir plötzlich zwecklos und langweilig vorkommen würde, und in Kanada war es eben soweit», sagt er.

Innerhalb von vier Monaten also waren Hunt und Lauda weg. Und es passte zu ihnen, dass beide auf keinen sauberen Abgang zurückblicken konnten. Es waren Männer, welche ihre eigenen Gesetz schrieben und sich nicht an die akzeptierten Konventionen hielten. James ging mitten in der Saison, aber Niki ging einen Schritt weiter und hörte mitten in einem Rennwochenende auf. Er trainierte mit dem BT49 im ersten Trainingslauf in Montreal, zog sich um und verabschiedete sich. Bernie Ecclestone war sprachlos.

Es war auch typisch, dass er seinen Helm und Rennanzug dort liess. Für andere Männer haben solche Sachen einen sentimentalen Wert, aber wer brauchte sie zum Fliegen, um eine Fluggesellschaft leiten zu können? Dort lag Laudas Zukunft, und ihn interessiert nur die Zukunft. Er war immer so. Silberpokale wurden bei einer Tankstelle gegen Gratis-Autowäsche getauscht. Einige wurden in Fressnäpfe für seinen geliebten Hund umfunktioniert. Der einzige Pokal in seinem Haus stammt von seinem ersten

Grand Prix in Jarama 1974. Er leugnet jegliche emotionelle Bindung dazu und sagte, dass seine Grösse und Form ihn zum idealen Behälter für Papierklammern und Gummibänder macht. Von jedem anderen ausser von Niki kommend klänge es falsch. . . Sante Ghedini, ein langjähriger Freund, packte den Helm und Anzug in seinen Koffer, als er Montreal verliess. Egal, ob Lauda dieses sentimentale Zubehör brauchte, er dachte anders. Ein paar Jahre später rief ihn Niki an und fragte, ob er sie kurz borgen könne.

«Ich konnte nicht glauben, was mit den Wagen während meiner 2jährigen Abwesenheit geschehen war», sagt er nach den ersten Probefahrten für McLaren in Donington. Als ich zurückkam, hatte der Bodeneffekt seinen Höhepunkt erreicht und ich war erstaunt, dass ein Wagen so schlecht zu fahren sein könnte. Es waren eigentlich gar keine Autos mehr. Es gab keine Warnung, wenn die Limite erreicht war, weil man keinen Unterschied merkte. Wenn die Luftströmung unter dem Wagen aus irgendeinem Grund verändert wurde, begann er zu spinnen. Das war nicht Fahren – nicht wenn man dauernd den Kopf anschlug, nicht wenn man auf den Scheitelpunkt der Kurve zielte, den Daumen drückte und auf das Beste hoffte. Man blickte aus Augenwinkeln auf die Strasse und konnte kaum etwas sehen . . .» Trotzdem entschied er sich für ein Comeback. «Ich war nicht mehr fit, aber das war kein Problem, nicht im gleichen Sinn, wie es kein Problem war, den Wagen zuverlässig zu machen. Ich wusste, dass Willy Dungl es schaffen könnte. Hauptsache war, ich war immer noch schnell genug.»

Niemand lädt Dungl zu einem Abendessen ein. Während den vier Saisons seiner Rückkehr hätte ein Tischnachbar an Laudas Diät Anstoss genommen. Es sah wie eine gutbalancierte und gesunde Mischung von Babynahrung aus, und Niki ass es genau zu dem von seinem Guru festgesetzten Zeitpunkt. Sein Gesicht hätten Sie sehen sollen, als er sich widerwillig durch die Häufchen kämpfte – offensichtlich sah es noch besser aus als es schmeckte. Im gleichen Sinn hat er Fitness-Training nie gemocht und fand den täglichen 6 Kilometer-Lauf hart und mühsam.

Aber wer hatte am Resultat etwas auszusetzen? Lauda sah vielleicht mager aus. Aber es braucht Kraft, um einen modernen Formel 1-Wagen zu fah-

Der Triumph beim Grossen Preis von Italien 1984 war Laudas fünfter der Saison und schien seinen dritten Weltmeistertitel zu sichern.

Estoril 1984. Die Rivalen - und Teamgefährten - reichen sich, vor dem letzten entscheidenden WM-Lauf, die Hand. Prost gewann das Rennen, aber Laudas zweiter Platz brachte ihm den Titel.

ren, und in dieser Hinsicht - unterstützt von seinem leichten und fliessenden Fahrstil - fehlte ihm nichts. Auch sein Durchhaltevermögen nahm man als selbstverständlich hin.

«Eines Tages unternahm ich die Marlboro PR-Reise mit Niki», erinnert sich Keke Rosberg, «und ich war mächtig beeindruckt. Er flog selber und wurde anscheinend nie müde. Am anderen Ende der Skala war John Watson. Am Ende der Reise sah er aus wie ein 60jähriger!»

Während seiner Abwesenheit hatte sich Lauda zweifellos in mehreren subtilen Hinsichten geändert. Finanzielle Probleme schädigten seine Fluggesellschaft und da war auch eine Hexenjagd von den österreichischen Steuerbehörden. «Früher glaubte ich nirgendwo anders wohnen zu können», sagt er heute. «Das hat sich aber geändert. Ich bin glücklich in Ibiza und werde dort bleiben.»

Wir wissen, dass er zu einer traumatischen Saison zurückkehrte. Beim ersten Rennen, in Kyalami, hatten wir den «Superlizenz»-Fahrerstreik mit Niki als Mittelpunkt. In Long Beach gewann er sein drittes Rennen überzeugend, aber dann kam die «Wassertankkrise», welche zum FOCA-Boykott des San Marino-Grand Prix führte.

Lauda war immer sein eigener Mann. Sein Team mag weggeblieben sein, aber er erschien in Imola, um seine Ansicht, dass sich die FOCA-Mannschaften stupid verhielten, klar zu machen. Diese Bereitschaft, die Ehrlichkeit dem Feingefühl vorzuziehen, sagt vieles über den Menschen Lauda. In Zolder war er vom Tode Villeneuves, eines Mannes, den er sehr mochte, tief erschüttert. Er beschrieb Gilles als den besten Fahrer der Welt, und während andere von bloss einem weiteren unvermeidlichen Motorsportunfall sprachen, war Niki Lauda der Meinung, dass Jochen Mass dem viel schnelleren Wagen hätte Platz machen müssen. Für gewisse Kreise war das zu stark. Es war doch einfacher, die Schuld einem Toten in die Schuhe zu schieben. Lauda sah es anders: «Ich wurde um meine Meinung gebeten und ich sagte sie . . .».

Das war nicht überraschend. Es war ja schliesslich der gleiche Mann, der 1976 in Fuji die schrecklichen Bedingungen unakzeptabel fand und dort seine eigene Entscheidung traf. Nach zwei Runden bog er in die Boxenstrasse ein und warf dadurch möglicherweise die Weltmeisterschaft ausser Reichweite. Das war nur drei Monate nach dem Nürburgring-Unfall. Und Mauro Forghieri, unter dem falschen Eindruck, dass Niki den Mut verloren hätte, schlug eine Pressemeldung von Motorschäden oder etwas ähnlichem vor. Niki war entrüstet und stand zu seiner Handlungsweise. Ihm war es egal, was die Leute dachten - er wusste, dass er recht hatte.

Wenn man von Lauda spricht, spricht man tatsächlich von einer Legende. In seiner Gegenwart spürt man deutlich, wo er gewesen ist, was er geleistet hat. Zu meinen Erinnerungen zählen verschiedene Tage seines Lebens so deutlich wie auf einem Videofilm: Das verregnete Rennen im Frühling 1972 in Oulton Park, wo im Formel 2-Lauf alle umhertappten oder von der Piste schleuderten, alle ausser Niki; die erste Runde des wiedergestarteten Britisch Grand Prix ein Jahr später, wo er schamlos seinen BRM zwischen Peterson und Stewart stellte; Rennen seiner «zweiten» Karriere wie Silverstone und Zeltweg 1983, wo die Reinheit seines Fahrstils und die Kunst, nicht einfach loszudonnern, ihn in eine Klasse über die anderen Cosworth-Fahrer hob, und beinah jedes andere Rennen seiner dritten WM-Saison, wo er Schläue und Erfahrung gegen das verblendete Tempo von Prost setzte.

Ich erinnere mich ebenfalls an jenen fürchterlichen Tag auf dem Nürburgring und an meine Fahrt zur Fähre. Ich hörte ununterbrochen Radio und hatte Angst, die Meldung seines Todes zu hören. Fünf Wochen später gab es kaum glaubwürdige Gerüchte, dass er am folgenden Sonntag eventuell in Monza starten würde. Und, in der Tat, da war er auch, fünfter im Training, vierter im Rennen. Ich stand nachher in der Box von Ferrari und sah gerührt zu, wie er seinen baumwolligen Balaklavahelm vorsichtig von den frischen Wunden abzog.

«Er hätte dort nicht fahren dürfen», sagte Jackie Stewart, «er war bei weitem noch nicht geheilt. Es war das mutigste, was ich in unserem Sport je gesehen habe.» Zweifellos würde Niki für dieses Wochenende eine pragmatische Erklärung haben, aber es ist keine bekannt. Alles, was ich von Lauda seither gesehen habe, wurde von jenen paar Sekunden in den Boxen von Monza gefärbt. Darum habe ich mich im Pressezentrum von Zeltweg auch dermassen geärgert.

CW 85

# STIRLING MOSS

## Absoluter Rennfahrer

Bei einem Alfa Romeo-Essen vor einigen Jahren in Mailand sass ich neben Griff Borgeson. Wir waren uns vorher nie begegnet, und ich kannte ihn nur als Autor schwerer, historischer Werke über Automobile. Mr. Borgeson ist einer dieser ernsten Auslandsamerikaner, welche sich ihre Worte zweimal zu überlegen pflegen, bevor sie sie laut sagen. Während dem Essen gab es nur wenig Fröhlichkeit, und ich wendete mich meinem anderen Tischnachbar, einer Flasche Chianti mit steigender Regelmässigkeit zu. Wenn ich mich recht erinnere, sprachen wir unter anderem von Rekordversuchen, besonders über den Angriff MGs auf die Klasse F-Rekorde auf den Bonneville Salt Flats 1957. Hier glaubte ich einen Kontaktpunkt zwischen uns zu finden, da die Fahrer Stirling Moss und Phil Hill gewesen waren. Was, fragte ich, seien seine Eindrücke von Moss?

Mr. Borgeson überlegte sich. «Ach», sagte er nach zwei oder drei Gängen, «Sie können doch nicht erwarten, dass ich eine solche Frage beantworte. Ich meine, ich müsste es mir eine zeitlang durch den Kopf gehen lassen, bevor ich mich dazu verbindlich äussern könnte . . .»

Da gab ich auf und griff wieder zur Flasche. Der Name Moss löst normalerweise eine Flut von Anekdoten aus.

Er war immer «Stirling», nicht wahr? Auch für Leute, welche ihn nie in einem Rennen gesehen hatten oder sehen wollten. Sein Charisma reichte weit über die Grenzen der engen Welt des Motorsports hinaus. Im April 1962, als er zerschlagen und verwundet im Spital lag, legten Radiomeldungen und Titelseiten unwichtige Krisen wie politische Fragen, Erdbeben und Streiks beiseite. Stirling Moss' Leben war in Gefahr. Ich war 16 Jahre alt und wartete nervös auf das neueste Bulletin vom Atkinson Morley-Spital.

Mit der Zeit erholte sich Stirling, und man nahm an, dass er wieder zum Rennsport zurückkehren würde. Hatte er nicht 1960 in Spa den Rücken gebrochen und trotzdem sechs Wochen später in Schweden gewonnen? Moss' Liebe für den Sport war so stark, dass er einfach zurückkehren musste.

Wenn es weniger eine Besessenheit, sondern mehr ein Mittel, gutes Geld zu verdienen und ein schönes Leben zu haben, wäre Stirling eventuell zurückgekommen. Aber der Perfektionist in ihm war unzufrieden. Im Mai 1963 begab er sich unter Ausschluss der Presse nach Goodwood und drehte in einem Lotus 19-Sportwagen einige durchaus schnelle Runden. Aber, als er aus dem Wagen stieg, hatte er seine Entscheidung schon getroffen. Er wollte nie wieder Rennen fahren.

«Ich ging auf die Strecke und meine Rundenzeiten waren in Ordnung», erinnert er sich, «aber ich verdankte sie nur dem reinen Know-how und meiner Erfahrung. Wenn man Rennen fährt, muss alles – die Bremspunkte, die Lenkbewegungen, das Gasgeben und so weiter – automatisch geschehen. Es war bei mir bisher immer so, und plötzlich war es anders. Zu jenem Zeitpunkt konnte ich mich überhaupt nicht konzentrieren. Ich hätte mit jemand ein Gespräch führen können und wusste auf einmal nicht mehr, um was es ging.»

«Nun, in Goodwood kam ich in die Kurven und es ging alles gut, da ich immer noch fähig war, die Situation zu meistern. Dann kam ich aber auf die Gerade und fand, dass ich nur den Strassenrand oder sonst etwas anschaute. Ich forcierte meine Augen wieder nach vorn und – mein Gott – da war eine Kurve! Es war mir bewusst, dass ich mich so einfach umbringen könnte. Meine Rundenzeiten an diesem Tag kamen trotz dem Problem, und nicht etwa, weil ich das Problem gelöst hatte. Es wäre mir absolut unmöglich gewesen, mich für ein ein- oder zweistündiges Rennen zu konzentrieren.»

«Es war also ein unlösbares Problem und darum musste ich aufhören. Um so etwas zu bekämpfen, muss man sich damit auseinandersetzen, es herausfordern, sich darauf konzentrieren, und genau das konnte ich nicht.»

Moss sagt, dass sein Gedächtnis nie besonders gut war. «Wann war es denn, 1962?«, murmelt er und sucht sein Tagebuch des Unfalljahres.

Er führte immer ein Tagebuch, und darin notierte er sorgfältig den Tagesablauf und es ist etwas Unheimliches am grossen weissen Nichts seines Monats im Koma.

«Samstag, 21. April . . . das war wohl ein Trainingstag, nicht wahr?» sagt er und konsultiert die letzten Eintragungen vor dem Unfall. «Ja, hier haben wir's . . . ‹Aufgestanden um 10.00 Uhr, ging nach Goodwood. Ganzer Tag nass. Ferrari (250GT) fantastisch mit D9s. Lotus nicht schlecht, 19 gut. Cocktails beim Herzog. Party am Abend. Um 3.00 Uhr ins Bett . . .› Nächster Tag, Sonntag, ich sehe, dass wir wieder zu einer Cocktailparty gingen, und für den folgenden Tag gibt's natürlich keine Eintragung . . .»

Erst am 4. Juni konnte Stirling seine Eintragungen, allerdings mit einer unsicheren und kindlichen Schrift, wieder aufnehmen. «Bin schrecklich müde. Später kam Ines Ireland mich besuchen.»

Ein junger Stirling Moss posiert 1954 mit Alfred Neubauer für Publicity-Fotos nach der Unterzeichnung eines Vertrags als Nummer Zwei hinter Fangio.

Dass sich Moss weder an den Unfall selbst noch an die vorangegangenen Stunden erinnert, ist eine öfters anzutreffende Tatsache. Er hatte gehofft, dass die Testfahrten in Goodwood nach seinem Unfall etwas in seinem Gedächtnis auslösen würden, aber daraus wurde nichts. Seitdem hat er öfters versucht, die Teile des Unfallursachenpuzzles zusammenzustellen.

«Ich habe den Film meines Unfalls gesehen und habe eine oder zwei Theorien. Die St. Mary's-Kurve, dort, wo sich der Unfall ereignete, ist extrem schnell, aber wenn ich Hochgeschwindigkeitsunfälle hatte, war es beinah immer, weil ich ein Rad verlor. Wenn ich was riskieren wollte, war es stets in den langsameren Kurven.»

Graham Hill sagt, er erinnere sich deutlich daran, dass Stirling ihn links überholte und dass der Lotus sich schon dort auf dem Gras befand. Danach schoss er weiter in Richtung Grasböschung, ohne dass Moss zu bremsen versuchte oder die Geschwindigkeit durch Drehen verminderte. Deutete das nicht auf einen mechanischen Defekt hin?

Moss nickt. «Ja, ich habe immer geglaubt, dass etwas abgebrochen sei - entweder vor oder während meinem Ritt auf dem Gras - weil ich immer alles getan habe, um einen Crash zu vermeiden. Meiner Meinung nach lag es wahrscheinlich an der Lenkung oder der Aufhängung. Schliesslich hätte ich das Ding noch drehen können, wenn es nur ein Bremsdefekt oder ein blockierter Gashebel gewesen wäre.»

Die Fotos erinnern uns an den wahren Horror des Unfalls und der Rettung. Stirling war vierzig Minuten lang im Wrack eingeklemmt. Das Ereignis bringt die möglichen Folgen eines Hochtempounfalls in einem Gitterrohrrahmenwagen zu Bewusstsein. Der Bug des Lotus faltete sich einfach wie ein Taschenmesser zusammen. Es war eine besonders gefährliche Zeit, Rennfahrer zu sein.

Auch wenn die Zeitungsbesitzer von Fleet Street dem Unfall von Moss volle Achtung schenkten, die Fachpresse tat es nicht. Dort gab es keine wöchentliche Meldung seines Gesundheitszustandes, keinen Eindruck, dass des Rennsports Nummer Eins um sein Leben kämpfte, dafür aber wie immer die lächerlichen Nachrichten, dass das «neue Modell» von Herr und Frau Soundso 2600 Gramm gewogen hätte.

Ein Monat lang schwebte Stirling in der grauen

Zone zwischen dieser Welt und der nächsten. «Ich war schockiert, als sie mir das Datum sagten, das weiss ich noch. Ich konnte meinen rechten Arm nicht bewegen und nahm an, er sei gebrochen. In Wirklichkeit war die rechte Seite meines Körpers wegen dem Schlag auf den Kopf gelähmt.»

Es sei wohl fürchterlich gewesen, als ihm sein Zustand bewusst wurde, wagte ich zu fragen. «Nein, eigentlich nicht. Ein Freund hat es mir beigebracht, und die volle Bedeutung seiner Worte haben nicht eingeschlagen. Es war nicht, als ob ich ein Bein oder sowas verloren hätte. Alles war noch vorhanden. Daran könnte ich arbeiten. Wenn es nur darum ging, dass mein Gehirn die falschen Befehle sendete, dann müsste ich eben die Befehle ändern!» Nach einem Jahr fühlte sich Stirling wohl genug um die erwähnte Probefahrt in Goodwood zu unternehmen. Im Rückblick bedauert er seine Entscheidung von damals.

«Meine Konzentration war Ende 1964 wieder völlig in Ordnung, und ich bin sicher, dass ich mit den Tests bis dann hätte warten sollen. Aber seit meinem Rücktritt waren fast zwei Jahre vergangen, und ich wusste, dass ein Grand Prix-Comeback überhaupt nicht mehr in Frage kam. Und, ehrlich gesagt, ich wollte nicht bloss bei Sportwagenrennen teilnehmen, obwohl sie mir immer Spass machten. Ich hatte meine Entscheidung getroffen, und man sollte dabei bleiben.»

Wir diskutieren anschliessend über eine hypothetische Karriere. Zum Zeitpunkt des Unfalls war Stirling nur 32 Jahre alt und hatte an einen Rücktritt keine Gedanken verloren. In träumerischen Momenten stellte ich mich ihn fünf oder zehn Jahre später vor, sah ihn in einem Rob Walker Lotus 49 oder in einem Werks-Porsche . . .

»Auch ohne Unfall wäre ich heute nicht mehr dabei, aber etwas sage ich Dir, ich hätte erst vor kurzem aufgehört. Fangio war zum Beispiel noch mit 46 Jahren Weltmeister. Nun, ich weiss, dass Leute sagen, es sei damals viel einfacher gewesen – ich bin anderer Meinung –, aber Fangio war extrem fit. Die Rennen waren länger, und wir mussten uns mit starken Kühlungsproblemen auseinandersetzen. Ich glaube, wenn man dabei bleiben will, hält man sich sowieso in Topform.»

«Heute ist die physische Belastung nicht viel höher. Man hält sich mit den Neuerungen – Flügel, Slickreifen, Schürzen und was weiss ich – auf dem

Fahren mit gestreckten Armen. Laut Moss war sein Fahrstil von Farina abgeguckt. Hier in Monaco 1955 sah es aus, als sei Stirling unterwegs zu seinem ersten Grand Prix-Sieg, aber der W196 gab gegen Ende des Rennens den Geist auf.

Eines seiner besten Rennen war beim Grossen Preis von Italien 1956, wo sein Maserati 250F die Macht der Ferraris herausforderte und besiegte. Am Ziel hatte Fangio weniger als sechs Sekunden Rückstand.

laufenden, weil alles in kleinen Portionen kommt. Das wäre für mich kein Problem gewesen.»

Genau drei Jahre vor dem Unfall in Goodwood befand sich Moss in Maranello, aber diese Tatsache wurde von der Presse beinahe ignoriert. Wie kam das?

«Ich erhielt eine Einladung vom Commendatore. Ich bin ein Mensch, der manchmal Blödsinn macht und ich hatte immer geschworen, dass ich nie einen Ferrari fahren würde. Diese Abneigung stammte von einem Tag früh in meiner Karriere, in Bari. Er bot mir einen Wagen an, dann änderte er seine Meinung. Ich kam dort an, fand, dass für mich kein Wagen vorhanden war und fühlte mich wirklich beschissen. Danach hatte ich Ferraris von anderen Leuten gefahren, und der Respekt und die Anerkennung für den Mann und für das, was er geleistet hat, wuchs.»

«Auf jeden Fall ging ich nach Italien und er bat mich ihm zu sagen, was ich genau von einem Formel 1-Wagen erwartete und er würde ihn bauen. Unglaublich! Natürlich wollte er mich als Werksfahrer, aber darüber hatte ich mich schon mit Fangio unterhalten und ihn um seinen Rat gebeten. ‹Fahre den Wagen,› sagte er mir, ‹aber nicht als Werksfahrer!»

»Ich wusste schon, dass Ferrari seine Fahrer gegeneinander ausspielte. Ich hatte gesehen, wie es Leuten wie Collins, Musso, Hawthorn und Castellotti erging. Also sagte ich dem Ferrari, dass ich bereit wäre, seinen Wagen zu fahren, aber nur in den Farben von Rob Walker. Und er stimmte zu.»

Enzo Ferrari hat aus seiner Anerkennung von Moss nie ein Geheimnis gemacht und betrachtet ihn, zusammen mit Nuvolari, als den grössten Fahrer aller Zeiten. Seine Bereitschaft, für Stirling einen Sonderwagen - in dunkelblau - zu präparieren, verdeutlicht seine Verehrung für ihn.

«Es war alles vorbereitet. Ich hätte einen werkspräparierten Wagen bekommen sollen, gemeldet und transportiert von Rob Walker. Im Rückblick muss ich zugeben: Es war eine erstaunliche Konzession seitens Ferraris. Kurz danach habe ich mich fast umgebracht. Von meinem Blickpunkt sah alles grossartig aus: Ich konnte für Rob fahren, was mir immer Spass machte, und bekam im Effekt einen Werks-Ferrari. Es wäre eine grosse Herausforderung gewesen, die richtigen Werksautos zu schlagen.»

Man kann sich ziemlich sicher sein, dass Stirling

tatsächlich die Werksautos geschlagen hätte. In diesem Fall jedoch, wie lange hätte das Moss/Ferrari-Abkommen gedauert?

«Nun ja, vielleicht hätten die Werksfahrer Einwände gehabt, aber ich glaube nicht, dass Ferrari etwas unternommen hätte. Er hält nicht viel von seinen Fahrern - ihn interessierten nur seine Wagen. Solange ein Ferrari gewann, war ihm die Farbe oder der Name des Fahrers egal. Ich denke, er ermöglichte verschiedenen Fahrern, durch bessere Wagen verschiedene Rennen zu gewinnen, um den Eindruck zu erwecken, dass nicht der Fahrer, sondern der Wagen es war, welcher das Rennen gewann. Wenn ich also die Werksfahrer geschlagen hätte, hätte er das gegen sie nutzen können.»

Wenn Stirling sagt, dass er mit über 45 Jahren gern gefahren wäre, nimmt er dabei Rücksicht auf andere Faktoren, welche seit seinem Rücktritt beim Sport aufgetaucht sind? Er nahm, zum Beispiel, in anderen Klassen ausser der Formel 1 teil, und diese Praxis ist heute fast ausgestorben.

«Nein, das hätte mir nicht gefallen und ich hätte es auch nicht akzeptiert. Wenn alle Formel 1-Teams ihren Fahrern die Teilnahme in anderen Rennklassen verboten hätten, hätte ich die Formel 1 umgehend verlassen und bei den anderen Klassen weitergemacht, aus reinem Trotz. Ich würde es nie zulassen, dass mir jemand so etwas diktiert.»

«Es hätte mich vielleicht aus dem Rennsport ausgeschlossen. Ich hätte ihn auf jeden Fall freiwillig verlassen, wenn ich langsamer geworden und von Fahrern überholt worden wäre, die mich nicht hätten überholen sollen. Die Entwicklungen der letzten Jahre hätte mein Interesse sowieso vermindert. Der Sport wurde durch den erhöhten Wert der Wagen selber enthumanisiert. Mir tun die heutigen Fahrer leid. Die besten sind so gut, wie sie immer gewesen sind, aber wenn sie im richtigen Moment nicht mit dem richtigen Team sind, können sie ihre Qualitäten nicht vorzeigen, und das ist sehr traurig. Ein Kerl mag so talentiert sein wie nur möglich, aber sein Beitrag reicht eben nicht. Es sollte doch ein Sport sein und nicht eine technische Aufgabe.

«Man sagt, der Rennsport sei heute härter als je zuvor, aber das glaube ich nicht. Vielleicht sind sie näher zusammengerückt, zeitlich gesehen, aber das ist nicht dasselbe - nicht wenn man den anderen kaum überholen kann. Ich weiss, die Wagen heute

In der tropischen Hitze gewann Stirlings Vanwall sein zweites GP von 1957 auf den herrlichen Strassen von Pescara. Der Ferrari von Musso hat Mühe, dranzubleiben.

Nach dem Rücktritt Vanwalls ging Moss zu Rob Walker und blieb für den Rest seiner Karriere dort. Die Unbeständigkeit des Cooper-Climax begrenzte seine GP-Siege 1959 auf nur zwei.

sind umwerfend fortgeschritten, der Sport selber jedoch nicht.»

«Vielleicht sind die Wagen zu perfekt. Ich bin sicher, dass, wenn das Reglement schmälere Felgen verlangte – ich rede von acht Zoll Felgen, nicht zwölf, würden die Rennen viel interessanter. Klar könnten sie keine 700 PS aushalten, aber der Sport wäre besser. Sie müssten die Kunst von Gaskontrolle wieder entdecken, das Überholen wäre einfacher und das wahre Talent käme wieder zum Vorschein. Reine Geschwindigkeit ist nichts wert, wenn man immer bloss Umzüge zu sehen kriegt. Ich schlug die Ferraris zweimal 1961, auf dem Ring und in Monaco, und sie verfügten über 20% mehr Leistung als mein Lotus. Heute gibt's so was nicht mehr – nicht mal mit Fangio am Lenkrad. Darum tun mir die Fahrer leid.»

«Heute ist auch zu viel Geld dabei. Während meiner Karriere habe ich immer meinen gerechten Anteil bekommen, verstehe mich nicht falsch. Mein bestes Jahr in finanzieller Hinsicht war 1961. Ich verdiente $ 32 700. Davon musste ich meinen Manager bezahlen und meine Reisekosten decken und ich versteuerte, sagen wir, $ 8000. Es blieben mir $ 5000. Damals war das ein Haufen Geld, der Lohn eines guten Chirurgen. Wenn ich heute so erfolgreich wäre wie 1961, wäre ich wahrscheinlich Millionär. Ich finde das gar nicht positiv. Es geht zu weit. Vielleicht bekommen die Fahrer etwas wie ‹Ansporngeld›, ich weiss nicht, aber ein echter Rennfahrer braucht gar keinen Ansporn, wenn er wirklich gewinnen will. Ein Fahrer ja, ein Rennfahrer nein. Für mich war das wichtigste Rennen immer das, wo ich gerade fuhr.»

Moss gewann nie eine Weltmeisterschaft, und das für sich ist eine Tatsache, welche den Wert des Titels ein bisschen schmälert. 1958 gewann er vier der zehn WM-Läufe, verlor jedoch die Meisterschaft an Mike Hawthorn, der nur einmal gesiegt hatte.

Enzo Ferrari: «Wenn Stirling Moss mehr mit Verstand und weniger mit Passion gefahren wäre, hätte er die Weltmeiterschaft gewonnen. Er hat es mehr als verdient.»

Stirling zuckt mit den Schultern. «Die Idee, den Punkten nachzujagen, ist meiner Ansicht nach gegen den ganzen Sinn des Sports. Darum schätzte ich Villeneuve. Wenn Du nicht gerade versuchst, das Rennen unter allen Umständen zu gewinnen, was zum Teufel tust Du denn dort? Was mich angeht, Mensch, jeder Rennfahrer, welcher den Namen verdient, tut sein Bestes, jedes Rennen zu gewinnen. Die Weltmeisterschaft war mir unwichtig.»

Der Spass und die reine Freude am Fahren waren immer das wichtigste für Moss. Seine bevorzugten Wagen waren nicht unbedingt jene, welche ihm zum grössten Erfolg verhalfen.

«Mein Lieblingswagen war der Maserati 250F. Der Mercedes W196 war auch schön, aber aus einem anderen Grund - ich wusste, dass wenn ich nicht von der Strasse flog, entweder gewinnen oder hinter Fangio zweiter werden würde. Der 250F machte mehr Spass, weil man ihn gefahrlos über seine Limite fahren konnte. Solche Wagen liebte ich immer. Wenn man bedrängt würde, konnte ich ihn grob herumwerfen. Er reagierte wunderschön und kam immer wieder zurück.»

«Das gleiche galt für die frühen Heckmotorwagen. Der Lotus war viel besser als der Cooper, aber nicht so schön zu fahren, weil er eben besser war. Ich nehme an, er liess dem Fahrer weniger Freiheit.»

Wenn Männer dem Sport den Rücken drehen, tun sie es auf verschiedene Weise. Einige bleiben mit anderen Funktionen dabei, andere nicht. Der Familienvater Moss bewohnt immer noch sein Hi-Tech-Haus in Mayfair, nimmt aus Spass an diversen Rennen teil, schreibt über dies, macht Reklame für das. Hin und wieder ist er im Fahrerlager eines Grand Prix anzutreffen, wie auch der Mann, den er 1961 in Monte Carlo in unvergesslicher Weise übertrumpfte.

Im Kontrast ist Richie Ginther von der Rennszene verschwunden. Er war immer ein freier Mensch und er hat, wie er sagt, genug Geld um zu leben, wenn er vorsichtig damit umgeht. Er wohnt in einem Motorhome, ein Wahlzigeuner.

«Was mache ich jetzt?» lacht er. «Absolut nichts - und ich mache es gern! Ich tue, was mir gerade einfällt.»

Erinnerungen vereinigen sich. Wenn ich ihn über Moss frage, rollt er mit den Augen. «Das Rennen in Monaco war zweifellos das beste meines Lebens. Es dauerte hundert Runden, das macht drei Stunden. Ich war die ganze Zeit an der Limite und Stirling auch. Er und ich qualifizierten uns als erster und zweiter, weisst Du, und im Rennen waren wir drei Sekunden schneller. Unvorstellbar, nicht wahr?»

«Im Rennprogramm schreiben sie den Rundenrekord von 1961 mir zu - aber Stirling egalisierte meine Zeit in der nächsten Runde. Darum war es so entmutigend, gegen ihn zu fahren. Aber wenn man sich gegen ihn wehren könnte, dann wüsstest Du, dass Du wirklich was geleistet hattest.»

«Stirling kompromitierte sich, indem er sich keinem Werksteam anschloss. Wenn er das getan hätte, wäre er Gott weiss wie oft Weltmeister gewesen.»

War Moss der beste Fahrer, den er je sah? Mr. Ginther teilt bloss die Nationalität mit Mr. Borgeson. Er zögerte nur eine halbe Sekunde.

«Oh ja, bestimmt. Zweifellos. Und bei weitem. Meiner Meinung nach kam niemand in seine Nähe.»

Er scheint gelöst, aber Stirling Moss fährt hier das Rennen seines Lebens. 1961 in Monaco wehrte er sich mit Walkers Lotus 18 gegen dauernde Angriffe der leistungsstärkeren Ferraris.

OODYEAR
Ronnie Peterson
JPS
John Pl
CW 85

# RONNIE PETERSON

## Unschuld im Ausland

Michele Alboreto ist ein vorsichtiger Kerl, ein harter Fahrer, aber vor allem ein Mann, der mit Köpfchen fährt. Ende 1983 wurde er seit einer Generation zum ersten Italiener im Ferrari-Team, aber das beeindruckte ihn nicht. Alboreto ist ein professioneller Sportler der achtziger Jahre. Enzos Offerte, sagte er, sei die beste, die er bekommen habe.

Ein Italiener von ungewöhnlichem Schritt, analytisch und ruhig. Man könnte erwarten, dass er Stewart, den Musterknaben, als Held verehrt. Anstatt dessen nennt er Peterson als den Mann, welcher seine Ambitionen weckte. «Ich betete ihn an», sagte er. «Darum ist mein eigener Helm blau und gelb.»

Ronnie! Der Name - von ‹Peterson› spricht niemand - ist Magie. Ich denke sofort an einen schwarzen Lotus 72, der um die alte Woodcote-Kurve schlitterte. Es war eine lange Reise wert, um Ronnie dort zu sehen. Er war nämlich einer der wenigen, die sich in den Bereich jenseits des Menschenmöglichen wagten, sichtbar über die akzeptierten Grenzen hinaus. Rindt war aus demselben Material.

Was ihre Persönlichkeiten anging, waren diese zwei Männer absolut verschieden, aber die Parallelen ihrer Karrieren grenzen an das Unheimliche. Ausser ähnlichem Fahrstil hatten beide vorher die Formel 2 beherrscht, aber bei beiden hat es Jahre gedauert, um ihre angeborenen Talente in der Formel 1 durchzusetzen. Beide erreichten den Höhepunkt bei Colin Chapman. Und, bedauerlich, starben beide in Lotus-Wagen in Monza.

Wenn Sie jemals gesehen haben, wie Rindt den Chapman anbrüllte, ist seine manchmal wilde Fahrweise keine Überraschung mehr. In ihm brodelte eine Turbulenz, welche er mit auf die Rennstrecke nahm. Einige seiner grössten Triumphe - wie beim britischen Grand Prix 1969 - waren in Wut und Frust begründet. Erst in seiner letzten Saison, als ihm die Siege mühelos in den Schoss fielen, fand er Frieden.

Ronnie, hingegen, war ein ruhiger und sanfter Mann. An ihm war keine Spur von Jochens Arroganz, aber auch keine Andeutung von Verletzlichkeit, welche man oft beim Österreicher zu spüren vermochte. Während seiner letzten Monate machte sich Rindt trotz seines Erfolgs über die Risiken seines Berufs Sorgen und sprach öfters von einem Rücktritt. Peterson blickte in die Zukunft und freute sich auf eine endlose Laufbahn in der Formel 1. «Ich denke nie an einen Rücktritt», sagte er. «Wenn es mir möglich wäre, würde ich für immer fahren.»

Ronnie gewann das aufregendste Rennen meines Lebens, das Programm eröffnende Formel 3 in Monaco 1969. Er und sein Landsmann Reine Wisell machten das Ereignis zu ihrem eigenen, tauschten die Führung ab, bis Reine an der Schikane in der Ausweichstrasse landete. Ronnies schnellste Runde, zwei Sekunden schneller als die von ihm aufgestellte Trainingsbestzeit, prägte ihn als Zukunftshoffnung. Ein Jahr später machte er in Monaco sein Formel-1-Debüt, und zwölf Monate danach wurde er im Grand Prix nur von Stewart übertroffen.

Zu dieser Zeit war er noch das Wunderkind, der Mann unbegrenzter Geschwindigkeit, welchem alles noch bevorstand. 1971 war er mit dem March 711 «Servierbrett» viermal zweiter (er verlor den Grossen Preis von Italien mit nur einem Hundertstel Sekunde Rückstand auf Gethin), aber dann, wie es bei Übernachtsensationen so oft der Fall ist, begann seine Karriere zu stolpern. In der folgenden Saison zählte er kaum zu den besten.

Es war jedoch nicht seine Schuld. Der March 721X, eines von Robin Herd's wenigen Fiaskos, litt unter grober Untersteuerung und war nie wettbewerbsfähig. Das Gefährt brachte Petersons einzigen grossen Fehler ans Tageslicht: Er war ein schrecklicher Testfahrer. In diesem Jahr war der junge Lauda sein Teamgefährte, und vom Anfang an beurteilte Niki den Wagen als unfahrbar. Im Kontrast fand Ronnie das Auto wunderbar, sein Potential grenzenlos. Später sagte er dasselbe von Chapmans unseligem Lotus 76. Sein besonderes Talent wirkte vielleicht gegen seinen Versuch, einen Wagen je «aussortieren» zu können. Seine angeborene Beherrschung, seine instinktiven Reflexe neigten dazu, die Mängel eines Wagens zu verdecken. Er bemerkte sie gar nicht. Bei veränderlichen Bedingungen in einem Rennen, wie zum Beispiel 1978 in Zandvoort, waren diese Eigenschaften natürlich sehr vorteilhaft, aber bei Probefahrten war es alles anderes als das. Ronnie war für die Techniker nie eine grosse Hilfe.

«In dieser Hinsicht war er erstaunlich», erzählte Chapman. «Wir konnten den Wagen eingehend modifizieren und er drehte immer noch gleich schnelle Runden. Also fragten wir ihn, wo der Unterschied zu vorher lag, und er sagte, ‹Mmmm, er rutscht ein bisschen mehr . . .› Ja, wo denn? Vorn? Hinten? An beiden Enden? Und er sagte, er sei sich nicht ganz sicher. Ich hätte mir die Haare ausreissen können! Dann ging er wieder hinaus und holte sich die Pole Position. Es war mir unmöglich, ihm böse zu sein.»

Es ist eine Tatsache, dass Ronnie besonders glänzte, wenn ein exzellenter Testfahrer wie Fitti-

Barcelona 1971. Im March 711 zählte Peterson zu den ernsthaften Teilnehmern der Weltmeisterschaft. Es gab keine Siege, aber vier zweite Ränge verhalfen ihm zur Nummer Zwei der Serie, allerdings weit hinter Stewart.

paldi oder Andretti zum Team gehörte. Es war wahrscheinlich wahnsinnig frustrierend, wenn diese zwei hart daran arbeiteten, den Wagen zu perfektionieren und dann zusehen mussten, wie Ronnie ihn schneller fuhr! Es spricht viel für seinen unbefangenen Charakter, dass Ronnies überwältigendes Tempo von Mario nie übelgenommen wurde (obwohl Emerson nicht immer die lustige Seite sah . . .).

In Brands Hatch 1978 stand Ronnie auf der besten Startposition, nachdem er sie mit Rennreifen gesichert hatte. Während des letzten Trainings brauchte Mario beim Versuch, ihn zu übertreffen, neun Sätze Trainingsreifen. Danach gab es Gerüchte einer «Krise» innerhalb des Lotus-Teams. Peterson, flüsterte man, sei doch die Nummer Zwei hinter Andretti und dürfte sowas nicht tun. Mario war verärgert.

«Was ist dann daran so besonders, um Himmels willen? Ronnie war schneller als ich und damit hat's sich. Sicher, ich brauchte Trainingsreifen wie Spalttabletten, aber es ist keine Schande, langsamer als Ronnie zu fahren. Die Leute reden über Ronnie als sei er ein Anfänger oder sowas, der plötzlich aus dem Nichts erschienen ist. Geben wir es doch zu, der Mann ist ein grossartiger Rennfahrer.»

Gedächtnisse sind kurz in der Formel 1. Peterson ging 1973 zu Lotus und zeigte sich bald schneller als Fittipaldi, der regierende Weltmeister. Er gewann seinen ersten Grand Prix mitten in der Saison und liess drei andere folgen. Emerson ging prompt zu McLaren und Ronnie wurde dadurch für das Jahr 1974 zur Nummer Eins.

In diesem Jahr gelangen ihm drei wichtige Erfolge, aber am deutlichsten erinnere ich mich an seinen Sieg in Jarama. Der Lotus 76 war noch nicht offiziell zum Katastrophengebiet erklärt worden und zwanzig unvergessliche Runden lang führte Ronnie im Regen bis ein vermurkster Reifenwechsel ihm die Chancen ruinierte. Nutzloser Heroismus.

Bald danach wurde der alte 72er wieder ins Leben gerufen, und in Monte Carlo, Dijon und Monza nahm ihn Ronnie zum Sieg. Aber 1975 war der Wagen ein peinlicher «Fernerliefen». Nur im Regen von Zeltweg gelang es dem schnellsten Fahrer der Welt, daraus Vorteil zu ziehen. Als Chapmans «volleinstellbare» Lotus 77 zu Beginn des folgenden Jahres floppten, kehrte Peterson zu March zurück und gewann ein einziges Mal - wieder in Monza. Es war die Hunt/Lauda-Aera. Und eine verheerende Saison in Tyrrells 6-Räder-Sackgasse liess Ronnies Wert an der Rennfahrerbörse noch weiter fallen.

«Es war keine Zeit, stolz zu sein», sagte er später. «Ich sah, was Lotus tat und was Mario mit dem 77er geleistet hatte. Als ich die Mannschaft verliess, war es ein schrecklicher Wagen, aber bis zum Jahresende hatten er und Chapman daraus einen Sieger gemacht. Dann sah ich den 78er und wusste, dass ich zurückgehen müsste.»

Es scheint absurd, aber Peterson gehörte kaum zu den meistgesuchten Fahrern. In der Formel 1, wie in Hollywood, sind sie nur so gut wie ihr letzter Film. Und drei unbeständige Saisons mit schlechten Wagen hatten das schon geschehene unter den Teppich gekehrt. Ronnie, munkelten die Leute, hatte es nicht mehr. Er war dick und unfit, überhaupt nicht der Haudegen von einst. Schade, sagten sie. Es stimmte tatsächlich, dass er nicht so schnell war wie er es hätte sein sollen, wie er einmal gewesen war. Bei Tyrrell hatte Depailler mehr als einmal seine Trainingszeit unterboten.

Peterson gab zu, dass der Funken vorübergehend gelöscht war. «Ich wurde sehr deprimiert, und es hatte eine noch negativere Auswirkung auf meine Rennen. Es war wieder eine verschwendete Saison und ich hatte so grosse Hoffnungen gehabt. Ich wusste, dass, wenn Chapman mich zurücknehmen würde, dann nur unter seinen Bedingungen. O.K., es hat sich gelohnt.» Bestimmt hat es sich gelohnt, weil Ronnie sicher war, dass ein Jahr mit Lotus - zu einem Zeitpunkt, als die Mannschaft einen ihrer periodischen Crescendos erreichte - genug wäre, sich wieder zu etablieren.

Also ging er mit dem Hut in der Hand zu seinem alten Boss zurück. Im Hut befand sich ein Scheck von

Ein typisches Bild von Ronnie und dem Lotus 72. 1974 war der Wagen nicht mehr der jüngste, aber Peterson gewann mit ihm trotzdem drei Rennen, darunter das hier gezeigte in Dijon.

Polar-Wohnwagen und ein weiterer von Petersons Gönner Graf Zanon. Plötzlich begann Colin die Attraktion eines aus Ronnie und Mario bestehenden Teams für 1978 zu sehen.

Zuerst war Andretti nicht begeistert. «Zeige mir wo es geschrieben steht, dass wir in dieser Mannschaft zwei Stars benötigen», fauchte er in Watkins Glen, als die Nachricht veröffentlicht wurde. «Als Ronnie 1973 neben Fittipaldi für Lotus fuhr, gewannen sie einen Haufen Rennen, aber nicht die Weltmeisterschaft. Ich möchte nicht, dass das wieder geschieht. Ich unterschrieb als Nummer Eins, aber es gefällt mir nicht, dass sich ein Bursche wie Ronnie mit der Nummer Zwei zufrieden geben muss, weil er das nicht ist.»

Mit der Zeit löste sich das Problem von selber. Nach einigen Monaten wurde ihre Freundschaft sehr fest. Diese Tatsache ist besonders bemerkenswert, weil Teamgefährten sonst immer Rivalen sind - jeder ein Massstab für den anderen. Andretti gestand, dass er nicht mit Petersons absoluter Ehrlichkeit gerechnet hatte - «Was in diesem Geschäft nur selten anzutreffen ist.»

Ronnie traf den Lotus an einem Wintertag in Paul Ricard wieder. Er probte den 78er und war stutzig. «Dieser Wagen bringt mir meine Inspiration zurück», sagte er. «Der 79er wird wohl unvorstellbar schön sein.» Zum ersten Mal in seinem Leben nahm er ein Fitnessprogramm auf. Bei Saisonbeginn war er in Topform.

Im Gegensatz zu den Zweiflern, welche voraussagten, dass er Mario zur Seite fegen würde, stand Andretti in Buenos Aires auf dem ersten Startplatz und es war Andretti, der gewann. In Rio war Ronnie Trainingsschnellster und in Kyalami triumphierte er in dramatischer Weise, als er den hinkenden Wagen von Depailler während einer radtouchierenden letzten Runde überholte. Im allgemeinen hatte Mario jedoch in der ersten Hälfte des Jahres die Oberhand.

Peterson gab zu: «Darum hat er es verdient, dieses Jahr Weltmeister zu werden. Und das hat überhaupt nichts mit den von uns unterschriebenen Verträgen zu tun.» In Brands Hatch, wo diesmal Ronnie auf der Pole stand, gab sich Mario die Mühe, der Presse die Verträge zu erklären. Abgemacht wurde, sagte er, dass wenn beide problemlos vorn lagen, Mario zu gewinnen habe. «Aus Fairness zu Ronnie wollte ich nichts Unechtes, wie zum Beispiel den Leuten den Glauben zu geben, dass ich ihn überhole, weil er mich nicht halten könnte. Wir beide haben es akzeptiert, und ich wollte die Karten offen auf den Tisch legen.»

Ein Jahr, welches man am liebsten vergessen möchte. Peterson fühlte sich im Tyrrell P34 6-Rad nie wohl, und Ende 1977 fand er es - absurderweise - nötig, sich einen Platz bei Lotus zurückzukaufen.

Ronnie und Colin Chapman erlebten Höhen und Tiefpunkte, verstanden sich 1978 trotz dem Drängen des Teams für den Titel für Andretti aber gut.

In Holland war Andretti allerdings untypisch nervös. Er hatte in der ersten Runde in Österreich einen Unfall gehabt, und Peterson gab uns eine seltene Darbietung. In den schrecklichen Wetterbedingungen liess er die anderen stehen. Der Sieg brachte ihn innerhalb von neun Punkten an Mario heran, und vier WM-Läufe waren noch zu bestreiten. Seine Integrität stand vor einer harten Probe, umsomehr, weil es inzwischen feststand, dass er 1979 nicht mehr für Lotus fahren würde.

«Wenn ich Ronnie wäre», schlug einer der kleineren Tiere (ein Brite, leider) vor dem Grossen Preis von Holland vor, «würde ich von jetzt an einfach loslegen. Was hat er zu verlieren?» Andretti schätzte Peterson jedoch höher ein. «Ich hatte keine Zweifel in dieser Richtung. Ich hatte nur Angst, dass der Wagen nicht durchhalten würde. Ich konnte verdammt nochmal nicht erwarten, dass er mit mir anhält!»

Am Renntag in Zandvoort sprach ich mit Ronnie über den Spielzustand. «Ich gehe nächstes Jahr zu McLaren. Es ist noch nicht offiziell, aber Mario weiss es schon.» Er seufzte. «Ein paar dieser Leute sagen, ich soll unsere Vereinbarung vergessen. Ich verstehe sie nicht. Ich unterschrieb den Vertrag mit offenen Augen und ich gab ihnen mein Wort. Wenn ich das Gegenteil täte, wer würde mir dann je wieder vertrauen können?»

Am Nachmittag hätte er wieder gewinnen können. Seine Bremsen waren abgelaufen, aber Andretti hatte ein Auspuffrohr und damit auch an Leistung verloren. Ronnie folgte ihm brav über die Ziellinie.

In Monza 1978 verbrachte ich viel Zeit im Motorhome von Lotus und sprach mit Mario über das gemeinsam geschriebene Buch von seinem Weltmeisterschaftsjahr. Der Mann aus Nazareth hatte seine Zandvoort-Sorgen abgeworfen, aber die Atmosphäre war trotzdem brenzlig, vielleicht durch den zu Monza gehörenden zusätzlichen Druck verstärkt. Andretti und Peterson lagen lange im Motorhome herum, hielten sich von den Verrückten draussen fern, sprachen aber nicht viel.

Ronnie zeigte fast nie seine Gefühle und in dieser Hinsicht war er für seine Rasse typisch. In Anderstorp, wo Patrese ihn in den letzten Runden mit Absicht blockiert hatte, zitterte Peterson nachher vor Wut, aber er sagte kein Wort. Jetzt, in Monza war er über die Änderungen im Grand Prix-Sport ungewöhnlich aufgeregt.

«Einige Mitglieder meines schwedischen Fan-Clubs sind hier. Jedes Jahr machen sie einen Wettbewerb und die Gewinner kommen nach Monza. Ich zeige ihnen immer das Fahrerlager. Jetzt, zum ersten Mal», grollte er, «bekomme ich für sie keine Fahrerlagerpässe. Ecclestone sagte nein.»

Mario nickte sympathisch. «Ja, ich weiss wie es ist. Ich musste um einen Pass für meine Frau betteln gehen. Das Rennen ist Nebensache in diesem gottverdammten Ort. Einen Pass zu kriegen ist ermüdend genug.»

Wieder Stille. Andretti zündete eine seiner raren Zigaretten an und schaute aus dem Fenster. Peterson suchte nach einer Sonnenbrille.

«Später dachte ich viel über das Wochenende nach», sagte Mario. «Ich war wieder ruhig, aber Ronnie war nervöser als je zuvor. Wir haben uns sonst immer vor einem Rennen ausgesprochen, aber in Monza geschah das nicht – kaum ein Wort gewechselt, wir haben uns nicht Glück gewünscht, gaben uns nicht die Hand, was wir sonst immer getan haben. Ich weiss nicht, was zwischen uns vorging. Es war nichts schlechtes, aber es störte mich dann und es stört mich immer noch. Der Junge war so anders an diesem Tag, und das Resultat war schrecklich.»

Am Morgen vor dem Start pflügte der 79er von Peterson während des Aufwärmens einige Lagen Fangzäune um und endete an einem Baum. Für das Rennen musste der alte 78er hervorgeholt werden.

«Die Scheisshinterradbremsen schon wieder», beklagte er sich bei Andretti. «Genau wie gestern – und in Zandvoort . . .». «Bist du okay?», fragte Mario. «Ja», antwortete Ronnie und massierte sich das Bein. «Nur ein paar blaue Flecken.»

Einige Stunden später sah es im Wohnwagen an-

Zurück nach vorn. In Kyalami 1978 fuhr Peterson den Lotus 78 zu einem sensationellen Sieg. Er überholte Depaillers hinkenden Wagen rund einen halben Kilometer vor der Flagge.

Ronnies letzter Grand Prix-Sieg war sein bester. 1978 in Zeltweg spielte er mit seinen Rivalen in den entsetzlichsten Wetterbedingungen und wurde nie ernsthaft bedroht.

ders aus. Andretti war Weltmeister und alle tranken Champagner. Aber das Gespräch ging nur um Peterson und seinen Unfall. Was war geschehen? Wer war schuld? Es gab so viele Meinungen wie Stimmen. «Es war ein langer, verwirrter Tag», murmelte Mario. «Gott sei Dank wird er wieder gesund. Wie geht es Vittorio?» Zu diesem Zeitpunkt machten sich alle um Brambilla Sorgen, einer der neun Fahrer, welche in die fürchterliche Karambolage verwickelt wurden.

Ich hätte am gleichen Abend nach London zurückfliegen sollen, aber des Festes wegen musste ich meine Pläne ändern. Am folgenden Morgen landeten wir in Heathrow und ich wartete neben dem Förderband auf unser Gepäck, während ein Kollege sein Büro in der Fleet Street anrief. Er kam mit weissem Gesicht zurück und sagte mir, dass Ronnie in der Nacht gestorben sei.

«In Watkins Glen hing auf einer der Leitplanken ein Brett: ‹Mario - gewinne für Ronnie›», erinnert sich Andretti. «Ich sage Dir, es gab nichts auf der Welt, was ich mehr tun wollte. Ich vermisste ihn so sehr. Er war einmalig - trotz so vieler Jahre im Rennsport so unschuldig. An diesem Mann war nichts unechtes.»

«Alle liebten ihn», stimmt Jackie Stewart zu. «Man konnte ihm nie böse sein. Ich glaube nicht, dass er die für einen totalen Rennfahrer nötige psychische Hingabe besass, aber ich schätzte durchaus seine Qualitäten. Mehrmals, besonders im Jahre 1973, folgte ich ihm in eine Kurve und dachte, ‹Oh-oh, Ronnie, diesmal bist Du zu weit gegangen. Jetzt fliegst du weg!› Aber er hatte alles unter Kontrolle. Es war nicht überraschend, dass er bei den Zuschauern so beliebt war - auch von meinem Blickpunkt aus war es sehr aufregend ihm zuzuschauen!»

Der «verrückte Ronald», wie Mike Hailwood ihn nannte, hatte im ganzen Geschäft keinen Feind. Man lächelte und schüttelte den Kopf, wenn er gebrochen Englisch sprach und man wartete auf das schüchterne Grinsen, welches sich über sein Gesicht ausbreitete, wenn er mit einem doch relativ einfachen Wort kämpfte. Wie, fragten sie sich, war es möglich, dass er nach einem so langen Aufenthalt in England die Sprache nicht besser beherrschte. «Ich bin faul», sagte Ronnie. «Ausser beim Fahren, bin ich faul.»

MICHELIN
parm
FILA Santa

# NELSON PIQUET

## Andere Zeiten

«Manchmal denke ich an Pele und Garrincha», sagte Nelson Piquet, «und wie sie ihre sportlichen Laufbahnen beendeten. In Brasilien und in der ganzen Welt waren sie Superstars, und am Ende hatten sie nichts. Pele musste als alter Mann zu New York Cosmos gehen, um Geld zu verdienen, also jetzt geht's ihm gut, aber sonst . . . Etwas sage ich Dir», fügte er nach einer Pause hinzu. «Mir passiert das nicht.»

Wir waren 1985 nach dem ersten Training im Fahrerlager vom Österreichring, und es wurde durch seine offenen Bemerkungen klar, dass Piquet am Scheideweg seiner Karriere stand. Solche Gespräche beginnen meist mit den Worten: «Nur zwischen uns . . .». Nelson hatte sich seinen Kummer jedoch in für ihn typischer Weise zuerst von der Seele geredet und fügte erst nachträglich hin: «Schreibe noch nichts davon, gell? Nicht bis alles feststeht.»

Der Monat August ist aus Tradition eine Zeit voller Klatsch in der Formel 1. Wichtiger als wer was am Wochenende tut ist die Frage, wer geht für nächstes Jahr wohin. In den vorangegangenen Saisons wurde Piquet bei diesen Spekulationen nie berücksichtigt; er würde doch bei Brabham bleiben, ein Fixteil wie es Clark bei Lotus gewesen war.

Das stimmte nicht ganz. Gegen Ende 1981 führte Nelson ernste Gespräche mit Frank Williams, aber aus den Verhandlungen wurde, da er nicht bereit war, im gleichen Team wie Alan Jones zu sein, nichts. Zu diesem Zeitpunkt erfreuten sich die zwei Fahrer keiner brüderlichen Liebe. Wie wir wissen zog sich der Australier kurzfristig zurück, aber der Name Piquet stand schon auf einem neuen Brabham-Vertrag. Auch Renault hatte versucht, sich den Piquet zu angeln, zuerst als Prost im Herbst 1983 drohte, das Team zu verlassen, und wieder zwölf Monate danach, als Piquet noch von der Nachricht, dass Ecclestone das Brabham-Team quasi an Pirelli verkauft hatte, taumelte. Diese Entscheidung von Bernie hatte einen kritischen Einfluss auf Piquets Haltung gegenüber seiner Mannschaft und seiner Zukunft.

Jetzt, mehrere Monate später, lehnte sich der Brasilianer gegen einen Wohnwagen im Fahrerlager von Zeltweg und sprach über Geld. «Ich habe einen Namen dafür, dass es mir nichts bedeutet, das weiss ich. Überall lese ich: ‹Piquet hat einen einfachen Geschmack, will nur Rennen fahren, braucht nicht viel Geld.› Pah! Seit sieben Jahren betrügen sie mich. Als ich bei Brabham anfing, verdiente ich so wenig, ich *musste* auch die Procars fahren. Okay, es machte mir Spass, aber dort verdiente ich damals mein Geld. Es war eigentlich gar nicht so schlimm, da ich von der Formel 3 direkt in eines der grössten Teams kam. Es war meine grosse Chance. Ich wusste das, und Bernie auch.»

«Seitdem wurde ich zweimal Weltmeister und blieb meinem Team treu – und Prost verdient dreimal soviel wie ich. Ich weiss nicht wie Du die Fahrer bewertest, aber der Alain ist bestimmt nicht dreimal so gut wie ich.»

Prost selber hat öfters die Meinung geäussert, dass der Honorarvorschuss in der Formel 1 an Wert verloren habe. Reich ist reich. In der letzten Zeit hat das einen symbolischen Wert angenommen, sagt er, als Andeutung der Fahrerqualitäten. Nicht besonders positiv, zuckt er mit den Schultern, aber eine Tatsache. Eine Tatsache, welche für Piquet zweifellos wichtig geworden war.

«Während seiner letzten Saison mit uns», erzählte mir einer der Brabham-Monteure, «verhielt sich Nelson anders. Wir begannen zu glauben, er tue es nur des Gelds wegen. Die Kleinigkeiten änderten sich. Er verbrachte vor und nach dem Training weniger Zeit in der Box als zuvor. Es schien als sei er weniger interessiert. Trotzdem betrachteten wir ihn als den besten Fahrer im Geschäft, und wir änderten unsere Meinung über ihn nicht. Wir beteten ihn alle an. Er behandelte uns immer als Freunde. Wir waren sehr bestürzt als wir hörten, er wolle uns verlassen . . .».

Während der Piquet-Aera war Brabham ein äusserst enges Team. Einige Mechaniker hatten mir die Jahre hindurch erzählt, dass sie nur aus Treue zu Nelson geblieben seien, sonst wären sie schon lange weg. Sie blieben bestimmt nicht des Geldes wegen – es reichte kaum zum Leben, klagten sie. Wie sich herausstellte, reichte es für Piquet auch nicht.

Im Grunde genommen ist er wirklich ein einfacher Mann, und, so gibt er zu, auch ein Faulpelz. In der Nähe eines Formel 1-Wagens arbeitet er schwer, aber sein Interesse im Grand Prix-Sport endet dort. Viele Fahrer machen die heute dazugehörende Public Relations-Arbeit nur ungern. Piquet ist anders – er macht sie überhaupt nicht. Wenn Du mich akzeptierst, dann akzeptiere auch meine Arbeit, scheint er zu sagen, ich bin zum Fahren hier. Ich finde diese aufständische Seite von Piquets Charakter sehr attraktiv, aber in meinen Augen bedeutet Public Relations auch, jemandem einen Haufen Geld abzuzapfen für etwas, das er wahrscheinlich gar nicht braucht. Parmalat war der perfekte Sponsor für Piquet. Sie verlangten von ihm nichts, ausser seinen Wagen schnel-

Dem kaputten Auspuff zum Trotz meldetet sich Piquet während einer überwältigenden Fahrt im Brabham-Alfa BT48 beim Race of Champions 1979, wo er zweiter hinter Villeneuve wurde, der Grand Prix-Welt an.

Nelson, im letzten Stadium des Rennens der Bewusstlosigkeit nah, hielt 1981 seinen BT49 irgendwie von den Mauern von Las Vegas fern und gewann dadurch seinen ersten WM-Titel.

ler als die anderen zu fahren. Den vielen Jahren ihrer Beteiligung hindurch waren beide Parteien mit dem Arrangement mehr als zufrieden, und Piquet ist sich dessen bewusst, dass er von ihnen verwöhnt wurde.

Parmalat war jedoch kein typisches Beispiel eines Sponsors. Das angesichts der telefonnummernähnlichen Fahrergehälter schwer widerlegbare Gesetz der achtziger Jahre schreibt vor, dass das Gewinnen von WM-Punkten und sogar die Weltmeisterschaft selbst nicht mehr ausreichen. Man muss sich für die unterstützende Firma hergeben. Das Geld stammt vom Showgeschäft, also mache doch die Show. Nelson akzeptiert diese Regeln nicht. «Ich unterhielt mich mit Ron Dennis über einen Vertrag mit McLaren, und er sprach von soviel Tagen für Marlboro, fünf weitere für diese, sechs für jene Firma . . . vergiss es, ich wollte davon nichts wissen. Ich weigere mich, meine Zeit an Leute zu verschwenden, die nichts vom Rennsport verstehen.» Prost und Lauda haben für solche Feinheiten auch nichts übrig, sagte ich, tun sie aber trotzdem weil sie wissen, dass der Sponsor für einen Star bezahlt hat – nicht nur im Cockpit. Nelson zuckte mit den Schultern und zog ein Gesicht. Für einige seiner Kollegen ist seine Haltung unrealistisch. Am anderen Ende der Skala finden wir Rosberg, der Mann der doch zu McLaren ging, der Mann, dessen Platz Piquet bei Williams übernahm. Keke begrüsst die PR-Arbeit mit offenen Armen. Er ist von jener Art extrovertierten Charakters, wovon Sponsoren träumen und besitzt ebenfalls eine gesunde Irreverenz, welche Teammanager dazu veranlasst schmerzhaft zusammenzuzucken. Er hat immer Gönner gefunden, um das von ihm als zu niedrig betrachtete Einkommen aufzubessern.

«Zugegeben, ich hätte viel mehr verdienen können wenn ich bereit gewesen wäre, das ganze Theater mitzumachen. Wenn ich nicht gerade Rennen fahre oder Probefahrten mache, gehe ich gern zu meinem Boot zurück um zu verschwinden. Ich schwimme und fahre Ski, schaue fern, oder liege herum und tue gar nichts. So bin ich, und wenn ich zum Rennen komme fühle ich mich erfrischt. Ich rufe einmal die Woche in der Fabrik an, um mich auf dem laufenden zu halten, aber sonst nichts.»

Er kennt nur das Rennfahrerleben und will noch zehn Jahre dabei bleiben. «Was kann ich sonst machen?», fragt er gern. In der letzten Zeit konnte man bei ihm jedoch leise Anzeichen von Unsicherheit feststellen. Vielleicht gibt es doch im Leben mehr als nur Rennwagen, möglicherweise wird er sich in der nahen Zukunft doch zurückziehen. Er hatte es am Ende 1983 fast getan, nach einer umwerfenden Saison, in welcher er beim letzten Rennen Prost den Titel wegschnappte. «Ich war müde, so einfach war es. Nicht des Rennens müde, sondern des Reisens. Ich konnte den Gedanken an noch eine Warteschlange am Flughafen, noch einen verspäteten Flug, nicht mehr ertragen. Und wenn Niki nicht gewesen wäre, hätte ich wirklich aufgehört, sicher. Er überzeugte mich, dass die Lösung nicht in einem Rücktritt, sondern in einem eigenen Düsenflugzeug zu finden war. Er hat für mich alles arrangiert. Soviel hat sich also geändert. Ich kann in Europa fahren, und um sieben Uhr Sonntag abend bin ich wieder auf meinem Boot in Korsika, Sardinien, Ibiza oder wo immer.»

Die Cessna-Citation habe sein Leben verändert, fügt er hinzu, aber seine Bankkontoauszüge ebenfalls. Er schätzt, dass er die Hälfte seines Einkommens 1985 für die Unkosten seines Berufs ausgeben musste: Reisekosten, Hotels, Flugzeugtreibstoff usw. Nelson betont, dass das Reisen wegen Ecclestones Abkommen mit Pirelli, welche sich praktisch exklusiv auf Piquet als Testfahrer verliessen, auch wirklich notwendig war.

«Seit dem Unterzeichnen des Brabham/Pirelli-Vertrags», sagte er ernsthaft, «habe ich bei Testfahrten das Äquivalent von 75 Grands Prix hinter mir. Vergesse die PR-Auftritte. Testen ist harte Arbeit für einen Rennfahrer, und darum sollte ich ein angemessenes Gehalt bekommen. Sicher kann ein Brabham-BMW 1986 die Weltmeisterschaft gewinnen, aber wenn ich noch ein weiteres Jahr bleibe, werden die Leute denken, dass ich das Team nie verlassen werde. Bernie ist schon jetzt dieser Meinung . . .».

Das stimmte schon. Ecclestone erkannte, dass Nelson einige der einmaligen Aspekte seines Teams immer attraktiv fand: Brabham ist keine PR-bewusste Organisation. Seit 1979 hatte Piquet mit Gordon Murray ein fast telepathisches Arbeitsverhältnis aufgebaut, ähnlich dem von Chapman und Clark. Nelson hatte normalerweise einen höchstwettbewerbsfähigen, und immer einen ultrasicheren Wagen.

Es war ein Team, welches auf jedem Niveau extrem anpassungsfähig war. Gegen Ende 1979, Piquets erster Saison dort, erhielt Murray von Ecclestone die Erlaubnis, einen Cosworth betriebenen Wagen zu entwickeln. Gordon, lange genug vom Alfa Romeo Motor gehemmt, nahm die Aufgabe gern an. Nur acht Wochen später standen drei neue BT49 in der Boxenstrasse von Montreal. Nelson war entzückt und vom Wagen tief beeindruckt. Vier Jahre später wurde die zweite Hälfte der Saison von Brabham und BWM dominiert, während Renault lieber auf Nummer sicher ging. Prost verlor die Meisterschaft an Piquet. Diese Faktoren waren daher

Ach, Du fröhliche Bodeneffektära! Allein Piquet fand an den Wagen jener Zeit etwas Positives, aber sie forderten einen schweren Tribut. Hier stützt sich Nelson auf Rosberg und Prost, bevor er im Frühjahr 1982 in Rio das Bewusstsein verliert.

von grosser Bedeutung. Bernie, immer ein Spieler, meinte, dass, da Nelson sieben Jahre bei ihm geblieben sei, er gegen eine achte Saison auch nichts einzuwenden haben.

Piquet ist zum Thema Geld sehr offen: «Ich bekam von Bernie $ 1 Million, und bat ihn um das Doppelte – immer noch viel weniger als Prost erhielt. Er bot mir $ 1,6 Millionen, plus tausend Dollar pro WM Punkt und dachte es würde reichen, mich fest zu halten. Ich war nicht bereit darüber zu streiten, ging sofort zu Williams und sagte, ich sei zum Unterzeichnen bereit. Franks Angebot betrug $ 3,3 Millionen plus zehntausend Dollar pro WM-Punkt!»

In den darauffolgenden Tagen spielte Nelson mit seinen Männern. Er schlich sich an sie heran und flüsterte «Money, Money, Money!» («Geld, Geld, Geld!») in das Ohr. Sie lachten und freuten sich für ihn, aber tief im Innern waren sie unglücklich, dass die Familie bald nicht mehr beisammen sein würde. Vergessen Sie nicht, dass es ein paar Brabham-Mechaniker waren, welche 1983 den Nelson Piquet-Fan-Club gründeten. Nur wenige Fahrer werden von ihren Crews so geliebt wie Piquet. Eigentlich gar keiner, wenn ich es recht überlege.

Natürlich spielte die Dauer ihrer Zusammenarbeit eine wesentliche Rolle. Während sieben Saisons und bei weit über hundert Grands Prix hatten Nelson und die Mannschaft viel erlebt. Sein erster Ausflug in einem Brabham fand Ende 1978 in Montreal statt, und die Monteure wissen noch, wie er damals war. Er war 26 Jahre alt und sah noch jünger aus. Er litt so unter seinen Nerven, dass er der Magenkrämpfe wegen manchmal nicht in der Lage war, aufrecht zu stehen. Im Gegensatz zu einem anderen Star, welcher sich vor jedem Rennen routinemässig übergeben musste, hatte es nichts mit Angst zu tun. Piquet sagt, er habe sich nie von dem Gedanken an einen Unfall stören lassen. Nein, Nelson machte sich darüber Sorgen, ob er seine Arbeit gut genug tun würde.

Seinen ersten Grand Prix-Sieg feierte er 1980 in Long Beach. Eine ironische Tatsache, da er Strassenrennen gar nicht gern hat und schnelle offene Strecken wie zum Beispiel Zeltweg vorzieht. Im September, als nur noch die nordamerikanischen Rennen zu bestreiten waren, führte er die Tabelle mit einem Punkt Vorsprung vor Alan Jones an. Der Streit wurde in Montreal entschieden, als sich der Williams und der Brabham nach einem besonders aufdringlichen Manöver des Australiers touchierten. Nach dem erneuten Start lag Nelson, jetzt im Ersatzwagen, so lang sein Motor es aushielt, in Führung, und Alan gewann das Rennen und den Titel. Ein Gezanke zwischen den zweien – und ihren Teams – hatte begonnen.

Ein brillanter Triumph mit dem BT52 beim Grossen Preis von Europa, 1983 in Brands Hatch, brachte Piquet in Greifweite seines zweiten Titels.

Es wurde in der folgenden Saison in Zolder wieder aufgerollt. Wieder gab es ein «Radgemenge» und diesmal war Piquet aus dem Rennen. Er lief wütend zur Box zurück und äusserte dort mehrere farbige, wenn schlecht beratene, Drohungen gegen seinen Rivalen. Ich war nicht der einzige mit dem Eindruck, dass Nelson damals der «gehe hinaus und bringe sie um»-Philosophie des inzwischen verstorbenen Vince Lombardi, des ehemaligen Trainers der Washington Redskins US-Fussball Mannschaft, ausgesetzt war. In der Formel 1 war das ein tödliches Glaubensbekenntnis, und es gab ein hörbares Aufatmen im Fahrerlager, als bei Brabham bestimmte Änderungen im Management vorgenommen wurden.

In Monaco musste Piquet für seinen Ausbruch bezahlen. Jones setzte ihn Runde für Runde unter harten Druck und schliesslich fuhr Nelson bei Tabac in die Leitplanken. «Es kommt nicht oft vor, dass ich mir während eines Rennens vor Lachen die Hose nass mache», sagte Alan danach, «aber als ich ihn dort sah . . .».

Am Jahresende herrschte jedoch wieder Friede zwischen den zwei Männern. In Las Vegas gewann Jones das letzte Rennen vor seinem Rücktritt und ein total erschöpfter Piquet gewann die Weltmeisterschaft. Alan hatte nichts dagegen; ging es doch auf Kosten seines Teamgefährten Carlos Reutemann, mit welchem er eine unangenehme und schwierige Saison verbracht hatte. Den Nachmittag in Vegas werde ich nie vergessen, nicht weil die kleine Mickey-Mouse-Strecke rund um den Parkplatz uns ein grossartiges Rennen bot, sondern weil es das Durchhaltevermögen und den Mut der Beteiligten auf die härteste Probe stellte. Es war die Saison der hydraulischen Federung, auf dem Höhepunkt der Formel 1- Absurdität, wonach die Wagen für die Bodenfreiheitstests hoch eingestellt und für das Rennen selber im Interesse des Bodeneffekts wieder heruntergelassen wurden. Die Kurvenkräfte waren sehr hoch und die Federung war gleich Null. Die Fahrer wurden fürchterlich herumgeschlagen und für die letzten zwanzig Runden hing Nelsons Kopf – Genickmuskeln entkräftet – zur Seite. Nicht mal er weiss, wie er es auf dem fünften Platz ins Ziel schaffte.

In Rio 1982 war er im gleichen Zustand, aber diesmal brach er auf dem Podium zusammen und musste sich auf Rosberg und Prost stützen. Der Bodeneffekt verlangte einen albernen Preis, aber Piquet ist der einzige mir bekannte Fahrer, der dem Verbot nachtrauert. «Die Wagen waren schneller, darum haben

Geht's wohl um das liebe Geld? Ein nachdenklicher Gordon Murray schaut zu, wie Piquet bei Ecclestone seinen Standpunkt verteidigt. Bernie, bis zum Letzten der Spieler, verlor Nelson nach 7 Jahren Zusammenarbeit an Williams.

Von einem leichten Sieg in Paul Ricard abgesehen gehörte Piquets 1985er Saison zu den schlechtesten. Der BMW hatte zwar immer noch den PS-Vorteil, aber der BT54 gehörte nicht zu den Meisterwerken Murrays und Pirelli war im allgemeinen keine Konkurrenz für Goodyear.

sie mir so gefallen. Die Fahrer hatten weniger Zeit zu reagieren.» Es schien ein überraschend oberflächlicher Gesichtspunkt eines komplexen Phänomens, welches die ganze Zukunft des Sports bedrohte. Aber eben, Nelson hatte einen Brabham, einen der wenigen guten Schürzenwagen. Und einen starken im Falle eines Unfalls. Die anderen hatten nicht solches Glück.

Sein zweiter Titel war befriedigender als der erste, welcher ihm dank zumeist glücklichen Umständen in den Schoss fiel. Nach dem Grossen Preis von Österreich 1983 lag er vierzehn Punkte hinter Prost und es verblieben nur noch vier Läufe. Trotzdem zeigte er sich absolut zuversichtlich. Er war relaxiert und doch ernst zu nehmen. Die Aufgabe schien jedoch praktisch unlösbar.

Es war eine Glanzzeit der Brabham-Geschichte. Auch als Alain Prost Nelson (und sich selber) aus dem Rennen in Zandvoort manövrierte, verloren sie nicht den Mut. Sie gewannen in Monza und wieder in Brands Hatch. Brabham und BMW waren in paralysierender Form: Zwei Sekunden Vorsprung nach der ersten Runde, sechs Sekunden nach der fünften. Es war reines Overkill und Renault wurde beiseite gepustet.

Die vielleicht wichtigste Charakteränderung Piquets seit seinem Erscheinen auf der Grand Prix-Szene ist, dass er, ohne den Willen zu gewinnen verloren zu haben, gelernt hat, wie man verliert, wie man die Schläge des Geschäfts ohne psychische Verletzung hinnimmt. 1984 in Hockenheim kam er während des Rennens in die Boxen, die Mechaniker gaben eine Superdarbietung ihrer Reifenwechselroutine. Arme in die Luft, Wagen unten – und Nelson stieg, schwach vor Lachen, aus dem Auto. Das Getriebe war hin! Charlie Whiting und die anderen haben schliesslich die lustige Seite der Situation auch erkannt . . .

Wie konnten sie es nicht? Eine Woche zuvor hatte Piquet in Kanada trotz intensiver Schmerzen eines verbrannten Fusses eine Brabhamdürre beendet. Der Fuss musste nachher im Pressebüro in einen Eimer voll Eiswürfel gelegt werden. «Das Team verhielt sich während dieser schlechten Zeit fantastisch. Alle blieben froh, niemand ärgerte sich. Mein Fuss tat so weh, ich wollte anhalten, aber ich musste ihretwegen weiterfahren. Sie hatten den Sieg nötiger als ich.»

Ein Jahr später stand er nun da und sprach vom bevorstehenden Teamwechsel. «Ich will Brabham nicht verlassen. Mir gefällt das Team und die Atmosphäre hier. Aber», fügt er mit Bestimmtheit zu, «ich will auch nicht wie Garrincha enden.»

# DIDIER PIRONI

## Der Sommer von '82

«Ich erinnere mich so deutlich daran», sagte mir Harvey Postlethwaite. «Es war an einem Samstagmorgen im August 1982. Ich wurde ins Büro des Chefs gerufen, und er erzählte mir, dass Pironi in Hockenheim den Wagen zusammengeschlagen habe. ‹Addio Mondiale›, murmelte er. Weltmeisterschaft adieu . . .».

Vor zwei oder drei Jahren wurde ich von einem Verleger gebeten eine Novelle mit Rennfahrerhintergrund zu schreiben, und die Idee liegt seitdem auf Eis. Eines Tages werde ich mich bestimmt hinsetzen und das Werk beginnen. Romane über diese Sportart sind nichts neues, aber bisher wurde keine von jemandem aus der Szene geschrieben. Und eben dort hapert es: Eine Geschichte auszudenken, welche gleichzeitig für den Leser interessant und halbwegs glaubwürdig wäre.

Vielleicht könnte ich die letzten paar Monate von Didier Pironis Grand Prix-Karriere als Anfang nehmen. Es könnte durchaus sein, dass wir den Franzosen bald wieder in der Formel 1 begrüssen können, aber zum Zeitpunkt des Schreibens fand in Hockenheim eine erstaunliche Saga ihr Ende.

Pironi ist eine der rätselhaftesten Personen, die ich je kennengelernt habe. Er ist ein Mann voller Kontraste, in vieler Hinsicht ein moderner Varzi. Um ihn herrscht eine Aura ätherischer Ruhe. Ich hörte ihn nie die Stimme erheben, egal unter welchen Bedingungen. Französischen Journalisten, bei welchen er gar nicht beliebt war, bewerteten dies als angeborene Arroganz. Pironi, sagten sie, sei der Sohn privilegierter und reicher Eltern, und das merkte man.

«Es ist nicht wahr», betonte Didier als ich ihn eines Tages darauf ansprach. «Ich bin nicht eingebildet, sondern timide . . . scheu».

Wir sprachen nach dem letzten Training von Hokkenheim 1981, genau ein Jahr vor seinem Unfall. Ferrari hatte Mühe gehabt mitzuhalten, aber Pironi machte sich deswegen keine Sorgen. Es war sein erstes Jahr mit der Mannschaft und ihr erstes mit Turbomotoren. Er war überzeugt, dass eine angemessene Belohnung mit der Zeit kommen würde.

Ich hatte schon vor einer Stunde, unmittelbar nach dem Training, mit ihm gesprochen und wurde jetzt wieder von seinem veränderten Aussehen überrascht. Didier Pironi war nie einer der Fahrer, welche cool und unbekümmert aus dem Wagen steigen. Man wusste immer, wenn er schwer gearbeitet hatte: Rotes Gesicht, nass vom Schwitzen, zerzaustes Haar und ausser Atem. Offensichtlich widmete er seinem Metier ausserordentlich viel Energie.

Der Kontrast zu Teamgefährte Villeneuve war immer überwältigend. Gilles gab äusserlich nur selten ein Anzeichen von Müdigkeit oder Stress. In diesem Sommer führte ein französisches Ärzteteam eine Reihe von Experimenten durch, um festzustellen, wieviel Belastung ein Mann während einem Grand Prix-Rennen ausgesetzt war. In Monaco wurde Pironis Herzschlag mit einem Tempo zwischen 185-207 pro Minute gemessen. Ausserhalb der Rennumgebung betrug er die Zahl 60.

Offensichtlich liess sich Pironi körperlich sein Beruf viel kosten. Einige Minuten später erschien er frisch geduscht und in Zivil wieder entspannt und mit dem etwas höhnischen Lächeln auf den Lippen. Genau so war er auch an diesem Tag.

Trotz seiner ruhigen Stimme zweifelte niemand an Didiers stählerner Ambition. Wo ein Villeneuve oder ein Reggazoni von der Freude des Rennfahrerlebens geschwärmt hätten, wurde Pironi scheinbar nur vom Gedanke, den Titel zu erobern, motiviert.

«Das einzige, was mich in der Formel 1 interessiert, ist die Weltmeisterschaft», gab er einmal zu. «Wenn ich das Gefühl hätte, den Titel aus irgendwelchem Grund nicht gewinnen zu können, würde ich aufhören. Ich will nicht aus blosser Langeweile mein Leben in der Formel 1 verbringen.»

Er sprach von seiner Zusammenarbeit mit Ferrari, und von seiner schrecklichen Nervosität, als er den Commendatore kennenlernte.

«Es ist nicht wie bei anderen Teams. Psychologisch gesehen hat man das Gefühl, dass man es für eine Person tut und nicht für etwas vages und unbestimmtes. Das ist sehr wichtig für mich; das Gefühl zu haben, dass jemand mich unterstützt, jemand der sich, wie ich, für meine Resultate interessiert und über den Sport genau so denkt wie ich. Bei Tyrrell oder Ligier ist es komplett anders.»

«Ich bereue nur selten meine Entscheidungen, und ich bereue es nicht, dass ich meine Laufbahn mit Ken begonnen habe. Er weiss sehr gut, wie man einem Neuling die Tricks des Geschäfts beibringt, und ich lernte von ihm unendlich viel. Während meinem zweiten Jahr fühlte ich mich in der Lage, Rennen zu gewinnen, wenn ich einen guten Wagen gehabt hätte. Vielleicht hatte ich unrecht, aber ich sprach mit Ken über die Möglichkeit, neue Ingenieure anzustellen, da ich glaubte, dass unsere nicht viel von der Aerodynamik verstanden. Für 1979 hatten sie bloss den Lotus 79 kopiert, also lagen wir schon vornherein ein Jahr im Rückstand! Sie waren einfach zu konservativ.»

GOODYEAR

Wie viele andere begann Pironi seine Formel 1-Laufbahn mit Ken Tyrrell. Seine zweite Saison, 1979, mit ihm war jedoch wegen mehreren Wagendefekten sehr unbeständig und er verliess das Team am Jahresende.

«Du bist offenbar kein Mann der so etwas wortlos hinnimmt . . .» wagte ich.

»Nein, dazu gibt es in der Formel 1 keine Zeit. Aber es stimmte auch anderes nicht, als ich bei Tyrrell war. Ich hatte sieben oder acht Unfälle, alle wurden von Materialbrüchen verursacht. Es kam soweit, dass ich jedesmal beim Einsteigen einen Unfall erwartete.»

Pironis phlegmatische Haltung Unfällen gegenüber war immer erstaunlich. Während dem Training in Dijon verlor er zweimal ein Rad. Er stieg nach beiden Ereignissen in einen anderen Wagen um und ging wieder auf die Piste hinaus. Während dem Rennen musste er zweimal die Radmuttern anziehen lassen.

«Die Unfälle waren kein Problem. Sie passieren und ich machte mir darüber keine Sorgen. Was mich jedoch kränkte, war die Reaktion Tyrrells. Er entschuldigte sich nachher nie, und wenn der Boss sich nicht entschuldigt, wäre es nicht korrekt, wenn die anderen es für ihn täten. Ich war von Ken sehr enttäuscht, besonders weil er es mir bestimmt vorhalten würde, wenn es meine Schuld gewesen wäre.»

Pironi verbrachte eine einzige stürmische Saison bei Ligier und zeigte während dieser Zeit seine Qualitäten als Weltklassefahrer. In der Regel war er schneller als die Ligier Nummer Eins, Jacques Laffite. Piquet gewann in Zolder und führte lange in Monaco. Und sein Comeback in Brands Hatch war schlicht und einfach überwältigend.

Es war kein einfaches Jahr, weil das Verhältnis zwischen Pironi und Ligier kaum als ein Treffen von Gleichgesinnten bezeichnet werden kann. Didiers kühle Selbstbeherrschung schmelzte vor seinem feuerspuckenden Chef nicht, und als Guy in der Zeitschrift «Autosport» von Pironis bevorstehendem Wechsel zu Ferrari las, machten sich manche Leute im Fahrerlager ernsthafte Sorgen um seinen Blutdruck.

Didier mag sich als scheu bezeichnen, aber mir kam er immer als gelassener und kalkulierender Mann vor. Es überraschte mich nicht zu hören, dass er Stewart und Björn Borg zu seinen Vorbildern zählte. Nach dem BMW Procar-Rennen 1980 in Hockenheim musste ein blindwütiger Stuck nach einer besonders rücksichtslosen Darbietung seitens des Franzosen davon abgehalten werden, Pironis Gesicht zu überarbeiten. Hans-Joachim stand mit feuerrotem Gesicht da und brüllte. Didier schaute ihn an, ohne mit den Wimpern zu zucken. Wer, ich?

«Vielleicht bin ich manchmal ein bisschen aufdringlich auf der Rennstrecke, etwas über der Limite», stimmte er nachdenklich zu.

Ich war immer der Meinung, dass der Überlauf zu Ferrari Pironi nach der anfänglichen Euphorie psychologisch zurückwarf. Er war, als er zu Ferrari ging, ohne Zweifel im Glauben, der schnellste Fahrer der Welt zu sein, schneller sogar als Villeneuve, und die Entdeckung, dass dies nicht der Fall war, war nur schwer zu akzeptieren.

Dazu kam, dass der unkomplizierte Gilles bei Ferrari sehr beliebt war und vom Publikum angebetet wurde. Obwohl die zwei Fahrer immer gleichwertige Wagen erhielten, fühlte sich Didier - egal wie stark er dagegen kämpfte - immer als Nummer Zwei.

In Monte Carlo hatte Villeneuve die zweitbeste Trainingszeit und überquerte als erster die Ziellinie, nachdem er den viertplazierten Pironi überrundet hatte. In Jarama gewann Gilles schon wieder und Didier war nirgends zu sehen. Es war eine beunruhigende Zeit für den Franzosen, aber in Imola sowie in Zolder, wo er mit seinem schwierigen 126C kurz in Führung lag, zeigte er, was er konnte. In Belgien zeigte er auch Verstand und einen kühlen Kopf. Es war das Rennen, wo Siegfried Stohr auf der Startlinie einen Arrows-Mechaniker überfuhr. Die darauffolgende Rettungsaktion breitete sich auf die halbe Strasse aus, aber die idiotischen Funktionäre unternahmen nichts, um das Rennen zu stoppen. Zweimal raste der führende Piquet durch das Chaos, gefolgt vom vorsichtigeren Reutemann. Pironi an dritter Stelle nahm es auf sich, dem Unsinn ein Ende zu setzen, verlangsamte seine Fahrt und hob den Arm in die Luft. Die Fahrer hinter ihm folgten seinem Beispiel.

Danach spielte Didier in der Sicherheitspoltik eine immer wichtigere Rolle und übernahm im Winter die Führung der neugegründeten Professional Racing Drivers Association (Vereinigung Professioneller Rennfahrer). Erinnern Sie sich noch daran?

Didier war 1980 in Brands Hatch in Höchstform. Er führte das Rennen vom Start bis zu einem vorzeitigen Boxenhalt. Danach brachte er seinen Ligier innerhalb von 34 Runden vom 21. auf den 5. Rang und stellte dabei einen Rundenrekord auf, welcher fünf Jahre lang ungeschlagen blieb.

«Tut uns leid, aber wir haben schlechte Nachrichten . . .». Pironi überquerte 1980 als erster die Ziellinie bekam aber wegen seinem Frühstart eine Strafe von einer Minute.

Wenn er während 1981 auf Villeneuve eifersüchtig war, liess er sich nichts anmerken. «Zwischen uns ist alles in Ordnung», sagte er oft. «Wir arbeiten in jeder Hinsicht zusammen. Wichtig ist, dass Ferrari gewinnt.»

Das nachfolgende Jahr war jedoch für Enzo Ferrari wahrscheinlich das traumatischste seines Lebens. Während Probefahrten vor dem Saisonsbeginn hatte Didier einen entsetzlichen Unfall in Paul Ricard, nach welchem sein Wagen in einer menschenleeren Zuschauerzone zum Stehen kam. Didier überlebte mit Glück. Kurz danach, in Rio, fuhr er weit unter seinem üblichen Niveau.

Nach dem Training in Brasilien bat mich Villeneuve auf die Seite. «Wenn Du Deinen Bericht schreibst, nimm' bitte Rücksicht auf Didier. Glaube mir, sein Ricard-Unfall war wirklich etwas, und er ist immer noch ein bisschen erschüttert. Aber beim nächsten Rennen wird er wieder okay sein . . .»

Das nächste Rennen war in Imola, und ich habe mich seitdem mehrmals gefragt, ob sich Pironi jemals bewusst wurde, was für eine Freundschaft er an diesem Tag zerstörte. Als sich die zwei Ferraris einem komfortablen Doppelsieg näherten, ignorierte Didier die Teamordnung und überholte in der letzten Runde seinen ahnungslosen Partner.

Trotz überwältigenden Gegenbeweisen hat sich Pironi immer mit der Ausrede verteidigt, er sei doch in seinem Rennen gewesen. Villeneuve fand diese Bemerkung lächerlich und unehrlich. Nur Didier weiss, was ihm während diesem verzweifelten letzten Überholmanöver durch den Kopf ging. Was wir wissen ist, dass Gilles seinen daraus resultierenden Hass für Pironi mit ins Grab nahm. Für drei miserable Punkte mehr hatte er das Vertrauen zerstört. In Zolder wechselten sie kein einziges Wort miteinander, und nach dem tödlichen Unfalls des Franko-Kanadiers liess man Pironi wissen, dass seine Anwesenheit an der Beerdigung nicht erwünscht sei. Wer weiss, wie ein Mann mit solchen unvorstellbaren Umständen fertig werden kann? Zwei Wochen später stand Monaco auf dem Programm, und Didier hätte gewonnen, wenn ihn ein Benzinzufuhrproblem in der letzten Runde nicht aus dem Rennen geworfen hätte. Ferrari überlegte sich, ob er sein Team in Monaco überhaupt anmelden sollte, und überliess Pironi die Entscheidung. Pironi wollte fahren. Wenn sie weggeblieben wären, hätte es auch nichts genutzt.

Villeneuve und Pironi bei Testfahrten in Silverstone, Juni 1981. Bis zur Imola-Kontroverse waren die zwei gute Freunde.

In Montreal stand er auf der Pole Position und widmete sie nachher trauervoll dem Andenken Villeneuves. Das Rennen wurde von einer weiteren Tragödie überschattet. Pironis Wagen blieb beim Start stehen und wurde vom unerfahrenen Paletti getroffen. Paletti erlag kurz danach seinen Verletzungen. Zwei Stunden später stand Pironi mit seinem Ersatzwagen erneut auf der Startlinie und gewann das Rennen. An diesem dunklen Abend begann ich ihn als Weltmeister 1982 zu sehen.

In Holland gewann er überlegen und sammelte auch an den anderen WM-Läufen Punkte. Die Rennen waren wie das Zentrum eines Sturms. Um ihn herum war ein Durcheinander. Im April hatte er seine langjährige Freundin geheiratet, unterhielt jedoch ein Verhältnis mit einer Schauspielerin. Ein zweiter schwerer Unfall bei Testfahrten in Paul Ricard liess ihn unverletzt und diesmal auch unerschüttert.

«In den Wochen vor Hockenheim ging etwas in Didier vor», meinte Harvey Postlethwaite. «Er wurde, nun seltsam. Er hatte mit grossen persönlichen Problemen zu kämpfen, glaube ich, aber er wurde sehr, sehr überheblich über den Wagen und die Tatsache, dass er Weltmeister werden würde.»

Es schaute bestimmt so aus. Wie auch immer er zur Nummer Eins im Ferrari-Team aufgestiegen war, sein Selbstvertrauen blühte. «Ich habe das Gefühl, dass ich die Weltmeisterschaft schon spüren kann», sagte er mir in Brands Hatch.

Am ersten Trainingstag in Hockenheim war er eine Sekunde schneller als der Rest des Feldes. Am folgenden Morgen stellte er während vier Runden eine Zeit auf, welche während dieser regnerischen Session ungeschlagen blieb. Die fünfte Runde beendete er nicht.

Ich bin Zeuge von vielen Motorsportunfällen gewesen, aber keiner bleibt mir so deutlich in Erinnerung wie dieser. Ich war an diesem bewölkten Morgen etwas spät dran und blickte beim Abschliessen meines Wagens auf die Strecke hinüber. Für einen kurzen Moment schien der Ferrari erstarrt zu sein, zehn Meter über dem Boden, die Nase steil nach oben wie eine Rakete nach einem Start in den grauen Himmel. Der Wagen landete Gott sei Dank auf dem Heck und überschlug sich in Richtung Strassenrand. Pironi bewegte sich etwas im Cockpit – das allein war schwer zu glauben. Sein Gesicht war blutig und schien von Schmerz verzerrt zu sein, aber er sagte später, dass er nichts spüren konnte.

«Unmittelbar nach dem Sturz hatte ich keine Schmerzen. Es war genau wie bei meinen anderen Unfällen, wo ich nicht verletzt wurde. Ich konnte nur an den Wagen denken, dass der Ersatzwagen nicht so schnell wie dieser war, aber ich musste ihn trotzdem für das Rennen verwenden . . .».

«Dann sah ich meine Beine und dachte, vielleicht könnte ich doch nicht an diesem Rennen teilnehmen. Im Hubschrauber taten sie mir sehr weh. Aber ich hatte Glück, dass sich der Unfall in Deutschland ereignet hatte und nicht in einem primitiveren Land.»

Er stand vor einer furchtbar schweren Probe, und ohne Zweifel hätte man ihm in einigen anderen Ländern seinen rechten Fuss amputiert. Die Chirurgen in Heidelberg, und später in Paris, leisteten wunderbare Arbeit, und Didier meldete sein Vorhaben, bald zurückzukehren. Enzo Ferrari verkündete, dass ein Wagen auf ihn wartete.

Ein Jahr später trafen wir uns alle wieder in Hokkenheim, und auch Pironi war mit von der Partie. Genau zwölf Monate nach seinem Unfall erschien er wieder im Fahrerlager. Er musste mit Krücken gehen, aber sonst ging es ihm gut – für einen Mann, der sich mehr als dreissig Operationen unterziehen musste und mehr als vierzig Mal unter Vollnarkose lag, eine bemerkenswerte Erholung.

Er schüttelte den Kopf. Nein, für ihn sei die Rückkehr nichts besonderes. Der Ort und der Zeitpunkt seien rein zufällig – es sei das erste Rennen, wo er fit genug war zu erscheinen. Er sei schon den Ferrari-Boxer gefahren, und das Angebot des Commendatore gelte immer noch. Er wolle vorsichtig einsteigen, mit seinem Martini F3-Wagen ein bisschen testen, erst dann zurückkommen, wenn er wisse, dass alles vollkommen in Ordnung sei.

Pironi regte sich auf, als ich die Bemerkungen einiger Teammanagern zu seinem Unfall erwähnte. «Er war ein Idiot», hatte Teddy Mayer gesagt. «Warum musste er in einem nassen, ungestoppten Training so schnell fahren?»

«Ich bin nicht zu schnell gefahren», kam die schnelle Antwort. «Bloss schneller als die anderen. Der Wagen liess sich im Regen ausserordentlich gut fahren und ich ging nicht besonders hart 'ran. Ich

Didier feiert seinen Sieg beim Grossen Preis von San Marino 1982. Der Ausdruck von Gilles Villeneuve sagt alles.

In Hockenheim 1982 sah es so aus, als ob Pironi ungehindert dem Titel entgegensteuerte. Hier, beim Training für den Grossen Preis von Deutschland, war er und der Ferrari 126C2 schnell genug. Am Samstagmorgen kam das Aus.

hatte neue Regenreifen zu probieren – vielleicht wäre das Rennen auch regnerisch gewesen. Ich tat nur meine Arbeit und ging überhaupt keine verrückten Risiken ein.»

In der folgenden Saison liess sich Didier gelegentlich blicken. Inzwischen hatte er seinen Laufstock abgelegt. Aber für eine Rückkehr ins Cockpit hatte er keine fixen Pläne. «Mein einziges Probleme ist, dass mein rechtes Fussgelenk immer noch nicht stark genug ist», sagte er. Im Herbst erlitt er wieder einen Beinbruch, diesmal in einem seiner geliebten Rennboote.

Wenn ich heute an Pironi denke, kommen mir immer zwei Ereignisse in den Sinn: Zum ersten ein Frühlingstag 1982, eine Woche vor der Kontroverse in Imola. Ich war nach dem Urlaub nach England unterwegs und machte Pause in Montlhery. Didier hätte David Pipers wunderschönen Ferrari P4 fahren sollen, einen Wagen weit entfernt von den gokart-ähnlichen Grand Prix-Boliden der Zeit.

«In diesem Wagen», schwärmte er, «habe ich die Freude am Fahren wieder entdeckt. Niemand kann behaupten, dass er einen modernen Formel-1 Wagen gern fährt, aber das hier ist der reinste Genuss. Der P4 ist fantastisch auf der Strasse, rutscht progressiv und lässt sich mit dem Gaspedal lenken. Einen solchen Spass habe ich seit Jahren in keinem Rennwagen gehabt.» Ich hatte diese warme, emotionelle Seite von Pironi vorher nie gesehen.

Ich stand neben dem Wagenbesitzer und schaute dem Rennen zu. Pipers Ausdruck schaltete zwischen Ekstase und Schmerz. Pironi, weit vor den anderen, blieb nur aus Spass hart dran. Aber jedesmal, wenn der glorreiche P12 die Boxe passierte, liess er ein immer grösser werdendes Rauchwölkchen hinter sich. Piper wusste, dass ihm die Freude, seinen Wagen an der Limite zu sehen, teuer zu stehen kommen würde, und schliesslich hörten wir am Lautsprecher, dass Didier «auf der Strecke stehen geblieben» sei.

Ich erinnere mich auch an ein Foto von Pironis Spitalzimmer in Paris. Er hält eine auffällige Trophäe eines Pferdes vom Commendatore in der Hand. Sie trägt die Inschrift «Didier Pironi – der wahre Weltmeister 1982». Es wird wohl reichen müssen.

# Alain Prost

## Nicht ohne Ehren

Meiner Meinung nach sieht Prost eher wie ein professioneller Rugbyspieler als wie ein Rennfahrer aus. Er ist ziemlich klein, mit einer krummen Nase und lockigem Haar. Seine Arme sehen wie Schinken aus. Ich sah ihn einmal in einem Fahrerlager zusammen mit Jabouille (der selber dem französischen Rugby-Star Jean-Pierre Rives aufs Haar gleicht) und dachte mir, sie wären im Parc des Princes besser aufgehoben.

Ich lernte ihn Ende 1979 kennen. Ein bescheidener Kerl war er damals, lächelte jeden scheu an und stand im Motothome von Elf herum, immer besorgt, niemanden im Wege zu stehen. Er hatte 1979 problemlos die europäische Formel 3-Meisterschaft gewonnen, und kam zur Formel 1 wie ein auf ein gutes Angebot hoffender Statist zum Filmstudio. Die beste Gelegenheit schien bei Ligier zu sein, aber sie verlangten Geld, und er hatte keins. Bei Brabham oder Lotus gab es eine winzige Chance, aber sonst nichts. Dann kam die Überraschung. Marlboro zeigte Interesse und aus dem Nichts erschien das Angebot von McLaren, den dritten Wagen beim letzten Grand Prix des Jahres in Watkins Glen zu fahren.

Dann kam die noch grössere Überraschung. Alain lehnte dankend ab. Seine Antwort war zwar sehr höflich, aber an Teddy Mayer, für welchen Porzellanläden zu Sperrgebieten erklärt werden sollten, ging die Höflichkeit verloren. Prost lächelt, wenn er daran zurückdenkt. «Ja, er wunderte sich, aber es war die richtige Entscheidung - einer meiner besseren Entschlüsse. Sie hatten schon zwei Wagen gemeldet, und ich war nie in einem Formel 1-Wagen gesessen. Schlecht für Euch und schlecht für mich, sagte ich ihm. Ich bat um eine Probefahrt in Paul Ricard und ging mit John Watson und Kevin Cogan, der auch für 1980 in Frage kam, dorthin. Es war ein netter Tag. Ich war schneller als die beiden . . .». Sein Entschluss Watkins Glen auszulassen, erweckte viel Interesse und stellte Alain schon vor Beginn seiner Karriere als Sonderling hin. Wieviele Leute in seiner Lage hätten es verstanden, hätten das Selbstvertrauen gehabt, McLaren «nein» zu sagen? Die Testfahrten in Ricard waren von einem festen Angebot für die nächste Saison gefolgt. Prost nahm dankend an, aber er wünschte, er hätte dem Mayer auch zu diesem Angebot nein gesagt. Es stellte sich als Feuertaufe heraus.

«Der Wagen war nicht konkurrenzfähig, aber daran kann man arbeiten und damit leben, kein Problem. Aber in diesem Jahr hatte ich sechs oder sieben schwere Unfälle. Weisst Du», fügte er mit einem seiner herrlichen Understatements hinzu, «wenn Dein Wagen in jedem Rennen ein Rad verliert, ist das nicht so gut, glaube ich . . .».

«Ich gewann bei meinen ersten zwei Rennen Punkte, aber dann kam Kyalami. Zwei Unfälle in zwei Tagen: Aufhängungsdefekt. Ich brach mir das Handgelenk. Am Wagen ging immer etwas kaputt, und wenn das passiert, verliert man an Vertrauen und dann ist es fertig. Im Training für Watkins Glen ist schon wieder etwas abgebrochen, diesmal in einer 4.Gang-Kurve. Ich prallte an die Mauer und erlitt eine Kopfverletzung. Trotzdem wollten sie, dass ich am nächsten Tag fahre! Ich musste zwei Wochen lang das Bett hüten».

Daraus entstand »Die Prost-Klausel«, kein neuer Roman von Robert Ludlum, sondern ein selbstverständlich in heutige Verträge gehörender Paragraph frühzeitige Teamwechsel betreffend. Alain verliess McLaren trotz Dreijahresvertrag nach einer einzigen Saison und der Name «Renault» bringt E.E. Mayer heute noch aus dem Häuschen. Die Erwähnung der nach ihm benannten Klausel freut Prost auch nicht besonders.

«Ich verliess McLaren nicht, weil ich von Renault ein besseres Angebot erhalten hatte! Wenn ich einen Vertrag unterschreibe, meine ich es ernst. Klar wollte ich gehen, aber bis zum Unfall in Watkins Glen fühlte ich mich wegen meines Vertrages zum Bleiben verpflichtet. Dann ist die Aufhängung gebrochen und ich hatte wieder einen Crash. Es wurde langsam zur Gewohnheit, oder? Aber als ich in die Boxen zurückkam, sprachen sie von einem Fahrfehler und von einem zu schnellen Fahren mit kalten Reifen - dabei hatte ich schon acht Runden gedreht! Okay, sagte ich, wenn Ihr so sprechen wollt, ist es aus. Und wenn Ihr mich nicht freigebt, dann höre ich auf mit der Formel 1. Ich fahre einfach nicht mehr.»

Wenn sich der McLaren als weniger bruchanfällig erwiesen hätte, hätte Prost die Mannschaft nicht verlassen. Die schmerzhafte Renaultgeschichte wäre vermeidbar gewesen, sagt er wehmütig. Er wollte jedoch weg und versuchen, sein Selbstvertrauen wiederzufinden. Er ging als Nummer Zwei zu Renault und sein Talent stellte von Anfang an ein grosses Problem dar. Wie mit Watson bei McLaren ging es jetzt mit Arnoux bei Renault: Prost war immer schneller als der Teamführer. Er gewann seinen ersten Grand Prix in Dijon und wiederholte diese Leistung in Zandvoort und in Monza. René gewann nichts. Die Verträge für 1982 sahen ganz anders aus.

Alain behauptet, er habe das Jahr 1982 gehasst. «Natürlich gab es ein persönliches Problem mit Ar-

Teddy Mayer mit Alain Prost 1980. Seine erste Zeit mit McLaren war keine glückliche und er verliess das Team am Ende der Saison unter kontroversen Umständen.

elf
Marlboro
WORLD CHAMPIONSHIP TEAM
CW '85

noux, aber in dieser Saison hatten wir keine Federung. Es war wirklich nicht lustig, diese Wagen zu fahren. Dazu kam, dass die Wagen nicht zuverlässig waren. René weigerte sich, die Autos zu testen und überliess diese Arbeit mir. Ich wurde müde. 1982 war ich überhaupt nicht in Form. Zweimal war ich nahe dran, den Sport aufzugeben, und beide Male war es das Resultat der Reaktion gegen mich in meinem eigenen Land. In Frankreich bin ich nicht sehr beliebt, in England bin ich viel populärer. Als ich in Silverstone mit dem McLaren gewann, war die Reaktion überwältigend. Einen solchen Jubel habe ich nicht gehört, als ich in Frankreich mit einem Renault gewann..».

«Du hast ernsthaft an einen Rücktritt gedacht?» fragte ich überrascht. «Wann war denn das?»

«Nach dem Grossen Preis von Frankreich 1982. Ein paar Tage lang habe ich vorgehabt, am Jahresende aufzuhören.»

Ach so, nach dem Rennen, in welchem Arnoux sein Verprechen, dem Prost zu helfen, rückgängig machte und ihn kurz vor Schluss überholte?

«Das war aber nicht der Grund für meine Entscheidung. Es stimmt, Arnoux hat mich zum Narren gemacht. Ich war ein Idiot, ihm zu vertrauen. Ich habe den Fall Imola, als Pironi den Villeneuve überholte, miterlebt und habe daraus eine Lehre gezogen. Nein, ich war enttäuscht, weil ganz Frankreich auf seiner Seite stand. Ich war es, der betrogen wurde, und die französischen Journalisten sprachen vom armen kleinen René, wie er es sich erkämpft hatte, wieviel Pech er doch hatte. Weisst Du, seit Jeanne d'Arc lieben die Franzosen ihre Märtyrer..».

Heute lacht er darüber, gesteht aber, dass er es damals weniger lustig fand. «In gewisser Hinsicht ist die französische Mentalität seltsam, weisst Du? Als ich zu Renault ging, schrieben die Journalisten sehr nette Dinge über mich, aber 1982 war ich der böse Wolf. Ich glaube ehrlich, dass es ein Fehler von mir war, Rennen zu gewinnen. Die Franzosen schätzen keine Sieger, sie bevorzugen den Zweiten, den Mann, der glorreich verliert. Wie Gilles in Imola ärgerte es mich masslos, dass mein Team mich nach dem Vorfall nicht entsprechend unterstützte.»

Es klingt vielleicht nach sauren Trauben, aber die Worte hören sich ehrlich an. Laut Prost wurde eine Reihe von Umständen - möglicherweise absichtlich - zu seinem Nachteil falsch interpretiert. 1983 in Kyalami, als Piquet ihm den Titel ausser Reichweite schoss, ging es ihm ähnlich.

«Gut, wir verloren die Meisterschaft. Das kommt vor. Renault war selber daran Schuld. Sie waren zu konservativ und wollten am Wagen nichts verbessern. Ich habe sie gewarnt, dass diese Haltung uns nicht helfen würde, Gordon Murray und Nelson Piquet zu schlagen, aber...».

«Weisst Du was? Jede Woche erscheint im Renaultwerk eine hauseigene Zeitung. Darin schrieben sie, dass ich in Kyalami anhielt, weil ich mich nur auf dem dritten Platz befand und nicht als Verlierer dastehen wollte. Einige französische Journalisten schrieben den gleichen Mist. Du kannst Dir nicht vorstellen, wie sich ein Rennfahrer fühlt, wenn sie so etwas schreiben.»

Zehn Tage nach dem Debakel in Südafrika schlug die Bombe aus Paris ein. Der Vorstand hatte Prost die Tür gewiesen. Man muss aber betonen, dass Alain gern durchlief. Wenige Tage danach stand sein Name unten auf einem McLaren-Vertrag. Er hatte einen guten Wagen bitter nötig, und sie wussten es. Sie bekamen ihn preiswert, und er wusste es. Spielt keine Rolle. Jetzt ging es erst richtig los; das grosse Geld würde den Resultaten folgen. McLaren hatte sich inzwischen von Grund auf geändert. Das alte Regime war gestürzt und an seiner Stelle standen nun Ron Dennis und John Barnard. Das von TAG finanzierte Porsche-Motor-Programm war voll im Gange und Barnard arbeitete gerade an der Konstruktion eines der feinsten Wagen der Formel 1-Geschichte.

«Es war unmöglich, das alte McLaren-Team mit dem neuen zu vergleichen», sagt Prost. «Ehrlich, nur der Name war der gleiche. Bei meiner allerersten Fahrt im MP4/2 stellte ich in Paul Ricard einen neuen Rundenrekord auf. Es ist nicht einfach, mit Barnard und Dennis zusammenzuarbeiten, aber was sie erreicht haben, ist fantastisch.»

Ihr erstes Rennen zusammen in Rio endete im Triumph. Alain ist ein an Erfolg gewöhnter Mann und normalerweise bestätigt er die karierte Flagge mit einem diskreten Winken mit der rechten Hand. Diesmal warf er in wilder Freude beide Arme hoch in die Luft. Es war sein schönster Sieg, schwört er. »Etwas Rache war schon dabei, auch wenn ich es nicht gern zugebe. Nach dem Krach mit Renault wurde ich von der französischen Presse sehr schlecht behandelt. Wenn Renault in Brasilien gewonnen und ich das Rennen nicht beendet hätte, wäre ich von ihnen glatt auseinandergerissen worden. Aber ich hatte gewonnen und damit war Schluss. Auch das französische Publikum hat nach diesem Rennen sein Verhalten mir gegenüber geändert. Plötzlich standen sie hinter mir, wenigstens mehr, als wenn ich in einem französischen Wagen sass. Wie ich gesagt habe, sind die Franzosen ein komisches Volk. Michel Platini spielt jetzt für eine italienische Mannschaft und in seiner Heimat ist er beliebter als vorher!»

Wie jeder andere französische Formel 1-Fahrer wohnt Prost im Ausland, um sein Geld verständlicherweise vor der Mitterand-Regierung zu schützen. Wie Jackie Stewart einmal über seine Auswanderung sagte: «Plötzlich bemerkte ich, dass ich an neun von zehn Wochenenden mein Leben für den Staat riskierte.» Auch Alain hat sich in der Schweiz niedergelassen.

Stewart und Clark waren seine Idole und seine eigene Rennphilosophie basiert auf ihrem Beispiel. Mit ihnen teilt er den fliessenden Fahrstil, die tadellose Linie. Schwieriger ist es, alles einfach aussehen zu

Glückliche Tage bei Renault. Fahrer und Mechaniker feiern nach Alains drittem Sieg für die Mannschaft, 1981 in Monza.

Prosts Sieg mit dem Renault RE40 1983 in Silverstone war sein dritter des Jahres und es schien, als ob der Titel auf ihn wartete.

lassen. Schauen Sie Prost in einem McLaren zu, und Sie werden denken, dass Sie es auch tun könnten. Darin liegt die Kunst. «Ich weiss», sagt er kleinlaut, «es ist nicht sehr aufregend, mir zuzuschauen – bei Clark war es das gleiche, glaube ich, und für mich war er der Beste. Ich fahre absichtlich so, sehr natürlich, und will meinen Fahrstil nicht ändern. Ich muss mich nicht forcieren, schnell oder hart zu fahren. Ich fahre einfach schnell.»

«Natürlich bringe ich den Wagen gern zum Rutschen, besonders im Regen. Es ist sehr befriedigend, aber nicht so wie die perfekte Runde. Immer suche ich danach – damit meine ich eine Runde, wo Du nirgends nicht mal einen Zentimeter neben der Ideallinie bist. Mir ist es ein paar Mal fast gelungen, aber nicht ganz.»

Für Alain wäre das perfekte Rennen eines, wo er vom Start bis ins Ziel führt. Vielleicht klingt das nicht aussergewöhnlich, aber einige Fahrer werden mit der Führung besser fertig als andere. Wenn Prost vorn liegt ist es, wie wenn man einem Metronom zusieht. Im Zentrum liegt der Sieg und er schält die Runden weg.

Ich finde, dass er trotzdem eindeutig unterschätzt wird. Für mich steht Alain zweifellos unter den besten Fahrern aller Zeiten, und auf jeden Fall der Beste der mittleren 80er Jahre, aber in einigen Ecken des Sports gibt es Leute, welche nicht geneigt sind, seine Qualitäten anzuerkennen. Er hat anscheinend keine Schwächen, brilliert auf allen Arten von Rennstrecken, in jedem Wetter.

Dieses Vorurteil gegen ihn stammt möglicherweise von der Formel 1-Abneigung gegen alles Französische, oder besser gesagt, gegen alles Erfolgreiche und Französische. Es ist wahr, dass das gallische Kontingent dazu neigt, sich fest zusammenzuschliessen, aber in Kyalami 1983 war ich offenbar der einzige »Ausländer«, welcher Prost die Weltmeisterschaft gönnte. Um gerecht zu sein muss man sagen, dass die überwältigende Unterstützung für Piquet und Brabham wahrscheinlich darin lag, dass Alain einen Renault fuhr. Die gesichtslose Firmenleitung

Bis zum Grossen Preis von Österreich 1983 war Prost, von der immer grösser werdenden Drohung von Piquet, Brabham und BMW beunruhigt, von der konservativen Haltung Gerard Larrousses enttäuscht. Er gewann das Rennen, aber Piquet schnappte ihm den Titel weg.

war in der Formel 1 nie besonders beliebt, und das gleiche gilt in gewissem Mass auch für McLaren – oder wenigstens für einige seiner Angestellten. Grosser Respekt ja, Liebe nein.

Möglicherweise verfärben diese Tatsachen auch Alains Ruf. Aus einem mir unverständlichen Grund meinen Leute, welche den Mann nicht kennen, dass sie ihn sowieso nicht mögen würden. Die Wahrheit ist, dass es ein bisschen länger dauert, den Prost, wie jede andere wertvolle Person, richtig kennenzulernen. Er wird nicht sofort zum Herzensbruder.

»Meine Erfahrung hat mir bewiesen, dass die Formel 1 voller Heuchler und Unehrlichkeit ist, und das ist sehr enttäuschend«, sagt er. »Während meiner Zeit bei Renault musste ich mir immer den Rücken decken. Ich wusste nie, ob die Hand, welche mir gerade auf die Schulter klopfte, nicht ein Messer enthielt. Bei Renault folgte jeder Niederlage ein Verhör. Bei McLaren geraten sie nicht in Panik, wenn ein Problem auftaucht. Für mich ist der Rennsport immer noch ein Genuss, aber jetzt betrachte ich es in einem anderen Licht. Ich bin gelöster.«

Es stimmt. Seit seiner Zeit mit Renault ist Alains wahre Persönlichkeit zum Vorschein gekommen. Er kaut immer noch Fingernägel – wie es auch Clark getan hat – und gelegentlich lässt sich der geplagte Ausdruck von einst wieder blicken. Aber normalerweise lächelt er.

Er gibt zu, dass Jacques Laffite bei der Bestimmung seines Lebens eine wichtige Rolle gespielt hat. Mehr als sonst ein Fahrer, den ich kenne, hat Jacques zum Grand Prix-Sport das richtige Verhältnis. Ein schlechter Trainingslauf kann durch eine Runde Golf verdrängt werden, und vielleicht wird es morgen besser sein. Wenn nicht, halt den Tag danach. . . Laffite stellte Prost dem edlem Golfsport vor. Aber noch wichtiger: Er half ihm, den Rennfahrerberuf zu rationalisieren.

»Ich blieb immer von acht Uhr morgens bis sieben Uhr abends an der Rennstrecke und hatte das Gefühl, viel geleistet zu haben. Ich hätte sonst ein schlechtes Gwissen gehabt. Jacques zeigte mir, dass ich das gleiche von neun Uhr bis drei oder vier Uhr nachmittags tun könnte. Man verlässt das Gelände und es bleibt einem immer noch viel Zeit für eine Runde Golf oder zum Schwimmen. Und das ist sehr gut, man kann dabei die Wagen vergessen. Ich verbrachte zuviel Zeit damit.«

Prost mag mehr Rennen gewinnen als die anderen, aber er weiss auch, wie man graziös verliert. Ebenso erinnerungswert wie irgendein Sieg war seine Würde nach Estoril 1984, und seine Anerkennung der Tatsache, dass sein Sieg - der siebente des Jahres - ihm den Titel doch nicht eingebracht hatte. Lauda war dank seinem zweiten Platz immer noch um einen halben Punkt voraus.

»Viel schlimmer als das«, sagt Alain, »war die Disqualifikation im folgenden Jahr in Imola, bloss weil der Wagen um ein paar Kilos zu leicht war. Imola gehörte zu den besten Rennen meines Lebens - ich fuhr so schnell ich konnte und berechnete den Verbrauch so, dass ich die Ziellinie erreichen konnte und nicht weiter. Mir ging das Benzin sowieso ein paar hundert Meter nach der Flagge aus. Ich glaubte, ich hatte es perfekt kalkuliert, aber der Wagen war wegen des leeren Benzintanks zu leicht.«

Einige Monate danach wurde er in Zandvoort von Lauda über die Ziellinie geführt. Kein Jammern von einem zu langsamen Reifenwechsel, keine Vorwürfe, dass Niki sich weigerte, ihm während der letzten Runden Platz zu machen. »Ich wusste, wo ich stand«, sagt der aufrechte Franzose. »Er hatte mir schon vor dem Rennen gesagt, dass er möglichst gewinnen wollte, und das war in Ordnung. Wenn er hingegen, wie Arnoux bei Renault, versprochen hätte, mir zu helfen, und sich dann nicht daran gehalten hätte, dann wäre ich verärgert gewesen. Er wollte in seinem letzten Jahr einen Grand Prix gewinnen und das kann ich verstehen.«

Prosts Haltung gegenüber dem Sport gefällt mir.

Prost und McLaren - die erfolgreichste Partnerschaft der modernen Aera. Alains Sieg in Monza 1985 war sein zwölfter in zwei Jahren, und gab ihm endlich einen festen Griff, um den immer fliehenden Titel zu packen.

Er gibt zu, dass er früher von der Weltmeisterschaft geradezu besessen war und den Titel als einzige erstrebenswerte Belohnung des Spiels sah. Indem er dem Titel so oft so nahe kam, sank für ihn der Wert des Titels eher als zu steigen.

»Der wichtigste Rekord für mich sind Stewards 27 Grand Prix-Siege. Den will ich überbieten. Es hat einige Weltmeister gegeben welche nicht so gut waren, aber diejenige die viele, viele Rennen gewonnen haben, sind alle grossartig gewesen. Gilles Villeneuve sagte mir einmal, dass ihm das Gewinnen von einzelnen Rennen wichtiger sei als Titel, und ich konnte ihn damals nicht verstehen. Jetzt aber schon.

«Klar freue ich mich über die Weltmeisterschaft, es kam fast als Erleichterung. Jetzt kann ich sie vergessen, aus meinen Gedanken verbannen. Wenn es mir gelingt, noch eine zu gewinnen, grossartig, aber wichtiger ist, dass ich in jedem Rennen konkurrenzfähig bleibe. An Spa und Brands Hatch hatte ich keinen Spass - sie waren taktische Rennen, eine Punktejagd. Ich fahre nicht gern so.»

Sein Einkommen ist natürlich kolossal, aber um ihn herum findet man nur wenig der von einigen seiner Kollegen als lebenswichtig betrachteten Zutaten. Er spricht mit einem schiefen Lächeln über die sonntäglichen Rosberg Lauda-Learjet-Rennen zurück nach Ibiza. «Ich konnte Niki und seine Fliegerei nie verstehen - wie er sich überall hinfliegen und danach noch fahren kann. Ich fliege gern, aber nur, um von einem Ort zum anderen zu gelangen. Ich sehe es nicht als Plausch - nicht wie Sport, zum Beispiel.»

Es ist kaum zu glauben, dass Alain Prost in einem Renault neun Grands Prix gewann! Mehr als alles andere spricht das für die Qualitäten des Mannes. Noch wichtiger ist, dass er bei jedem Rennen immer ein unbestreitbarer Teil des Geschehens ist.

«In Frankreich bin ich nicht so beliebt, weil ich immer gewinnen will», sagt er mit einem Lachen wie Schleifpapier. «Wie ich schon gesagt habe, lieben die Franzosen den glorreichen Zweiten. Ich wollte immer der Erste sein und nicht etwa aus Eitelkeit. Das Leben ist ein Spiel und ich will der beste sein. Sonst ist das Spiel - das Leben - nicht interessant. Auch beim Kartenspielen will ich gewinnen. Wenn ich anders denken würde, würde ich nicht spielen. So bin ich.»

Sei vierter Platz beim Grossen Preis von Europa in Brands Hatch machte Alain zum Weltmeister 1985. Die McLaren-Männer jubeln, als er die Ziellinie überquert.

# Clay Regazzoni

## Bei weitem der Mutigste

«Ich glaube, es passiert mir schon wieder,» sagte Clay Regazzoni 1979 traurig in Monza, «Ich habe einen guten Wagen und das Team gefällt mir - und sie wollen mich durch Reutemann ersetzen, genau wie vor drei Jahr bei Ferrari. . .».

Er sprach natürlich von Williams, mit welchem er den Sommer verbracht hatte. Nach zwei unbefriedigenden Saisons bei Ensign und Shadow abgeschrieben, wurde er als Nummer Zwei hinter Alan Johnes angestellt. Frank glaubte, er würde vielleicht das Geld wert sein und keine Wellen machen.

Ein Mann mit einem sensibleren Ego wäre beleidigt gewesen. Hatte er nicht sechs Jahre als Ferrari-Werksfahrer hinter sich? Hatte er nicht viermal so viele Grand Prix-Siege wie Jones? Und stimmte es etwa nicht, dass die Williams-Mannschaft bis vor kurzem als Witzfigur der Formel 1 betrachtet wurde? Clay machte sich jedoch keine solchen Gedanken. Er hatte nie ein Problem mit dem Ego. Stolz war er, aber das ist etwas ganz anderes. Er freute sich seine Arbeit für Frank aufzunehmen, fuhr das ganze Jahr wie ein lebensfreudiges Frühlingslamm, holte den ersten Grand Prix-Sieg für Williams und wurde im WM-Gesamtklassement fünfter. Nicht schlecht für einen alten Knacker.

Am Mittwochabend vor Monza feierte er mit einer grossen, «Geld-spielt-keine-Rolle»-Party im legendären Moulins de Mougins bei Cannes seinen vierzigsten Geburtstag. Clay liebte Partys.

In Monza fuhr er brillant. Seit Jahren war er der Liebling der Tifosi, der am meisten geliebte Ferrari-Fahrer. Jetzt, als Scheckter und Villeneuve die ersten zwei Positionen scheinbar fest im Griff hatten, stellten er und sein Williams in den letzten Runden eine einsame Bedrohung für den roten Wagen dar. Er sauste fast eine Sekunde schneller als jeder andere um die Rennstrecke, und in der Zuschauertribüne wurde es etwas still. Am Ende aber waren die Fans mit dem perfekten Resultat zufrieden. Jody und Gilles rasten über die Ziellinie nur fünf Sekunden vor Clay. Ferrari, Ferrari, Regazzoni - es hätte nicht schöner sein können.

Regazzonis Einsatz in Zandvoort kurz vor Monza war etwas kürzer gewesen. Nur einige Meter nach dem Start war er zu nah an den Renault von Arnoux gekommen und hielt kurz nach der Tarzankurve ohne linkes Vorderrad an. Es war ein Zeichen der Zuneigung für Clay, dass Renault ihm in Monza ein besonderes Geburtstagsgeschenk präsentierte: Einen Rollstuhl mit riesengrossen F1-Hinterrädern, Williams Vorderflügel und keinem linken Vorderteil. Einige Monate später erinnerten wir peinlich berührt an die Zeremonie.

Am gleichen Tag bemerkte ich ihm gegenüber, dass es jetzt bestimmt der richtige Zeitpunkt zum Aufhören wäre. «Du hast eine fantastische Saison gehabt», sagte ich, «aber jetzt kommt Reutemann zu Williams und Du wirst nie wieder einen solchen Wagen bekommen. Du bist doch schon vierzig, also...».

Clay hörte mich mit tolerantem Amüsement an, dann grinste er. «Verstehe doch, es geht nicht bloss um das Gewinnen. Ich bin glücklich, ein Teil der Formel 1 zu sein - ich liebe es, und vor allem liebe ich es Rennwagen zu fahren. Warum sollte ich aufhören wenn es mir so gut gefällt?»

Er sprach mit so viel Würde und gutem Humor, dass ich mich schämte, das Thema angeschnitten zu haben. Ich hatte gemeint: «Höre auf, so lange Du noch vorn bist.» Aber Regazzoni liebte das Rennfahrerleben und ging auf die Idee gar nicht ein. «Ich liebe es wie Graham Hill es liebte», sagte er zum Schluss. «Alle haben ihm gesagt er hätte früher aufhören sollen - aber warum, wenn es ihm noch Spass machte?»

Nun, weil man glaubt, dass wenn man oft genug vor dem Himmelstor steht, es sich irgendwann öffnen wird. Aber zu diesem Thema teilte Clay die Meinung Mario Andrettis: Jedes Rennen ist wie das Drehen des Roulettrads, ein neuer Anfang. Jedes Mal wenn der Ball in das Spiel geworfen wird, hast Du gleich viele Gewinnchancen - oder die der anderen Sorte, nicht mehr als letzte Woche und nicht weniger. Es ist eine sehr komfortable Philosophie für einen Rennfahrer.

Es gibt ein berühmtes Foto von Regazzoni, aufgenommen 1961 in Monza, bei seinem allerersten Besuch bei einem Grand Prix. Er steht im alten Fahrerlager, seine Jacke über den Schultern, und blickt sehnsüchtig auf Baghettis Ferrari. Nur ein junges, träumendes Gesicht in der Menge. Wenn ich nur. . . . . .

Neun Jahre später, am 6. September 1970, stieg er hinein. Jede Erwähnung von Clay Regazzoni - gab es jemals einen melodischeren Namen für einen Rennfahrer? - erinnert mich besonders an diesen Tag.

Es war ein Tag, welcher die Zuschauer durch jede von einem Grand Prix heraufbeschwörbare Emotion riss. In Richtung Parabolica flimmerte die Hitze über der Strasse. Gelegentlich gingen die dröhnenden Stimmen der Zuschauer in den Tribünen in Jubel über, wenn sie einen ihrer Helden in den Boxen erkannten. Am Tag vorher, nur einige hundert Meter

Monza 1970. Regazzonis Ferrari 312B begann in den letzten Runden von Stewarts March wegzuziehen. Clays erster GP-Sieg schrieb seinen Namen in das Ehrenbuch des italienischen Rennsports.

die Strasse hinauf, war Jochen Rindt tödlich verunglückt, und die Gedanken an den Unfall liessen sich nicht vollkommen unterdrücken.

Es war nur der fünfte Grand Prix in Regazzonis Karriere, und er gewann ihn nach einem 68 Runden dauernden Kampf, in dem der Windschatten als wertvolle Hilfe eingesetzt wurde. Damals gab es in Monza keine Schikanen. Bei Halbdistanz waren Ickx und Giunti aus dem Rennen und Clay war der einzige verbleibende Ferrari-Repräsentant. Die Massen wollten, dass er gewinnt. Und nur wenige Runden vor Schluss versuchte er es und überholte Stewart und die anderen, nach links und rechts schwenkend um Stewart keinen Windschatten zu bieten. Der Schwall von Jubel aus den alten steinernen Tribünen war ohrenbetäubend, als er zum letzten Mal aus der Parabolica heraus beschleunigte.

«Ja, Ja. In Monza mit einem Ferarri zu gewinnen, das war das Maximum. Besonders damals. Ich gewann dort fünf Jahre später wieder, aber da war es nicht schwierig. 1970 war mein erster Sieg und ich musste mich wahnsinnig anstrengen. Es war mein Lieblingswagen, zwar nicht leicht zu fahren, aber sehr schnell. Man musste sich im 312B hart konzentrieren.»

Regazzoni kam mit einem etwas zweifelhaften Ruf zur Formel 1. Bei den anderen Rennklassen war er oft extrem schnell, aber er neigte dazu, für den Augenblick zu leben. Er hatte zahlreiche Unfälle überlebt, besonders einen während dem Formel 3-Rennen 1968 in Monte Carlo. Dort rutschte sein Tecno beim Ausgang der Schikane zu weit und ging unter den Leitplanken hindurch! Der Überrollbügel war in den Leitplanken eingedrückt, aber Clay sprang ohne Verletzung aus dem Cockpit. Er passte sich jedoch dem Grand Prix-Ferrari an, als sei er dafür bestimmt. Er kam mitten im Jahr zur Mannschaft, nahm 1970 an nur sieben WM-Läufen teil und wurde trotzdem im Schlussklassement Dritter.

In vieler Hinsicht steht seine erste Saison als seine beste da. Es stimmt, dass er vier Jahre danach den Titel um nur drei Punkte verfehlte, aber 1970 machte er keine erkennbaren Fehler. Während dem grössten Teil seiner F1-Karriere wusste man nie so

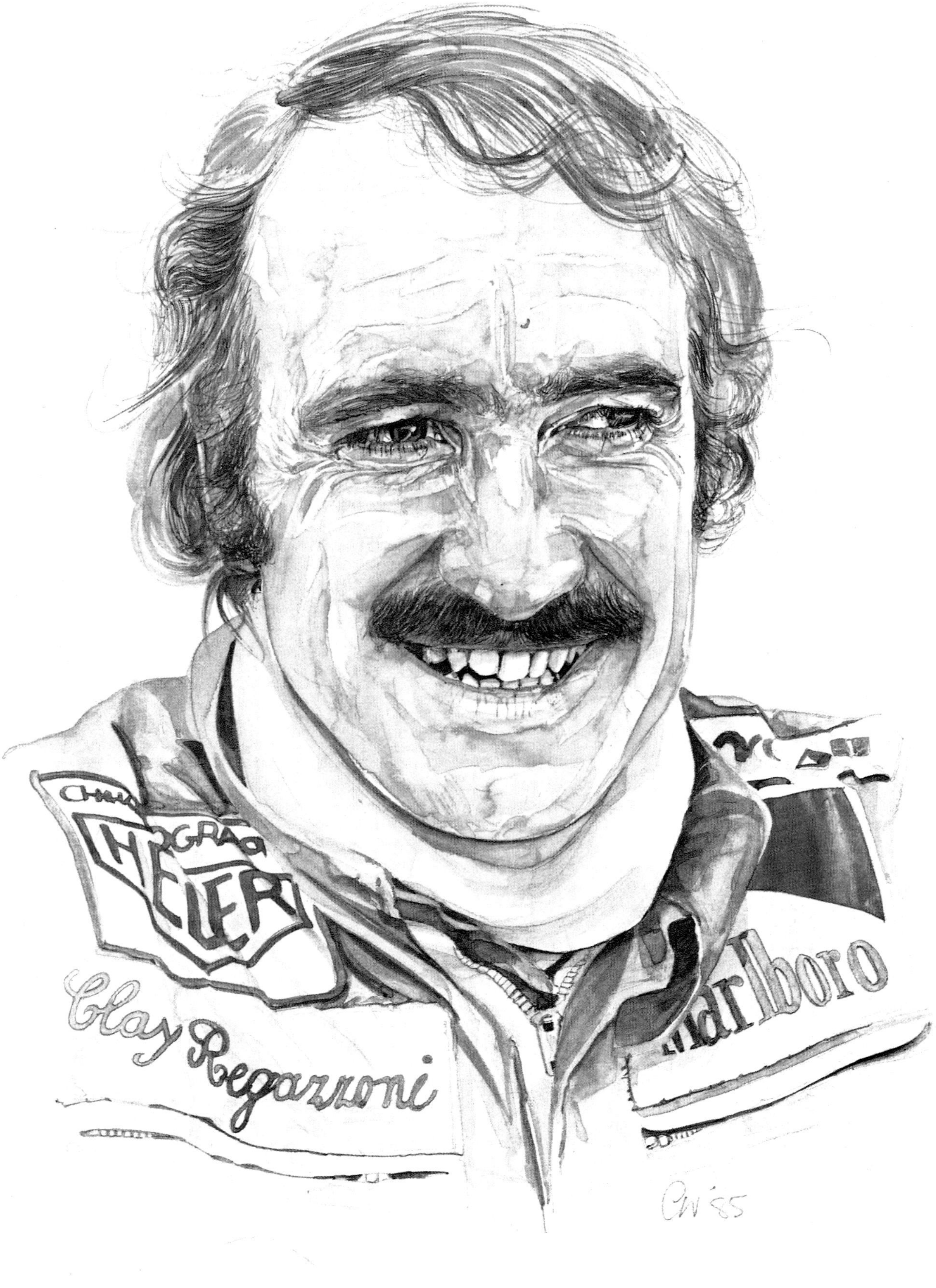
Clay Regazzoni

1973 erlebte er bei BRM eine mittelmässige Saison. Beim ersten GP des Jahres, in Argentinien, stand Regazzoni auf der Pole Position, aber danach ging alles bergab, und er war erleichtert am Ende des Jahres die Stellung zu wechseln.

recht, was man an einem bestimmten Tag von ihm erwarten könnte. Manchmal fuhr er wie ein Neuling, machte nichts als Fehler; manchmal leistete er etwas besonderes wie 1974 auf dem Nürburgring oder ein paar Jahre später in Long Beach. Bei seinen «präzisen» Rennen führte er das Rennen ohne jeglichen Fahrfehler an, und man fragte sich, wie der gleiche Mann einen anderen Sonntag mit Leitplankenvandalismus und Randsteinumfahren verbringen konnte.

Er war länger in Maranello als sonst jemand in der Geschichte, wurde aber nie offiziell zur Numero Uno. Darüber machte er sich keine Sorgen. Ferrari war sein Leben und sein Stolz. Es war daher doppelt traurig, dass er letztlich so schäbig behandelt wurde.

«Ich habe es nie verstanden, warum der Commendatore mit mir am Ende 1976 nicht offen war. Vor Monza sagte er, dass es für 1977 keine Probleme gäbe, dass die Entscheidung aber erst nach dem letzten Rennen in Japan getroffen werden könne. In Monza erhielt ich Angebote von Brabham und McLaren, aber ich sagte ihnen, ich würde bei Ferrari bleiben.»

Vielleicht war Regazzoni für die Formel 1 zu unbefangen. Nach dem Grossen Preis von Japan lernte er, dass Reutemann viele Wochen vorher bei Ferrari unterschrieben hatte. «Carlos hätte es mir sagen können, aber noch schlimmer war es, dass Ferrari mir gegenüber nicht ehrlich war. Wenn er mir gesagt hätte: nein, für Dich ist es aus, hätte ich ihm gesagt, okay, es hat mich gefreut, sechs Jahre für Euch zu fahren.»

Jetzt sind wir wieder bei den Feinheiten vom Stolz und vom Ego angelangt. Nach seinem Abschied von Ferrari nahm Clay mit Bernie Ecclestone wieder Kontakt auf. In Monza hatte ihn der Brabham-Boss eingehend über die Einzelheiten eines Vertrages für 1977 informiert. Jetzt, ein paar Monate später beim Treffen in einem Hotel in der Nähe von Heathrow, wusste Bernie, dass er die Oberhand hatte. «Er fragte mich wieviel ich verlangte, und ich erwähnte die in Monza besprochene Summe. Dann bot er mir weniger als die Hälfte an. Es war schon Jahresende, zu spät, um ein anderes Team zu finden, und er war bestimmt unter dem Eindruck, dass ich zusagen würde. Ich sagte es käme überhaupt nicht in Frage. Das Geld selber spiele keine grosse Rolle. Ich fahre einfach lieber für nette Leute, also nahm ich das erste Flugzeug in die Schweiz zurück.»

So kam Regazzoni zu Ensign und ging damit mit einem Schritt von einem Ende des finanziellen Spektrums der Formel 1 zum anderen. Es war ein glückliches Jahr, wenn nicht besonders lukrativ. Dem glänzenden Ex-Ferrari-Star fiel es leicht, sich Mo Nunns kleinem Unternehmen anzupassen. Die ihm unvertraute Sprache bereitete ihm jedoch einige kleine Probleme. «Du willsta Tassa Tee?», fragte er mich eines Tages im trockenen, staubigen Fahrerlager. Dann rief er der Frau von Mo zu: «Sylvia, bitte giess das Wasser über . . . ».

Sie alle liebten ihn, wussten allerdings, dass er wahrscheinlich nicht lange bleiben würde. 1978 ging er zu Shadow und dann kam das Angebot von Williams. «Ich wusste noch, dass er 1976 zum ersten Mal einen Wagen von Klasse gefahren hat, in Long Beach die Konkurrenz in den Boden fuhr. Er holte sich viele Punkte und hatte kaum einen Unfall», lobte Frank. «Zwar nicht der beste Fahrer der Welt, aber eine hervorragende Nummer Zwei und ein glücklicher, unkomplizierter Mann. Clay ist ein absoluter Gentleman – im Gegensatz zu vielen anderen, welche ich nicht nennen möchte. Er ist ein Mann, der den Motorsport um des Fahrens willen liebt. Ein total verehrungswürdiger Charakter.»

Das war er, und das ist er immer noch. Und 1979 bewies er, dass er immer noch mitmachen könnte. In Monte Carlo drängte er den Ferrari von Scheckter durch die letzten Runden und beendete das Rennen nur ein paar Meter hinter ihm. In Silverstone übernahm er, als Alan Jones anhielt, die Führung und gewann den ersten GP für Williams. «Bravo, Frank», gratulierte er leise seinem emotionellen Boss. Das war ein typisches Beispiel seiner Bescheidenheit. Das Team war es, welches gewonnen hatte.

Als die Williams-Saga vorüber war, kehrte er zu Ensign zurück, und lag beim Long Beach-Grand Prix an vierter Stelle, als er seinen letzten Unfall hatte. Es passierte am Ende von Shoreline Drive, auf dem schnellsten Teil der Rennstrecke. Regazzonis Wagen

1979 in Long Beach war Clay in seinem Ferrari 312T unschlagbar. Er führte das ganze Rennen vor Teamgefährte Lauda, und stellte die schnellste Runde auf.

näherte sich wie üblich mit rund 290 km/h, aber anstatt sich für die Haarnadelkurve stark zu verlangsamen, verschwand der Wagen wie ein Geschoss in die Ausweichstrasse. Theoretisch hätte es eine endlose Ausweichstrasse sein können, da Shoreline Drive die Breite einer Autobahn hat. Aber eine Barriere diente als Absperrung und der Ensign, immer noch mit kolossaler Geschwindigkeit, schoss in diese Barriere.

«In Long Beach verwendeten wir am Ensign zum ersten Mal Pedale aus Titan, und als ich das Bremspedal hinunterdrückte, wies es überhaupt keinen Widerstand auf. Gar keinen. Ich versuchte zu pumpen. Immer noch nichts. Ich musste die Geschwindigkeit verringern, schaltete vom fünften in den dritten Gang und dann schaltete ich den Motor aus. Zuninos Brabham befand sich in der Ausweichstrasse. Ich schlug in ihn ein und rochierte in die Barriere. Ich war zirka zehn Minuten lang bewusstlos, dann spürte ich schreckliche Schmerzen in den Hüften . . . ». Clay wusste bald, dass er dem Unvorstellbaren ins Gesicht schauen musste. Seine Wirbelsäule stark beschädigt und er war gelähmt. Einige Sportler mit ähnlichen Verletzungen hatten sich vollkommen erholt, darunter der Schweizer Skifahrer Roland Collombin, aber andere nicht. Während den nachfolgenden Jahren unterzog sich Regazzoni unzähliger Operationen, einige in Basel, einige einer radikaleren Natur in Washington. Seine Hoffnungen einmal wieder laufen zu können, wurden öfter geweckt und dann wieder zerschlagen. In ähnlicher Weise schwebte seine Moral zwischen Unsicherheit und Verzweiflung.

1985 erschien er, als Kommentator für das italienische Fernsehen tätig, wieder regelmässig bei den Grand Prix. «Ich habe mich damit abgefunden», sagte er, «dass kein Wunder geschehen wird. Aber das Leben kann trotzdem etwas wert sein.»

Ich muss gestehen, dass seine Anwesenheit in den Fahrerlagern der Welt mich eine Zeit lang beunruhigte. Ein selbstsüchtiges Sentiment vielleicht, aber trotzdem vorhanden. Ich glaube, dass er, als offensichtliches Opfer eines gnadenlosen Sports, die unakzeptable Seite des Geschäfts repräsentierte.

Wenn ein Fahrer getötet wird sind wir tief betroffen, besonders wenn wir ihm nahe standen. Ein Kollege hat mir einmal erzählt, dass ich mit der Zeit härter werden würde, dass mir ein Freund sterben würde und mich danach keine Tragödie so tief treffen würde. Er hatte recht. In seinem Fall war es

Reggazonis letzter Grand Prix-Sieg: 1979 in Silverstone. Nachdem die Nr. 1 bei Williams, Alan Jones, angehalten hatte, übernahm Clay die Führung und gab sie nicht mehr ab. Hier folgt ihm Reutemann im Lotus durch die Schikane von Woodcote.

Silverstone 1979. Reggazoni, bei den englischen Fans immer beliebt, winkt im Triumph. Neben ihm die zweit- und drittplazierten Arnoux (links) und Jarier.

Bruce McLaren; in meinem Gilles Villeneuve. Ein Tod bedeutet eine Abwesenheit, ein Wischen der Schiefertafel, wenn nicht der Erinnerung. Der Motorsport hat sehr viele Männer getötet, aber, für diejenigen von uns die nicht zur Familie gehören, gibt es immer die zweckdienlichen und tröstenden Gedanken: «Er wusste was er tat, niemand hat ihn gezwungen in den Wagen zu steigen.» Unfälle neigen daher, alles oder nichts zu sein. Der Mann stirbt oder er erholt sich wieder, wenn auch zernarbt wie Niki Lauda. Aber Regazzoni, der Teamgefährte Laudas von einst, wurde vom Motorsport zum Krüppel gemacht, und das ist weniger leicht zu akzeptieren. Während dem Training in Monaco 1985 sah ich ihn als arbeitenden Zuschauer am Casinoplatz. Nach einigen Minuten fiel es mir ein: Er STAND, lehnte gegen die Barriere, Stoppuhr in der Hand. Peinlich ungeschickt sagte ich ihm später, wie gerührt ich gewesen war, und das herrliche Lächeln machte ihn wieder zum alten mexikanischen Bandit. Er war immer noch unser Clay.

Ich hatte ihn so oft in Rennwagen, bei Fussballspielen, bei Tennis und Golf gesehen. Er war in jeder Hinsicht ein aktiver Mann, der alle Arten von Sport schätzte. «Lange bemitleidete ich mich selbst», sagte er, «aber wenn so etwas passiert sieht man eine neue Welt – eine Welt, worüber man sich vorher nie Gedanken machte. Und man schämt sich. Ich erinnere mich noch, wie Gunnar Nilsson von den Kindern in seinem Krebsspital sprach; dass er jahrelang ein schönes Leben hatte, was sie nie haben würden. Und ich, ich kann immer noch meinen Ferarri fahren. Ich habe meine Fahrschule für Behinderte. Ich kann immer noch zu den Rennen gehen, daran Spass haben, daran teilnehmen. Ich will nicht, dass man mich bemitleidet, dass ich ihnen leid tue. Ich bin nicht mehr verzweifelt.»

Clay war immer ein würdiger, und nicht nur ein extrem mutiger Mann. Und was ihm seit 1980 gegenübersteht, hat seinen Mut weit mehr herausgefordert, als die zehn Formel 1-Saisons zuvor.

Sechs Jahre später nach seinem Sieg in Silverstone kam Clay zurück nach England, diesmal als Angestellter des italienischen Fernsehens. Er ist immer noch ein wesentlicher Teil der Grand Prix-Familie.

# Carlos Reutemann

## An einem hellen Tag

Wenn Reutemann Autor geworden wäre, wäre er, glaube ich, ein sehr guter gewesen. Er hätte viel in den Papierkorb geworfen, aber was auf den Markt gekommen wäre, hätte ohne Zweifel ein Zeichen seines Genies getragen.

Er wählte aber den Beruf des Rennfahrers, ein Beruf, wo das Können immer zur Schau gestellt ist. Neben den blendenden Manuskripten steht immer eine Vielzahl von überfüllten Papierkörben. Erfolge und Niederlagen sind keine Geheimnisse - sie stehen in der Öffentlichkeit voll zur Schau. In keinem anderen Fahrer habe ich sie so deutlich definiert gesehen wie in Carlos.

Es hat Tage gegeben, wo die Engel an seiner Seite standen und die Konkurrenz zu Nebenerscheinungen degradierten. «Heute, neun Punkte, kein Problem», murmelte er am Morgen vor verschiedenen Rennen. Aber es hat andere Tage gegeben - zu viele für einen Mann seiner Qualitäten -, an welchen seine Anwesenheit auf der Rennstrecke übersehen wurde. Er befand sich immer zwischen krassem Sebstvertrauen und wackelnder Unsicherheit.

«Ich kann ehrlich sagen, dass ich nie in einem Team war, das hundertprozentig hinter mir stand», sagte er mir einmal. Vielleicht war das der Kern von Carlos' Problemen in der Formel 1. Er war nie «einer der Jungs», bevorzugte seine eigene kleine Clique. Er war ein ruhiger, scheuer Mann, und das machte ihn zu einer leichten Zielscheibe.

Irgendwie - nur Reutemann selber weiss wie - gelang es ihm 1981, die Weltmeisterschaft nicht zu gewinnen. Frank Williams schreibt einen Teil der Schuld korrekterweise seinem Team zu. «Was die Ausrüstung angeht, hat Carlos genau das gleiche wie Jones erhalten, aber er hatte mehr psychologische Unterstützung nötig als der Durchschnittsfahrer. Er wollte sich überzeugen, dass alle im Team eine «Ich-liebe-Reutemann»-Anstecknadel und argentinische Halstücher trugen. Vielleicht war es uns zur Zeit zuwenig bewusst.»

Reutemann war daher dem Don Quichotte ähnlich. Für einen Rennfahrer war er ungewöhnlich komplex und sensibel, ein Mann, aus welchem grosse Darbietungen herausgeschmeichelt werden müssen. Aber wenn er das Gefühl hatte, dass die Welt in Ordnung war, war er nicht zu halten.

Seine ganze Karriere fasste sich während seiner letzten Saison 1981 zusammen. Im Jahr zuvor war er als Nummer Zwei hinter Jones zu Williams gegangen. An dieser Position hatte er nichts auszusetzen. Zur Priorität zählte die Weltmeisterschaft für Alain, und die Mission wurde ausgeführt.

Sein Ziel erreicht, hätte Frank die nächste Saison frei lassen sollen. Stattdessen behielt er die «Jones Priorität»-Klausel in Reutemanns Vertrag, und es zeigte sich früh, dass der Argentinier vorhatte, diese zu ignorieren. Zu Beginn des Jahres war Reutemann schnell und gewann das nicht zur WM zählende Rennen in Kyalami ohne Probleme. In Long Beach führte er vor Jones, wurde aber wegen eines dummen Fehler zweiter.

In Rio regnete es, und dort war Carlos immer vorn. Alain wartete, einige Sekunden dahinter, auf das Überholsignal. Trotz den Boxensignalen «JONES-REUT» beendeten sie das Rennen «REUT-JONES«, und nachher waren Alain, Frank - scheinbar alle im Team - sehr wütend.

Es stimmte schon: Unter den Bedingungen seines Vertrags hatte Carlos zweifellos falsch gehandelt. Es war ein Fehler von Williams, die Restriktionen für ein weiteres Jahr aufrechtzuerhalten und ein Fehler von Reutemann, sie zu akzeptieren. Aber so waren die Tatsachen. Carlos musste Frank eine Geldbusse bezahlen, und Alain hat es seinem Gegner nie verziehen. Wenn Carlos einmal die Weltmeisterschaft gewinnen wolle, könne er von seinem Teampartner gar keine Hilfe erwarten.

Ich fand Reutemann nie falsch im Sinne wie Pironi es in Imola gewesen war, aber ich muss gestehen, dass ich den Mann mag und glaube, dass er ehrenwert ist. Er hat ja nicht etwa das Rennen in der letzten Runde von einem vertrauenden Teamgefährten gestohlen, und man merkte eine seltsame Unschuld, als er versuchte, sich zu rechtfertigen.

«Jones war mit Recht verärgert, dagegen kann ich wirklich nichts sagen. Danach war unsere Beziehung gestört. Ich sah das Boxensignal drei Runden vor Schluss, und ich kannte die Vertragsbedingungen, aber war trotzdem in einem Dilemma.»

«Seit dem Beginn meiner Karriere bin ich immer zur Startlinie gefahren mit dem Vorhaben, das Rennen zu gewinnen. Jetzt wollte man, dass ich den Sieg verschenke, einfach so. Wenn ich das mache, dachte ich mir, dann halte ich den Wagen hier an, mitten auf der Strecke, und fliege sofort zu meiner Farm in Argentinien zurück. Fertig. Kein Rennfahrer mehr . . . ».

Was würde passieren, fragte ich, wenn die gleiche Situation nochmals vorkäme?

«Das ist eine schwierige Frage. Ich glaube nicht, dass es nochmals passiert, aber ich denke, ich würde die gleiche Entscheidung treffen wie in Brasilien.»

CART
NOEL

Wie 1974 in Kyalami und Zeltweg waren Reutemann und der Brabham BT44 in Watkins Glen eine Klasse für sich. Der drittplazierte Hesketh von Hunt befindet sich hier hinter dem Argentinier.

Monate später änderte sich Frank Williams Meinung über das Ereignis - vielleicht wurde er von Jones' Entscheidung, in letzter Minute zurückzutreten, beeinflusst. «Mich interessiert nur das Team und die Punkte, die wir gewinnen. Mir ist es egal, wer sie gewinnt, das spielt doch keine Rolle. Die Fahrer sind ja nur meine Angestellten.»

Damals zeigte sich allerdings eine deutliche Kühlheit Reutemann gegenüber. Er und Jones waren nicht mehr Teamgefährten sondern nur Individuen, welche sich zufälligerweise in der gleichen Box befanden. Durch die Saison hindurch verpasste der zermürbende Australier keine Gelegenheit, seinen Rivalen reinzulegen.

Carlos liess sich, wenigstens was seinen Fahrstil betrifft, nichts anmerken. Seinen legendären Ruf der Unbeständigkeit hatte er offenbar abgelegt. Das von ihm gewonnene Rennen in Zolder war sein fünfzehntes aufeinanderfolgendes Resultat in den Punkterängen, ein Rekord, welcher wahrscheinlich nie geschlagen wird.

Der Grosse Preis von Belgien war aber auch von einem anderen Standpunkt aus signifikant. Als Reutemann nach dem ersten Training die Boxenstrasse entlang fuhr, fiel ein Osella-Mechaniker von der Boxenmauer direkt vor das Auto. Man konnte nichts dagegen tun; in der schmalen Boxenstrasse bot sich kein Platz zum Ausweichen. Der junge Mann starb später im Spital.

Carlos zeigt zwar nie seine Gefühle, ist aber ein sensibler, mitleidsvoller Mann, einer, der mit dieser Art von Tragödie schlechter als andere fertig wird. Er war tief schockiert, und ich fragte mich, wie sich der Vorfall auf sein Wochenende auswirken würde, weil es einen wichtigen Test für seinen Charakter darstellte. Er überstand die traurige Prüfung trotz eines Fahrers und Managers eines rivalisierenden Teams, welche auf bisher unbekannte Tiefen sanken, indem sie seine unglückliche Lage verspotteten, offenbar in der Hoffnung, seinen Kummer zu vergrössern und ihn vorübergehend aus dem Gleichgewicht zu bringen.

Carlos (wie die meisten Brabham-Leute) hatte für Ecclestones Entscheidung, Alfa Romeo Motoren zu verwenden, wenig Verständnis. Hier versucht Reutemann mit BT45 in Jarama 1976 sich den Ensign von Amos vom Leibe zu halten.

Solche Leute gehören in ein Gebäude mit Schaumgummi an den Wänden, und diese netten Leute waren genug Anlass, Carlos in Las Vegas mehr moralische Unterstützung als sonst zukommen zu lassen - das, und die Tatsache, dass er nach Italien flog, um die Eltern des Verstorbenen zu besuchen.

Nach dem britischen Grand Prix führte Reutemann die Weltmeisterschaft mit siebzehn Punkten Vorsprung überzeugend an. Es blieb nur noch ein halbes Dutzend Rennen - wie könnte er verlieren? Erstaunlicherweise fand er einen Weg.

Um diese Zeit habe ich ihn für einen Bericht interviewt und begann die Spuren eines schwindenden Selbstvertrauens zu entdecken. Wir kennen die Klischees des modernen Sports nur zu gut, etwa «nehme einen Schritt nach dem anderen . . . », aber auch in dieser Hinsicht war Carlos mehr als nur vorsichtig.

«Es bleibt noch ein langer Weg», sagte er mit einer charakterischen Grimasse. «Ich muss mir den Rest der Saison gut durchdenken. Im Moment läuft alles bestens - zu gut eigentlich, und das macht mir Sorgen. Um ehrlich zu sein, fühle ich mich ein bisschen allein . . . ». Das war der reine Reutemann.

Zur gleichen Zeit wettete Carlos mit einem meiner Kollegen 50 $, dass er die Weltmeisterschaft NICHT gewinnen würde - er sah die Wette offenbar als eine Art abergläubische Versicherung.

Danach fiel Reutemanns Saison auseinander. Die nachfolgenden Rennen brachten ihm nur sechs Punkte, und in der gleichen Periode holte sich Piquet 24. Reutemann hatte ein wunderschönes Rennen in Hockenheim, fiel jedoch mit einem blockierenden Motor aus. Anderswo war er selber schuld. In Holland war er so nervös, dass er in Laffite hineinfuhr.

«Hast du Carlos' Zeit gesehen? Unglaublich!» Ich sehe immer noch, wie Villeneuve nach dem Training in Monza mit den Augen rollte. Tatsächlich, Reutemann hatte die beste Runde der Saison aufgestellt. Auf dieser extrem schnellen Leistungsstrecke stand er, mit einer Zeit mehr als eine Sekunde schneller als Jones und Piquet, auf der zweiten Startposition zwischen den Renaults. Aber während dem Rennen regnete es, und er beendete es eine halbe Minute hinter Alans zweitem Platz.

Kanada - wieder Regen. Carlos übernahm die Führung, war fünfter nach einer Runde und neunzehnter nach sechs. War das der gleiche Mann des Tages im Monsun von Rio? Ja, die Michelins hatten sich dort bewiesen, und hier taten es die Goodyears nicht, aber auch Piquet verwendete die amerikanischen Reifen und wurde nur einmal überrundet. Sieger Laffite überrundete Reutemann dreimal.

Beim letzten Rennen ging er mit einem Punkt Vorsprung zur Startlinie. Er legte die Niederlage von Montreal beiseite und zeigte sich im Training brillant. Nach der ersten Session hatte er schon die Pole in der Tasche. Während der Tage vor dem Rennen übersprudelte er von Selbstvertrauen und gutem Humor. Im Rennen verblich er zu nichts.

Es war mir peinlich, ihm an diesem Nachmittag zuzusehen. Er hatte ein phänomenales Talent, warum verschwendete er es so oft? Später murmelte er etwas von Gegengewicht und Schaltproblemen, aber die Wahrheit ist, dass er wie ein Mann gefahren war, der die Weltmeisterschaft gar nicht haben wollte.

Vielleicht hatte er tatsächlich Probleme mit dem Wagen, aber das erklärte nicht seinen Mangel an Aggression gegen einen Rivalen, der während dem letzten Viertel des Rennens beinahe bewusstlos war – noch wie ein Mann auf der Pole Position, der unmittelbar vor dem Titel stand, schon in der ersten Runde auf die vierte Position gekommen war.

Um Weltmeister zu werden, musste Carlos bloss den leidigen ungesunden Piquet hinter sich halten, aber er liess den Brabham vorbei, als sei er überrundet worden. Seine Fahrt an diesem Tag bleibt die unerklärlichste, die ich je gesehen habe. Las Vegas, eine passende unbarmherzige Stadt, war die Szene einer tiefen Tragödie im Leben eines grossen Rennfahrers. Als der Sieger Jones und Piquet auf dem Podest feierten, lief Reutemann in aller Stille in seinem eigenen kleinen Unglück davon.

Ich habe Carlos immer gern gehabt, obwohl ich, wie die meisten Leute, nicht behaupten kann, ihn wirklich zu kennen. Seine Sprache widerspiegelte seine aktuelle Fahrlaune. Einige Tage kamen nichts als Einsilben und Gesichtsverdrehungen heraus: »Eest seehr schwieerig hiär..«. Aber es hat auch Tage gegeben, an welchen er echt gesprächsfreudig war, ein bisschen beunruhigend, da so unerwartet. Man gewöhnte sich leicht an seine Ingmar Bergmann-Depressionen.

Während seinen zweiten Jahres bei Ferrari war er, glaube ich, am glücklichsten. Für die meisten Leute bleibt das Jahr 1978 nur deswegen in Erinnerung, weil der Lotus 79 dominierte. Andretti gewann die

Reutemann und sein Ferrari 312T3 qualifizierten sich 1978 in Brands Hatch nur als achter, feierte aber einen unvergessenen Erfolg. Spät im Rennen setzte er Lauda unter Druck, bis dieser eine Fehlentscheidung traf.

Weltmeisterschaft und sechs der Läufe. Man übersieht dabei, dass Reutemann vier Rennen im T3 gewann - ohne Bodeneffekt.

In jener Saison hatte er eine gute Beziehung zu seinem Teamgefährten, was sehr ungewöhnlich war. Im vorigen Jahr mit Lauda hatte es Probleme gegeben, da Niki seine Anwesenheit bei Ferrari vom Anfang an übelnahm. Bei Lotus gab es kein freundliches Verhältnis mit Andretti, und von den Jahren mit Jones wissen wir bereits. Aber mit Villeneuve verstand er sich gut.

Zu Beginn der Saison 1978 war Gilles noch ein Grand Prix-Neuling und Carlos der indisputable Teamchef. Hier gab es keinen Kampf des Stolzes, auch während der Saison nicht, obwohl Villeneuve immer stärker wurde. Mit Gilles, sagte Carlos, gab es eine offene Kameradschaft, kein Anzeichen von Polemik, und das fand er erfrischend.

«Ich würde nie etwas gegen Villeneuve sagen, gegen Ferrari auch nicht. Die Atmosphäre dort war ein bisschen «Cassino», aber es war eine glückliche Zeit für mich. Ich wäre gern geblieben, aber es gab eine Dauerromanze zwischen Ferrari und Scheckter.»

Schon im August wurde es bestätigt, dass Scheckter für 1979 zum Teampartner von Gilles werden sollte, und innerhalb eines Monats hatte Carlos für Lotus unterschrieben. 1979 war ein Jahr voller Miseren, der Tiefpunkt seiner Karriere in der Formel 1, und ich habe das Gefühl, dass Carlos es schon ahnte, bevor er seine Arbeit bei Colin Chapman aufnahm.

«Was habe ich hier gemacht?», grollte er in Monza. «Bei Lotus unterschrieben, ich muss wahnsinnig sein . . . ».

Die Ereignisse bewiesen, dass er recht hatte. 1979 fiel Lotus aus grosser Höhe auf die Erde zurück. Chapmans Stärke, sein Genie, lag immer in originellen Ideen, in dem Betreten von Neuland. Von ihm stammte die Theorie des Bodeneffekts; 1979 hatte er davon profitiert, und 1980 wurde er von seinem eigenen Kind überrumpelt.

Mario verwendete das neue Auto für die ersten Rennen des Jahres, Carlos den immer noch überle-

Reutemann unterschrieb bei Lotus einen 3-Jahres-Vertrag, war aber vom Team so enttäuscht, dass er es 1979, nach nur einer Saison, wieder verliess. Hier in Monaco hatte er eine schlechte Startposition, wurde aber trotzdem dritter.

Reutemann hätte 1981 die Weltmeisterschaft mit Williams gewinnen sollen. Frank gibt zu, dass er seinem Fahrer mehr moralische Unterstützung hätte geben sollen. Trotzdem bleibt Carlos' gemütliche Darbietung in Las Vegas ein Rätsel.

genen 79er. Mit der Zeit nahm Andretti es Reutemann übel, dass er offensichtlich seinen Teil zur Weiterentwicklung des 80er nicht beitragen wollte.

«Vom Anfang an hatte ich nichts für Lotus übrig – weniger sogar als mein letztes Jahr mit Ecclestone und seinen Brabham-Alfas. Chapman war ein grossartiger Ingenieur, aber ein sonderbarer Mensch. Ich wurde nicht fertig mit ihm. Zu Mario hatte er eine andere Beziehung, aber er war bereit, Mario zu feuern, wenn ich für 1980 bleiben würde! Wie lang dauert es, dachte ich, bevor das auch mir passiert?»

Wir waren wieder bei alten Problemen. Teambesitzer, behauptete Carlos, hatten immer ein besseres Verhältnis mit ihrem Teampartner. Ecclestone kam mit Pace besser aus, Chapman mit Andretti, Williams mit Jones. Es fiel ihm scheinbar nie ein, dass es nicht nur Zufall war, dass seine eigene Distanz gegen ihn wirkte.

Man kann vieles über einen Rennfahrer lernen, wenn man mit seinen Mechanikern spricht, besonders mit denen, welche lange im Geschäft gewesen sind. Für viele wird es nie wieder einen Jimmy geben, einen Jochen oder Ronnie. An einige erinnern sie sich mit Hohn, mit Abneigung, an andere mit professionellem Respekt, wenn nicht gerade mit Liebe. Carlos fällt in die letzte Kategorie: «An einem guten Tag war er eine Klasse für sich, aber ich habe ihn nie wirklich kennengelernt . . . ».

Er verliess Lotus wie er Brabham verlassen hatte – er kaufte sich aus dem Vertrag frei und zog zu Williams um. Hier begannen wir seine Geschichte.

Nach Vegas, wo er es Piquet erlaubte, seine Weltmeisterschaft zu klauen, bekam er von seinen Kollegen nur wenig Mitleid. Einer, weder als Mann noch als Fahrer in Reutemanns Klasse, war von seiner Darbietung erstaunt. «Was hat er sich gedacht, den Nelson so vorbeizulassen?», fragte er nachher. So weit war ich seiner Meinung, aber dann kam – «Ich meine, er hätte ja den Piquet nur in die Mauer drükken müssen und er hätte die Meisterschaft gewonnen . . . ».

Dort trennten wir uns, in den Gedanken sowie physisch. Für einen Mann wie Carlos wäre das kein Sieg gewesen. Er war zu aufrecht, zu stolz, um an einen solchen Trick zu denken.

Die Meldung seines Rücktritts wenige Tage nach

Las Vegas kam nicht als Überraschung, und wir waren alle erstaunt, als er später doch die Meinung änderte. Zu Beginn von 1982 war er wieder bei Williams, wieder unter den Leuten, die ihn vor Las Vegas so offen beleidigt hatten. In Kyalami brillierte er wieder und wurde zwischen den Renaults zweiter. In Rio war er nicht besonders, landete schliesslich in den Leitplanken, und dann entschied er sich unwiderruflich aufzuhören.

Vielleicht hatte sich zu vieles geändert. In Südafrika hatte der Fahrerstreik stattgefunden, sowie die wilde Nacht im Sunnyside Park-Hotel in Johannesburg. Für einige der jüngeren Fahrer war das sicher sehr lustig gewesen, nichts Schlimmes, aber für einen Mann wie Carlos - den stolzen Lateinamerikaner, seit zehn Jahren ein Star - war es unwürdig und verwirrend. Er war fast vierzig Jahre alt, und der Grand Prix-Sport befand sich gerade in einer Zeit von Anarchie und Unruhe. Warum sollte er noch länger mitmachen?

Etwa ein Jahr später erwähnte ich das Thema. Er war als Zuschauer zum Rennen gekommen. Er sah immer noch wie ein aus der Hauptform gegossener Rennfahrer aus: Braunes Gesicht, elektrische blaue Augen hinter der teuren Sonnenbrille versteckt.

Einige waren der Meinung, er habe gewusst, in welche Richtung die Falkland-Auseinandersetzung führte, und dass seine Position - ein Argentinier in einem britischen Team - unmöglich war, dass er zurückgetreten ist, um Williams und sich selber aus einer peinlichen Lage zu befreien.

«Nein, das war es nicht», kam die schnelle Antwort. «Es hätte Schwierigkeiten geben können, sicher. Wenn Du es wirklich wissen willst, okay: Ich wurde plötzlich sehr müde. Die ganze Ambiance des Rennens hatte sich verändert. Es machte keinen Spass mehr. Ich war Rennfahrer, weil ich gern schnell fuhr, weil ich es liebte, einen Wagen präzis zu fahren, und aus diesem Grund konnte ich die Schürzenwagen nicht leiden. Das Schnellfahren war immer noch schön, das Fahren selber jedoch nicht.»

«Und was das Verschenken der Weltmeisterschaft 1981 betrifft, nun, ich habe immer gesagt, wenn es passiert, fein, dann passiert's. Wenn nicht, das Leben geht weiter. Die Sonne würde immer noch am gleichen Platz sein. Und das ist sie auch . . . »

1981 in Zolder zeigte Reutemann überwältigende Entschlossenheit und konnte die Trainingstragödie aus seinen Gedanken verbannen. Es war sein letzter Grand Prix-Sieg.

# Jochen Rindt

## Tragischer Titel

Eines Morgens im Sommer 1969 befand ich mich auf der M4-Autobahn in Richtung Flughafen Heathrow. Ich war der stolze Besitzer eines Lotus Elan und ich fuhr ziemlich schnell, da ich, wie immer, verspätet war. Der Verkehr war ziemlich leicht und einer der Wagen, welche ich überholte, war ein gelber Elan Plus 2, der auf der Überholspur herumtrödelte. Einen Moment später hatte er aufgehört zu lauern und befand sich, mit blinkenden Scheinwerfern, an meinem Heck. Eine zeitlang blieben wir so, fuhren schneller und schneller, bis ich schliesslich zur Seite ging, um ihn vorbeizulassen.

Aber der gelbe Plus 2 überholte mich nicht. Stattdessen erschien er neben mir und blieb dort. Der Fahrer, ein breites Grinsen im Gesicht, war Jochen Rindt. Ich bin beinahe von der Straße abgekommen!

Das wichtigste an Jochen war, dass alles, was er unternahm, zu einer Konkurrenz wurde. Natürlich zeigte es sich beim Fahren, aber für ihn galt es auch beim Tischtennis oder Kartenspielen.

Zur Zeit des Ereignisses auf der M4 war meine einzige Verbindung mit dem Rennsport die eines Fans. Rindt und ich kannten uns überhaupt nicht, also spielte er nicht etwa mit einem Freund. Er wurde einfach von einem Elan überholt, und seine Wettlust wurde geweckt. Das kleine Rennen mit mir war typisch Rindt.

Wenn ihm danach war, war er in einem Rennwagen zu allem fähig. Ihm war 1969 in Silverstone zweimal danach. Es war seine erste Saison mit Lotus, aber schon im April schien es, als sei zwischen Rindt und seinem neuen Team nicht alles in Butter. Jochen machte aus seiner Kritik an Colin Chapman und wie er seine Mannschaft leitete kein Geheimnis. Als der erste Qualifikationslauf für das Daily Express Trophy-Rennen begann, war das Gold Leaf-Team Lotus nirgends zu sehen. Der berühmte Transporter mit der stolzen Legende »Racing for Britain« erschien nicht. Offenbar benötigte man für das Training for Britain nur einen Tag. Samstag würde genügen.

Freitag war ein perfekter Tag, und während Stewarts Matra, Black Jacks Brabham und Amons Ferrari den Rundenrekord einer nach dem anderen hinunterhämmerten, musste Jochen wütend dasitzen und zusehen. Am Samstag goss es in Strömen. Die Zeiten waren um fünfzehn Sekunden langsamer, und Lotus war in der Scheisse.

Zu Beginn der letzten Qualifikation sah die Lage hoffnungslos aus. Es hatte zwar aufgehört zu regnen, aber die Strecke war immer noch glatt. Dann kam Rindt mit grimmigem, verschlossenem Gesicht heraus, und plötzlich wussten wir, warum wir von weit her gekommen waren, um kalt und nass in einem Feld in Northamptonshire zu stehen. Vor unseren Augen lief eine meisterhafte Darbietung ab.

In der Woodcote-Kurve schaute ich zu. Eine Reihe von Wagen - Brabham, Siffert, Ickx - kamen durch, schleuderten und sprangen bis auf das Gras, und dann Rindt, der Lotus 49 mit einer anderen Art von Geschwindigkeit und ich wusste, wusste ganz sicher, dass er diesmal sein Tempo falsch eingeschätzt hatte, dass er niemals heil durch die Kurve kommen würde. Aber ich hatte schon wieder unrecht.

Alle neunzig Sekunden gab es auf der Tribüne ein lautes Schlucken, wenn Jochen seinen Wagen auf den Scheitelpunkt der Kurve zielte, und anschliessend ein hörbares Aufatmen, wenn der Wagen in Richtung Brücke wegdonnerte. Woodcote war wieder besiegt.

Das Resultat war eine Runde, welche für einen Platz in der dritten Startreihe ausreichte. Der Renntag war kalt und regnerisch und wir fragten uns, ob es Rindt gelingen würde, seine Form des Vortages zu wiederholen. Vor ihm auf der Startlinie befanden sich sieben Wagen, aber seine Aufgabe war leichter als die von Stewart. Der neue Matra MS80 hatte sich unter den schlechten Bedingungen am Samstag als beinahe unfahrbar erwiesen, und Jackie hatte sich entschlossen, auf seine Pole Position zu verzichten und den MS10 - eine bekannte Grösse im Regen - aus der letzten Startreihe zu starten. Stewart und Rindt mit vielen Wagen, die sie überholen müssten - welche schöne Aussichten!

Wie es aber in solchen Situationen so oft der Fall ist, war die hoffnungsvolle Hinfahrt nach Silverstone das Beste an diesem Wochenende. Kurz nach dem Start war es allen klar, dass zwei der Favoriten, Amon und Rindt, von Problemen geplagt waren. Chris hatte das nasse Samstagstraining verpasst und konnte seinen Ferrari nur mühsam unter Kontrolle halten. Jochens Wagen lief auf nur sechs oder sieben Zylindern und fiel mit nasser Elektrik zurück. In den ersten Runden bot nur Stewart etwas fürs Auge. Er schnitt seinen Weg durch das Feld und gewann schnell Plätze.

Plötzlich kam Leben in das Rennen. Rindts Cosworth lief auf acht Zylindern! Inzwischen befand er sich an elfter Stelle, aber innerhalb von fünf Runden hatte er fünf Plätze gutgemacht und war zwei Sekunden pro Runde schneller als der führende Jack Brabham.

Die Bedingungen waren zu diesem Zeitpunkt

furchtbar. Es goss in Strömen und die Sicht war praktisch Null. Rindt überholte Stewart wie einen Überrundeten und befand sich damit auf dem vierten Platz. Vor ihm lagen Brabham, Ickx und Courage. Piers und Jacky stritten sich um den zweiten Platz, und unterwegs zur Stowe trafen sie alle mit den inzwischen überrundeten, um den siebten Platz kämpfenden Graham Hill und Pedro Rodriguez zusammen.

Hier haben sie die Zutaten eines gefährlichen Zusammentreffens am Ende einer Geraden, aber es kam anders. Hinter dem Quartett, im Gischt kaum auszumachen, kam Rindt. Als die fünf Wagen sich der Kurve näherten war Jochen hinten. Als sie aus der Kurve herauskamen war er vorn...für die anderen extrem verwirrend.

Zwanzig Runden vor Schluss betrug Brabhams Vorsprung fast dreissig Sekunden, aber Jochen weigerte sich aufzugeben und der Rückstand schmolz zusammen. In jeder Runde erschien der Lotus mit haarsträubenden Driftwinkeln in der Woodcote-Kurve, er sprang hin und her, der Motor schrie, als die Hinterräder nach einem Halt auf der Strasse suchten. Es war, als ob die Strasse sich bewegte, um den Wagen zu zügeln. Es war rührend zuzusehen, wie der Mann einen seiner besten Tage erlebte.

In einigen Runden gewann er vier Sekunden, aber schliesslich gingen ihm die Runden aus. Als Jack sich zum letzten Mal Copse Corner näherte, hatte er immer noch neun Sekunden Vorsprung - dann ging ihm das Benzin aus! Durch Abbey war ihm Rindt noch näher, aber es war zu spät. Mit totem Motor rollte Brabham nur ein paar Sekunden vor dem Lotus über die Ziellinie. Die anwesenden Zuschauer sprechen heute noch von diesem Tag.

Rennenthusiasten in der ganzen Welt, und besonders in England, verloren ihr Herz an Rindt. Scheinbar passte er genau in die Vorstellung, wie ein Rennfahrer sein sollte. Er hatte viel Sinn für Humor, welchen er in mehreren Sprachen zur Geltung bringen konnte. Er war genügend arrogant und stand, was sein Talent betraf, unter keiner Illusion. Er wusste genau, wie gut er war und versuchte es nie zu verstecken. «Ich habe nur zwei Rivalen - Stewart und Amon», sagte er einmal. Es dauerte aber lange , bis er in der Formel 1 Erfolg hatte.

Obschon er 1966 in der Weltmeisterschaft dritter wurde, hatte er keinen Grand Prix gewonnen. Die darauffolgenden zwei Jahre waren katastrophal. 1967 wartete er nur die Zeit ab, bis sein Vertrag mit Cooper vorüber war, und zeigte wenig Enthusiasmus für den Wettbewerb.

1968 unterschrieb er bei Brabham und genoss die Saison trotz der Tatsache, dass die Repco-Vier-Nokkenwellen fürchterlich unzuverlässig waren. Nach seiner Entscheidung, für das Jahr 1969 Cosworth-Motoren einzusetzen, wollte Brabham Rindt in seinem Team behalten. Der Österreicher überlegte sich das Angebot lange und gründlich, bevor er den unglücklichen Entschluss fasste, zu Lotus zu gehen. Er war besessen von der Idee, Weltmeister zu werden und er glaubte, dass Lotus ihn dorthin bringen könnte. 1969 bereute er seine Entscheidung.

Seine ersten Einsätze für Chapman waren in der Tasman-Meisterschaft. Einige gewann er, einige verlor er, und er wurde zweiter hinter Amon. Er kam als unglücklicher Mann von den Antipoden zurück. Ein Unfall in Levin - nicht seine Schuld - hatte ihn beunruhigt. Das Silverstone-Trainingsfiasko beunruhigte ihn auch. Barcelona tat mehr als das. Jochen holte sich die Pole Position im wunderschönen Montjuich Park, und im Rennen führte er vor Amons Ferrari bis zu seinem schrecklichen, durch einen gebrochenen Hinterflügel verursachten Unfall.

Es war die Ära der riesengrossen, hohen Flügel, auf dünne Trägern montiert, die öfters abbrachen. Der 49er von Hill hatte nur Minuten zuvor einen ähnlichen Unfall gehabt und Jochen fuhr in das Wrack hinein. Der Wagen wurde vollkommen ruiniert, der Fahrer kam mit «nur» einem gebrochenen Kiefer und einer Gehirnerschütterung davon. Der Unfall diente dazu, Rindts Vorstellungen von der allgemeinen Sicherheit im Motorsport grundlegend zu ändern.

Im Spital hatte er Zeit nachzudenken. Seiner Gehirnerschütterung wegen musste er Monaco auslassen und während seiner Erholung zu Hause in der Schweiz schrieb er Chapman einen Brief, der so stark war, dass er auf den Rat eines Notars hin später aus der englischen Ausgabe von Heinz Prüllers exzellenter Biografie herausgelassen werden musste. Im Brief legte Jochen wie immer seine Karten offen auf den Tisch: Die Wagen waren nicht stark genug; sie waren nicht genügend konkurrenzfähig, um mit den für eine Verstärkung benötigten, zusätzlichen Kilos fertig zu werden; er könne nur einen Wagen fahren, welchem er vertrauen könne - und ehrlich gesagt, war er dabei, das noch verbleibende Vertrauen zu verlieren . . .

Wie alle wirklich grossen Fahrer konnte Rindt alles «künstliche», welches dazu diente, einen Rennwagen «auszubalancieren» und ihn leichter zu fahren machte, nicht ausstehen. Das ist verständlich, da es gegen den Künstler arbeitet, sein Talent verdeckt. Darum hasste er Flügel an Rennwagen und war hocherfreut, als die Stelzenflügel verboten wurden. Trotzdem lief 1969 nichts wie es sollte. Jochen brannte darauf, ein Formel 1-Rennen zu gewinnen. Immer wieder startete er von der besten Startposition aus und donnerte los - bis am Wagen etwas kaputt ging. In Clermont Ferrand musste er anhalten, weil ihm schlecht war - ein Überbleibsel des Unfalls von Barcelona. Alles ging schief.

Beim britischen Grand Prix in Silverstone boten er und Stewart einen unvergesslichen Kampf, und Jochen schien die Oberhand zu haben. Nach fünfzig Runden hatte der Lotus drei Sekunden Vorsprung vor dem Matra, aber plötzlich kam Stewart näher und näher und schliesslich überholte er ihn.

Firestone

Auf nasser oder trockener Fahrbahn war sein Stil derselbe. 1969 bestritt Jochen zwei unvergessliche Rennen in Silverstone: Beim Internationalen Trophy (oben) und beim britischen Grand Prix (unten). Bei beiden wrang er das möglichste aus seinem Lotus 49 heraus. Bis zum Grand Prix wurden die lächerlich schwachen und hässlichen hohen Flügel aus Sicherheitsgründen verboten.

Die linke Seitenplatte der Flosse war eingeknickt und touchierte den Reifen. Der Lotus kam in die Box, sein Fahrer weiss vor Wut. Es dauerte eine halbe Minute, bis die Seitenplatte entfernt wurde.

Ein Sieg kam nicht mehr in Frage, aber Jochen lag immer noch an einer sicheren zweiten Stelle. Einige Runden später verlor er auch diese Position, da ihm das Benzin ausging und er erneut anhalten musste. Er beendete das Rennen auf dem demoralisierenden vierten Platz - und diese drei Punkte waren seine ersten der Saison.

Rindts Rennen hatten eigentlich seinem Team geschmeichelt. Wieder war der Lotus zu Beginn des Trainings nirgends in Sicht - diesmal, weil alle Wagen ausser einem verkauft worden waren! Chapman beharrte darauf, dass der Lotus 63 mit Vierradantrieb die einzige Lösung war, und Jochen bestand darauf, ihn nicht zu fahren. Seiner Meinung nach war er nicht sicher genug. Er verlangte für den Rest der Saison einen 49er und dann könnten sie ihn alle am Arsch lecken.

Es mangelte nicht an Angeboten für 1970. Brabham wollte ihn zurückhaben und Jochen wäre gern zurückgekehrt. Und es gab noch March, eine junge Mannschaft,die gerade ihre ersten Schritte machte. Robin Herd hatte Jochen schon von Anfang als einzigen Fahrer einstellen wollen. Als die neue Organisation ausser Kontrolle zu geraten schien, lehnte Rindt dankend ab. Zur gleichen Zeit begann sich das Verhältnis zu Lotus langsam zu bessern.

Am Nürburgring sprachen sich Chapman und Rindt zum ersten Mal tüchtig aus. Colin versprach einen neuen Wagen mit Zweiradantrieb für 1970 vorzubereiten. Ferner, sagte Chapman, sei Rindt die unwiderrufliche Nummer Eins. Hill würde man an Rob Walkers Privatteam vermieten können.

Für Jochen klang das alles sehr attraktiv, und auf der Rennstrecke machte sich der Fortschritt bemerkbar. In Monza wurde er Zweiter, in Mosport Dritter und, endlich, in Watkins Glen, Erster. Jahrelang hatte er die Formel 2 beherrscht, und jetzt gehörte er zur Spitze der Formel 1. Eine grosse Hürde war erfolgreich übersprungen.

Wenn die Rede von Jochen Rindt ist, denken viele an Monaco 1970. Während der Tage vor dem Rennen war er niedergeschlagen. Der neue Lotus 72 - Chapmans versprochenes Meisterwerk - war bis jetzt ein riesiger Reinfall gewesen. Er war ihn in Jarama und Silverstone gefahren und er gefiel ihm ganz und gar nicht. In Monaco verwendete er also den 49er, und er räumte sich überhaupt keine Siegeschancen ein. Er war nur in Monaco, da sein Vertrag seine Anwesenheit verlangte - das war jedenfalls unser durch seine schlechten Trainingszeiten bestätigter Eindruck.

Im Rennen blieb er brav, aber ohne Enthusiasmus, in fünfter Position. Erst als Stewart, Amon und andere ausfielen, begann Rindt Gas zu geben. Vor ihm lag nur der Brabham: Schaffe ihn beiseite und Jochen würde die Prinzessin kennenlernen! Aber Jack befand sich fünfzehn Sekunden voraus und es blieben nur noch wenige Runden.

Es dauerte lange, bis Rindt seinen ersten Grand Prix-Sieg feiern konnte, aber 1969 in Watkins Glen passte endlich alles zusammen. Jochens guter Freund Piers Courage wurde in Amerika mit dem Brabham von Frank Williams zweiter.

Jochen, seinem offenen Bell-Helm treu, sitzt während des Trainings für den Grossen Preis von Holland, 1970 im Lotus 72. Am nächsten Tag gewann der Wagen seinen ersten Grand Prix.

Vielleicht waren Sie dort, oder Sie haben das Rennen am Fernseher miterlebt. In diesem Fall erinnern Sie sich bestimmt an die letzten Runden von Monaco 1970. Sie werden sich daran erinnern, wie Jochen den 49er wie einen Formel 3-Wagen durch den Casinoplatz warf, wie er den Rundenrekord zerschmettere, wie er näher und näher an Brabham herankam.

Beim Beginn der letzten Runde hatte Brabham immer noch ein paar Sekunden Vorsprung, aber Rindt wollte nicht aufgeben. Und, kaum zu fassen, Brabham liess unter dem Druck nach und krachte in der letzten Haarnadelkurve in die Barriere.

Ich stand dort mit meinem Fotoapparat in der Hand; ich wusste, dass es knapp sein würde. Im Sucher sah ich, wie Jack seine Linie verlor und in meiner Richtung durch den Staub rutschte. Schockiert nahm ich den Apparat herunter, reagierte aber doch schnell genug, um Jochen am Scheitelpunkt zu knipsen. Im Foto blickt er nach links und schaut ungläubig dem Brabham zu. Monaco gehörte ihm.

Im Durcheinander nach dem Rennen hörten wir den Kommentator einen neuen, in der letzten Runde von Rindt aufgestellten Rundenrekord bekanntgeben: 1:23,2. Die Zeit war eine Sekunde schneller als Stewarts Pole-Position Zeit, und fast drei Sekunden schneller als Jochens beste Trainingszeit!

Ich hatte nie so viel Emotion nach einem Rennen gesehen wie dort. Dort oben stand er, neben dem Fürstenpaar, und winkte mit tränennassen Wangen der jubelnden Menge zu.

Ein paar Stunden später, eigentlich in den Frühstunden des nächsten Tages, standen er und seine Frau vor dem Casino, und ich sehe noch die Freude in seinem Gesicht, als er sein Glas erhob. Es war echte Freude. Er war glücklich und wollte den Moment mit allen teilen.

Der Sommer von 1970 wurde zu einem des Triumphs. Im modifizierten 72er gewann er in Zandvoort, Clermont Ferrand, Brands Hatch und in Hokkenheim. Das Jahr hatte jedoch auch eine traurige Seite. Bruce McLaren verlor während eines Trainingsunfalls in Goodwood sein Leben, und dann wurde Jochens grosser Freund Piers Courage beim Grossen Preis von Holland getötet. Der Rücktritt, das Überleben, zog mehr und mehr in seine Gedanken ein.

Ich ging 1970 nach Monza, aber nur für das Rennen. Am Samstagnachmittag war ich noch in meiner Wohnung beim Packen. Im Wohnzimmer lief das Radio und ich hörte die Meldung über Jochen Rindt und Monza. Er stand nur einen kleinen Schritt vor seiner grössten Ambition.

Der 72er war während der Saisonmitte 1970 beinahe unschlagbar, aber diesen Sieg in Brands Hatch verdankte Rindt dem Ausfall von Brabham, als ihm in der letzten Runde das Benzin ausging.

Ironischerweise nahm er diesen Schritt im Tode. Als Jacky Ickx, die einzige Bedrohung für einen Titel, einen Monat später eine Benzinleitung brach, wurde die Weltmeisterschaft des hervorragenden Österreichers posthum bestätigt.

Alle freuten sich. Obschon Jacky und Jochen nie Freunde waren, war die Position des Belgiers nach Monza sehr heikel. Ferrari wurde während der zweiten Hälfte des Jahres sehr stark und es war natürlich Ickx' Aufgabe, wo möglich zu gewinnen.

Er wollte jedoch den Titel nicht stehlen, und nach seinem Sieg in St. Jovite war die Möglichkeit da. Er war daher mit seinem vierten Platz in Watkins Glen nicht unzufrieden, und konnte erleichtert nach Mexiko weiterfahren. Dort gewann er.

Jochen wusste es leider nicht, aber er gewann seinen Titel in Hockenheim im August nach einem langen, ermüdenden Kampf gegen Ickx. Wenn Jacky ihn dort geschlagen hätte, wäre es dem Belgier gelungen, die Weltmeisterschaft mit einem Punkt Vorsprung zu gewinnen. Es gibt nicht viel Gerechtigkeit in der Welt, sagt man. Aber ein bisschen schon.

Der Triumph Rindts beim britischen Grand Prix war im Jahr 1970 sein vierter, und seine Rivalen erkannten, dass die Weltmeisterschaft so gut wie entschieden war.

# Pedro Rodriguez

## Egal wo man ist . . .

Zu Beginn von 1983 gab es in Daytona Beach eine rührende kleine Zeremonie. In dieser Kathedrale des Tourenwagenrennsports nannten sie eine der Kurven nach Pedro Rodriguez, dem zweimaligen Gewinner des 24-Stundenrennens zur Zeit, als Sportwagenrennen noch populärer waren als heute. Anwesend war die Mutter von Pedro. Nein, sagte sie, sie hegte keinen Groll gegen den Sport, welcher ihr die beiden Söhne genommen hat. Sie waren gern Rennfahrer und hatten ihr kurzes Leben voll gelebt.

Während der im Februar stattfindenden Speed Week in Daytona ist es oft kalt, aber das Wetter war immer gut zu Pedro. Gegen Ende seines Lebens errang er in seinem Gulf Porsche 917 zwei grosse Triumphe. Aber es war ein früherer Sieg, 1963, welcher zu den wichtigsten Resultaten seiner Karriere gehörte.

Damals betrug die Renndistanz für die Sportwagen mehr als 1 000 km, und Pedro kam in einem etwas verwirrten Zustand an. Er trauerte immer noch um seinen kurz zuvor gestorbenen Bruder und war sich nicht sicher, ob er zurücktreten wollte oder nicht. Alle sagten, Ricardo sei als Rennfahrer engagierter und talentierter gewesen.

Sein Daytona-Sieg in einem Ferrari 250GTO zusammen mit Phil Hill wischte seine Gedanken unter den Teppich. Er entschloss sich, nicht zurückzutreten, obwohl es einige Jahre dauerte, bis sein Hobby zur Vollzeitbeschäftigung wurde.

Beide Rodriguez Brüder hatten in einem Rennwagen grosses natürliches Talent, und der Reichtum ihres Vaters ermöglichte ihnen, der Welt ihr Können vorzuführen. Don Pedro war dank kluger Grundstücksspekulationen millionenschwer - er kaufte und verkaufte Teile von der Stadt Acapulco, zum Beispiel - und er wollte nichts anderes als seine Söhne ganz oben am Rennhimmel sehen.

Als Resultat waren die Jungs ihren Kameraden immer einige Schritte voraus. Mit elf Jahren nahmen sie bei Motorradrennen teil, mit vierzehn bei Automobilrennen. 1957 besass der fünfzehnjährige Ricardo seinen eigenen Porsche RS und im folgenden Jahr war er tief enttäuscht, aus Le Mans eine Absage zu bekommen. Sechzehn, meinte der Automobile Club de l'Ouest, war zu jung.

1959 teilten sich die Brüder beim 24-Stundenrennen von Le Mans einen OSCA, und es wurde zur Gewohnheit, Teamgefährten zu sein, normalerweise in einem Ferrari für das North American Racing-Team von Luigi Chinetti. Zu dieser Zeit war Ricardo ein bisschen schneller als Pedro, jedoch wilder und unbeherrschter. Seine Wagen mussten schwer schuften, und er hatte viele Unfälle. Einige Zeitgenossen schüttelten den Kopf und sprachen von einer Arglosigkeit von beunruhigendem Ausmass.

Chinetti glaubte hingegen, dass diese Seite von Ricardos Rennpersönlichkeit sich mit der Zeit beruhigen würde. Wenn sich Besonnenheit mit dem explosiven Tempo vermischen liess, wäre das Resultat ein erstaunlicher Fahrer. Er verpasste keine Gelegenheit, die beiden Rodriguez Brüder bei Enzo Ferrari zu loben, und der schlaue Commendatore bot Don Pedro die Möglichkeit, für sie einen Platz im Werksteam zu kaufen.

Ricardo verlor keine Zeit, diese Chance zu ergreifen, aber Pedro entschloss sich dagegen. Er war nicht sicher, ob er Profi werden wollte - was schwer verständlich ist, wenn man seine wenige Jahre spätere impulsive Haltung seiner Arbeit gegenüber bedenkt. Im Moment aber wollte er nicht im Rampenlicht stehen. Er baute sein florierendes Importgeschäft auf und half seinem Bruder bei Sportwagenrennen als Partner.

Ricardo ging zu einem schlechten Zeitpunkt nach Maranello. 1961 waren die Italiener unschlagbar gewesen, aber jetzt, 1962, wurden sie von den neuen BRM- und Coventry-Climax-V8-Motoren in den Schatten gestellt. Am Ende des Jahres weigerte sich Ferrari, Wagen zum ersten mexikanischen Grand Prix zu schicken. Ricardo wollte auf jeden Fall teilnehmen und akzeptierte ein Angebot von Rob Walker, dessen Lotus 24 zu fahren. Gegen Ende des letzten Trainings ging er wieder auf die Strecke hinaus, um die Pole Position von Surtees wegzuschnappen. In einer steilen, schnellen Kurve geriet der Wagen ausser Kontrolle. Als die Streckenposten die Unfallstelle erreichten, war Ricardo Rodriguez nicht mehr zu helfen.

Pedro war natürlich anwesend, um seinem Bruder zuzuschauen, und es dauerte lange , bis er nur von Rennwagen sprechen wollte. Aber die Zeit linderte seinen Schmerz und sein Daytona-Sieg drei Monate später machte die Entscheidung, weiterzumachen, leichter. Drei oder vier Jahre lang hielt er sich an seinen Grundsatz, nur dann zu fahren, wenn es ihm passte. Aber gegen Ende 1966 fühlte er sich bereit, den Sport zum Beruf zu machen. Als John Cooper ihm ausnahmsweise einen Maserati-Cooper für den ersten Grossen Preis des Jahres, in Kyalami, anbot, nahm Rodriguez an - und gewann das Rennen!

Ehrlich gesagt, er hatte dabei eine gute Portion Glück gehabt. Pedro qualifizierte sich zwar als vier-

YARDLEY
TEAM
BRM

Auf seiner Lieblingsstrecke in Spa gelang es Rodriguez beim Grossen Preis von Belgien 1967, den schweren und leistungsschwachen Cooper-Maserati bis auf den vierten Platz zu bringen, musste aber nur vier Runden vor Schluss aufgeben.

ter, sehr viel schneller als der Teampartner Rindt, verlor aber seinen zweiten Gang im Rennen und hatte wirklich keine Aussicht auf die Lorbeeren. Es schien, als ob der Lokalmatador John Love diese Ehre in Anspruch nehmen würde, aber sechs Runden vor Schluss musste er einen Tankstop machen und Rodriguez brauchte nur mit Reisegeschwindigkeit fertigzufahren.

Macht nichts. Cooper war genügend beeindruckt, um ihm für den Rest der Saison ein Gefährt anzubieten. So fing es an. Pedro war jetzt ein professioneller Rennfahrer und blieb bei seinem Metier, bis er starb.

Seine Hingabe für den Sport war komplett. Nichts für Rodriguez, das Leben eines Grand Prix-Spezialisten, der sich auf die Formel 1 begrenzt. Er wohnte jetzt in Europa und kehrte nur selten nach Hause zurück. Für Pedro war ein Wochenende ohne irgendein Rennen ein verschwendetes Wochenende.

1967 war er nicht nur für Cooper tätig, sondern auch für Frank Costin: In seinen Procars nahm er an einer Vielzahl Sportwagen- und Formel 2-Rennen teil. Mit einem dieser Wagen hatte er im Spätsommer einen schweren Unfall. In Enna überschlug sich der Wagen mit dem Holzchassis und Pedro wurde hinausgeschleudert. Er brach sich die Ferse und das Fussgelenk.

Sizilien war kein guter Ort für einen solchen Sturz. Anästhesie war nicht vorhanden und Rodriguez erlebte die Schmerzen der Hölle, als die Ärzte sein Fussgelenk richteten. Es schien, als würde er erst in der folgenden Saison wieder fit sein.

Der Grosse Preis von Mexiko war jedoch der letzte WM-Lauf des Jahres. Gegen den ärztlichen Rat war Rodriguez anwesend und wurde sechster. Groggy und müde musste er nach dem Rennen aus dem Wagen gehoben werden.

Für 1968 kam das Angebot von BRM, damals eine begehrenswerte Position. Dieses Jahr wurde von zwei Höhepunkten markiert. Beim Race of Champions stoppte Pedros Motor auf der Startlinie und bis er ihn wieder anlassen konnte, waren die anderenverschwunden.

An diesem Nachmittag war Brands Hatch ölig und gefährlich, aber Rodriguez glänzte immer auf glatten Strassen, wenn Finesse und das besondere Gefühl für den Wagen nötig waren. Während vierzig Runden brachte er den dunkelgrünen BRM bis auf den zweiten Platz, und kam eine Meile nach der karierten

Im schrecklichen Wetter von Rouen boten Rodriguez (BRM) und Surtees (Honda) 1968 hinter dem Ferrari von Ickx einen Zweikampf sondergleichen. Das BRM-Getriebe ging in den letzten Runden kaputt.

Flagge mit leerem Benzintank zum Stehen.

Dann kam Monaco, eine Rennstrecke, die er nie mochte. Pedro liebte schnelle Bahnen mit Vollgaskurven; für ihn war Monte Carlo ein Hohn.

«Dort kannst Du herumspielen, den Wagen schliddern und Spass haben, aber mit gefällt ein Ort wie Spa viel mehr. Dort darfst Du keinen Fehler machen. Du musst wirklich präzis fahren...»

In Monaco 1968 kam Pedro die Strasse herunter, am Tip-Top vorbei, wollte für die enge Rechtskurve von Mirabeau bremsen - und das Pedal ging wirkungslos bis auf den Boden hinunter. Er stellte den Wagen quer, kam irgendwie durch die Kurve selber durch, aber beim Kurvenausgang rutschte er zu weit, fuhr über den Bordstein - damals gab es keine Leitplanken - und krachte in die Mauer.

Ich weiss noch, wie er herauskletterte und zur Station Haarnadelkurve spazierte, seinen Helm auf dem Arm. Ich sehe ihn immer noch, seine fröhliche Gangart, absolut cool, als hätte er den BRM genau dort parken wollen.

Rodriguez hatte keine Angst vor dem Tod, aber dafür gab es eine rationelle Erklärung, sagte er. «Gott ist der einzige, der sagen kann, wenn man die Endstation erreicht hat, egal wo man ist. Es kann auf der Rennstrecke, auf der Strasse, in der Kirche, überall sein.»

Er hielt sich an dieser Philosphie fest. «Es war ein Mann, ein Fahrer in Indianapolis, der einmal in meinem Land, bei der Carrera Panamericana, gefahren ist. Er hiess Bill Vukovich. Zweimal gewann er in Indianapolis. Er fuhr nur dort. Und dort starb er, als er sein drittes Rennen zu gewinnen versuchte. Nuvolari hingegen war dreissig Jahre lang Rennfahrer. Er war jede Woche unterwegs - und er starb an einer Krankheit. So wollte es Gott. Es war nicht vorgesehen, dass er in einem Rennwagen sterben sollte. Mein Bruder...war wie der Amerikaner...»

Vielleicht war es das Andenken an seinen Bruder, welches einen Sieg im Le Mans zur besonderen Ambition machte. 1968 teilte er einen JW Automotive Ford GT40 mit Lucien Bianchi und sein Wunsch wurde erfüllt. Bis zum Ende seines Lebens sagte er, dass dieser Triumph alle anderen überschattete.

In der Formel 1 gab es für ihn in diesem Jahr einige Plätze, aber keine Siege. Im allgemeinen aber anerkannte man, dass er für BRM eine Sonderleistung vollbracht hatte, besonders nach dem tragischen Tod von Mike Spence in Indianapolis, als er allein das Team zusammenhielt. Rodriguez war bereit, auch für die Rennsaison 1969 als Partner von John Surtees zu bleiben.

Er hatte ohne den unberechenbaren Louis Stanley gerechnet. Mit charakteristischer Exzentrizität ersetzte ihn der wuchtige BRM-Boss durch Jack Oliver. Pedro stand vor einem undankbaren Jahr im privat gemeldeten BRM von Tim Parnell. Am Ende des Jahres war der «Grosse Lou» nur zu willig, ihn wieder einzustellen.

Jetzt begann die grösste Zeit des mexikanischen Rennfahrers. Traurig war nur, dass ihm dafür so wenig Zeit blieb. Er hatte für 1970 nicht nur einen Werks-BRM zur Verfügung, sondern auch einen Porsche 917.

Pedro und der 917er. Während der Geschichte dieses Sports hat es Wagen und Fahrer gegeben, welche für einander geschaffen waren, die einfach zusammengehörten, und hier hatten wir eine solche Partnerschaft. Niemand konnte diesen überwältigenden Sportrennwagen so fahren wie Rodriguez.

Zweifellos war er der Star der Mannschaft. Hin und wieder kam ihm Siffert nah, besonders was das Tempo betrifft, aber bei ihm wirkte es immer etwas frenetisch, ohne den fliessenden, ruhigen Fahrstil seines Teampartners. Dazu war Seppi ein viel härterer Meister.

David Yorke, der ehemalige Teammanager von JW Automotive meinte: «Man stand immer unter dem Eindruck, dass Seppi seine Arbeit mit angespannten Armmuskeln tat, während Pedro dort sass und bloss die Daumen auf das Steuerrad legte.»

Besonders unvergesslich war das BOAC 1 000 km-Rennen von 1970, von Anfang bis Ende in giessendem Regen gehalten. Wie war es nur möglich, dass ein Mann – ein an Hitze und Staub gewöhnter Latein – so überlegen sein konnte? Rodriguez war an diesem grauen Apriltag bezaubernd. Das Rennen legte sich ihm innerhalb Minuten nach dem Start zu Füssen. Das Resultat stand schon fest, aber die durchnässten Zuschauer blieben, weil sie ihm nach dem Lauf ihren Tribut zollen wollten. Sie waren Zeugen eines Nachmittags, welcher zur Legende wurde.

Auch in der Formel 1 ging Pedros Stern auf. Der BRM P153 war ein konkurrenzfähiges Werkzeug, wenn auch nicht besonders zuverlässig, und er konnte immer mithalten. Er gewann auf seiner Lieblingsstrecke in Spa Francorchamps, gefolgt vom Start bis ins Ziel von Amons March.

Ein seltener Auftritt für Maranello. Pedro war ein Mann, der für den Ferrari geradezu geschaffen war, bekam aber nur selten einen zu fahren. Hier fährt er den alten, unterlegenen V12 beim britischen Grand Prix 1969.

Jackie Stewart hasste Francorchamps und er fand Rodriguez Enthusiasmus «irrationell». Chris Amon war allerdings anderer Meinung. «Pedro liebte Spa aus dem gleichen Grund wie ich. Spa war Grand Prix-Sport wie er hätte sein sollen. Nach einem Rennen dort war ich immer sehr gut aufgelegt, und Pedro ging es ebenso. Spa vom Start bis Ziel voll zu fahren, wie wir es an diesem Tag taten, gab einem das Gefühl, etwas reelles geleistet zu haben. Seine Präzision war fabelhaft. Ich wusste, dass ich ihn nur überholen konnte, wenn er irgendwo einen Fehler machte – und das machte er nicht.»

Für Rodriguez gab es keine weiteren Grand Prix-Siege in diesem Jahr, aber er befand sich immer unter den Führenden. Aber in Sportwagenrennen kamen seine Qualitäten besonders zum Vorschein. Ende 1970 erneuerte er seine Verträge mit BRM und JW Automative.

Pedro war mit seinem Leben vollkommen zufrieden. Die Zeit als Autohändler in Mexiko City lagen weit hinter ihm. Seltsamerweise wurde er anglifiziert. Seine Ehe mit Angelina war vor einiger Zeit gescheitert und jetzt lebte er mit seiner Freundin in Bray-on-Thames, fuhr stolz einen alten Bentley und besuchte die besten Restaurants. Er ging jedoch nie ohne eine Flasche scharfer Tabaskosauce aus dem Haus. Oberkellner in der ganzen Welt waren schokkiert, wenn er ein Fläschchen aus der Innentasche zog und den Inhalt großzügig über die Spezialität des Hauses goss.

Sein Aussehen gehörte auch nicht zum alltäglichen. Der Bentley glitt in das Fahrerlager, und eine kleine kosmopolitanische Figur stieg aus: Die schwarzen Haare gerade nach hinten gekämmt, die immer vorhandene Sonnenbrille und eine Goodyear-Jacke. Dann, mit grosser Vorsicht machte er das Tüpfchen auf dem I: Ein Sherlock Holmes-Hut aus dem Londoner Hutmacherzentrum, Bond Street! Das getan, fehlte nur noch das berühmte, langsame Grinsen, und das Bild war komplett.

«Pedro war in vieler Hinsicht exzentrisch», sagte David Yorke. «Wenn man ihn nicht kannte, dachte man, er sei sogar dilettantisch. In einem Rennwagen war er alles andere als eine Primadonna. Ich glaube, ich kannte keinen anderen Rennfahrer, der wie Rodriguez so hingebungsvoll war. Ihn interessierte nichts anderes als Siegen.»

Ein Beispiel dafür ereignete sich beim 24-Stun-

Spa 1970. Rodriguez, jetzt wieder bei BRM, hatte Amons March von Anfang an im Rückspiegel. Sie überquerten die Ziellinie nach 400 km nur eine Sekunde auseinander. Es war Pedros berühmtester Sieg.

Nach dem belgischen Grand Prix zeigten sich der zweitplatzierte Amon und der drittplatzierte Beltoise zufrieden neben dem glücklichen Sieger.

denrennen von Daytona, 1971. Er teilte den 917er mit Jackie Oliver, und während seiner Schicht musste sich Oliver übergeben. Das Cockpit des Wagens war ziemlich eng und es war furchtbar heiss. Als wir die Tür öffneten, um Oliver herauszulassen, sah das Wageninnere ziemlich schlimm aus.

«Pedro stand neben mir im frischen sauberen Overall, aber er zögerte keine Sekunde. Er sprang in den Wagen, ignorierte das Zeug überall und fuhr los!»

Rodriguez gewann dieses Rennen wie im Jahre zuvor, und andere Siege folgten. Auch im BRM schaute es so aus, als stände ihm seine feinste Formel 1-Saison bevor. Am Karfreitag in Qulton Park war er einem kleinen aber ausgewählten Feld, darunter auch Stewart, überlegen. Im Monsunregen von Zandvoort sahen die Rivalen von Rodriguez und Ickx wie Anfänger aus.

Eine Woche später stieg er wieder für das Österreichring-1 000 Km-Rennen in den 917, John Wyer hat dieses Rennen immer als Pedros grössten Einsatz betrachtet. Der Porsche musste zunächst die Führung aufgeben, um für einen Batteriewechsel sechs Minuten in der Box zu verbringen.

«Sein Durchhaltevermögen war aussergewöhnlich. Er konnte scheinbar stundenlang mit Vollgas fahren, und an diesem Tag musste er es auch. Nach Halbdistanz übergab er den Wagen an Attwood, der keinen Meter aufzuholen vermochte. Dickie war nur zehn Runden gefahren, als Pedro mich bat, ihm den Wagen wieder zu geben. Schliesslich konnte er sich bis in die gleiche Runde wie der führende Ferrari vorarbeiten. Kurz danach rutschte Regazzoni in diesem Ferrari von der Strasse, aber wir haben sowieso geglaubt, dass Pedro auch diese Runde nachgeholt und gewonnen hätte. So ein fantastisches Rennen habe ich nur selten gesehen.»

Sieben Tage danach lag Rodriguez beim Grand Prix de France an zweiter Stelle hinter Stewart, bis er anhalten musste. Er hatte grosse Hoffnungen für den BRM in den geschwungenen Kurven von Silverstone, welches sich als nächstes im Formel 1-Programm befand. Zehn Tage vor dem Rennen testete er dort den Wagen und stellte eine neue Bestzeit auf. Wyer begab sich dorthin, um die Testfahrten zu sehen, und lud Pedro für das Wochenende zu sich ein. Er war erstaunt zu hören, dass sich der Mexikaner für ein kleines Interserie-Rennen auf den Norisring verpflichtet hatte – getreu seinem Vorsatz «Jedes

Rennen ist besser als keins». Er sollte einen Ferrari 512M für Herbert Müller fahren.

Das BRM-Team, wie Wyer selber, war von diesem Plan nicht gerade begeistert. «Wir wollten nicht, dass er dort teilnahm», sagte Raymond Mays. «Sie wollten jedoch einen berühmten Namen haben und es wurde ihm ein guter Ferrari angeboten. Unter den Bedingungen des Vertrags hätten wir es ihm verbieten können, und nachher wünschten wir, wir hätten es auch getan.»

Rodriguez führte problemlos in der ersten Runde. Dann traf er einen langsamen Wagen, welcher zur Seite ging, um ihm das Überrunden zu erleichtern. Der Ferrari geriet in diesem Moment ausser Kontrolle, prallte mit fürchterlicher Wucht in die Leitplanken, überschlug sich und explodierte. Es dauerte lange, bis man ihn aus dem Wrack befreien konnte, für Pedro war es zu lange. Er starb am gleichen Abend.

«Bei BRM hatten wir ihn sehr gern», erinnerte sich Mays. «Die Mechaniker vergötterten ihn und das ist immer ein zuverlässiges Zeichen für den Wert eines Mannes. Das bemerkenswerte an Pedro war, er wurde immer besser. Gegen Ende seines Lebens war er meiner Ansicht einer der drei besten Fahrer der Welt. Auf nasser Strasse war er der Grösste seiner Zeit.»

Der barsche, äusserlich unfreundliche John Wyer wurde von der Nachricht erschüttert. «Alle im Team liebten ihn. Als Fahrer war er für uns eine Inspiration, als Mensch war er unersetzbar. Wir hätten keinen besseren Fahrer kriegen können. Er gab immer sein Bestes, beklagte sich nie. Geld war ihm nicht wichtig, er liebte nur Rennen.»

Nachher sprach man von der tragischen Verschwendung eines so hervorragenden Menschen bei einem so unwichtigen Rennen. Aber Rodriguez selber hätte es anders gesehen. «Als ich Le Mans gewann», sagte er einmal, «waren alle Rennen gleich - ich wollte sie gewinnen.» Unter den Bedingungen seines eigenen Fatalismus hatte er ganz recht. Gott, hätte er gesagt, hat entschieden, dass er am 11. Juli 1971 die Endstation erreichte - «egal wo man ist...»

Pedros letzter Formel 1-Triumph kam am Karfreitag 1971 im Rothmans Trophy-Rennen, in Qulton Park. Der BRM P160 des Mexikaners führte das gesamte Rennen spektakulär an.

# Keke Rosberg

## Schuss von der Hüfte

Jeder Annäher an seinem Overall, sagt Keke, stellt ein Haus dar. Er hat viele Annäher. Ich erwähnte einen anderen Fahrer, einen weit weniger hellen Stern in der Formel 1 als er, aber ein Mann von fast 1,90 m Grösse. Stelle Dir mal vor, lachte ich, wenn Du so gross wärst wie er, wieviel Sponsorennamen Du auf dem Fahrzeug unterbringen könntest. «Du hast recht!», rief er, «vielleicht sollte ich mich strecken lassen.» Dann fügte er hinzu: «Wenn ich mit seiner Geschwindigkeit fahren würde, könnte man sie auch alle lesen.»

In diesem Gesprächsabschnitt zeigen sich die Hauptmerkmale von Rosbergs Charakter: Seine Vorliebe, lukrative Geschäfte abzuschliessen, der wespische Sinn für Humor, die Schlagfertigkeit. Der freche und kecke Kerl weiss, zu was er fähig ist. «Ich bin ein eingebildeter Bastard», grinste er.

Unmittelbar nach dem letzten Rennen im Herbst 1981 rief mich Keke morgens an, um mir mitzuteilen, dass er das Fittipaldi-Team verlassen wolle. «Ich sah keine Zukunft mehr, also habe ich gekündigt. Nein, im Moment weiss ich nicht wohin ich will. Ich will nur veröffentlicht haben, dass ich sie verlassen habe, und falls sich jemand für mich interessiert, bin ich frei.» Zwölf Monate später besuchte ich ihn in seinem Haus in Cookham Dean, um den neuen Weltmeister zu interviewen.

Das war ein erstaunlich grosser Schritt in der Karriere eines Rennfahrers, aber am wenigsten überrascht war Rosberg selber. Die ganze Zeit, sagte er, ging es nur darum, auf den richtigen Wagen zu warten. Mit solchem Selbstvertrauen war es nicht schwer, andere zu überzeugen. Zur gleichen Zeit gestand er, dass seine Moral an einem Tiefpunkt angelangt war.

«1981 war eine höllische Saison für mich. Ich war lang genug dabei und konnte mich manchmal nicht mal qualifizieren. Alles ging schief und ich sage dir, während meinem letzten Jahr mit Fittipaldi hatte ich verdammte Angst. Ich fand das interessant, weil ich den Grund für meine Angst nicht wusste. Es war nicht, weil ich dachte, der Wagen sei unsicher, obwohl die Aufhängung zwei- oder dreimal kaputtging. Vielleicht war es, weil ich nichts erreichte. Es mangelte an der Motivation, das Gefühl, dass ich wirklich einer Mannschaft angehörte. Ich wurde nicht bezahlt und musste mit Hilfe eines Anwalts um jeden Penny kämpfen.»

«Das Problem verschwand nicht über Nacht, auch nicht als ich zu Williams ging. Erst im Frühling des folgenden Jahres konnte ich mich wieder für Rennwagen begeistern.»

«Aber dann warst Du schon die Sensation der Saison, Du warst doch ganz vorn in den Punkteràngen...», sagte ich.

«Richtig», stimmte Keke zu. «Es übertrug sich nicht auf mein Fahren, aus dem einfachen Grund, der Wille war stärker als die Angst. Ich ging ja nur zu Williams, weil Alan Jones ihn so spät verliess, dass er keine Zeit hatte, einen anderen Spitzenfahrer zu finden. Es war die Chance meines Lebens und ich wusste es. Mir wurde sonst nichts Besonderes angeboten. Bei McLaren gab es eine ganz kleine Chance, da ich lange unter Vertrag von Marlboro gewesen war. Realistisch gesehen wusste ich aber, dass Ron Dennis mich nie nehmen würde, da er es vorzieht, einen grossen Star an seiner Seite zu haben und das war ich bei weitem nicht.»

Rosberg ist Realist und kennt seinen eigenen Wert zu jedem gegebenen Zeitpunkt. Er ist stolz darauf, nie für einen Platz in einer Mannschaft bezahlt zu haben und dass er den Rennsport von Anfang an als Geschäft betrachtet hatte. Der Motorsport müsse ihn bezahlen, und er sagt, dass dies immer der Fall war. Zu einem gewissen Grad musste er jedoch zum Zeitpunkt des Williams-Angebots die finanzielle Seite vergessen.

«Als Frank mich anrief, um mir den Wagen anzubieten, war er in Eile, er wollte gerade nach Saudi-Arabien fliegen. Von Geld hatten wir überhaupt nicht gesprochen, aber ich sagte: Okay , ich nehme an! Nach seiner Rückkehr bot er mir eine lächerliche Summe an, und ich sagte, er sollte mir wenigstens genug zum Leben bezahlen. Schliesslich bezahlte er mir genau, was ich verlangte. Das war sehr fair von ihm. Er kannte meine Lage und hätte ebensogut sagen können: Nimm, oder lass es. Ich hätte wahrscheinlich auch dann angenommen.»

Der Weltmeister 1982 war möglicherweise der preiswerteste in der modernen Geschichte, aber Keke beklagte sich nicht. Williams hatte ihm einen Rettungsring zugeworfen, und abgemacht ist abgemacht. Prost hatte ähnliche Gedanken, als er zu McLaren zurückkehrte. Der reelle Marktwert könnte bei der Erneuerung des Vertrags immer noch festgelegt werden. Im Moment müsste es genügen, den eigenen Namen über dem Titel zu sehen.

Rosberg hat vielleicht nie eine angemessene Belohnung für die Weltmeisterschaft erhalten. Die 1982er Rennsaison war die unbeständigste in den Annalen des Rennsports, eine Zeit von monströsen «Wagen» mit Bodeneffekt aber keiner Federung,

Rosbergs erster Formel 1-Sieg war, milde ausgedrückt, unerwartet. Während die Stars unter den fürchterlichen Bedingungen von Silverstone 1978 einer nach dem anderen ausfielen, blieb der panzerartige Theodore auf der Strasse und gewann die International Trophy.

fürchterlichen Unfällen, Protesten und Vorwürfen, und einem FOCA-Streik. Die Formel 1 war dabei, sich die eigene Kehle durchzuschneiden, und wenn der Sport in diesem schrecklichen Sommer verblutet wäre, hätte ich ihm bestimmt nicht nachgetrauert. In Las Vegas, wo der Titelkampf entschieden wurde, wollte ich bloss diese letzte Reise beenden und irgendwo hinfahren, wo es weit und breit keine Rennwagen, ich verbessere mich, keine Rennleute gab.
Ich verliess Nevada trotzdem ein bisschen optimistisch. Rosberg als Weltmeister war ein positiver Aspekt von 1982. Es stimmte, dass er nur in einem einzigen Rennen zum Sieger ernannt wurde, aber niemand hatte mehr als zwei gewonnen. Noch wichtiger, er war, wie Andretti, ein Mann, der wusste, dass der Titel bestimmte Verpflichtungen mit sich brachte. In den letzten Jahren hatten wir einige ziemlich mürrische Weltmeister gehabt. Das war Keke durchaus nicht.

«Fanden Sie die Rennstrecke anders dieses Jahr?», fragte ein aufdringlicher Las Vegas-Kommentator nach dem Rennen.

«Ja gewiss, mir kam sie viel besser vor als das letzte Mal.»

«Ach, wirklich?», fragte der Mann, der seinem Glück kaum traute – und der die bevorstehende Falle nicht erkannte. «Warum denn, Kay-Kay?»

«Nun, inzwischen waren wir in Detroit...»

Wie ich sagte, schaute die Zukunft der Formel 1 ein bisschen rosiger aus, als wir den Flughafen McCarren verliessen. Es war mehr als nur die Erleichterung, Las Vegas zu verlassen. Nein, die Weltmeisterschaft befand sich in guten Händen. In den Ferien kaufte ich eine Ausgabe von «L' Equipe» und las den Bericht von der plötzlichen – wenn auch überfälligen – Entscheidung des FISA, den Bodeneffekt zu verbieten. Vielleicht war es doch nicht zu spät, die Krankheit zu heilen.

Ich hatte Rosberg zum letzten Mal im schwülen Pressebüro von Las Vegas gesehen und unser nächstes Treffen fand bei ihm zu Hause in Berkshire an einem rauhen Dezembermorgen statt. «Weisst Du», sagte er, «meine schönste Erinnerung an jenem Tag hatte mit dem Rennen nichts zu tun, sondern mit etwas, das sich nachher abspielte. 1979 unterschrieb ich einen Vertrag bei Carl Haas für die CanAm-Serie. Plötzlich rief er an und sagte, er wolle doch lieber den Icks nehmen. Ich rief meinen Anwalt in Boston an und sagte ihm, ich wolle Haas verklagen. Haas wurde wütend. Er rief mich dauernd an und erzählte

ICI
ICI
ICI
cW '85

Während seiner Zeit mit Fittipaldi gab Rosberg sein Bestes, aber die Wagen waren weder schnell noch zuverlässig. Auch Fahrlinien wie diese halfen ihm nicht, sich für den Monaco Grand Prix 1981 zu qualifizieren.

mir, er sei ein guter Freund von Bernie Ecclestone, und er könne mir helfen, wenn ich ein braver Junge sei. Ich sagte: «Höre mal, wenn ich es ohne Dich nicht schaffen kann, will ich es nicht schaffen.» Schliesslich unterschrieb ich für Paul Newman und das war das Ende der Klage. Aber Haas hasste mich, weil ich den Nerv gehabt hatte, ihn zu verklagen, so sehr, dass, als er von Franks Vorhaben, mich anzustellen hörte, er ihn mehrmals davon abzubringen versuchte.»

«Also, da sind wir alle in Las Vegas, rund zwei Stunden nach dem Rennen.» Keke zündet sich eine Zigarette an, um die Geschichte spannender zu machen. «Ich will soeben meinen Hotelschlüssel abgeben und dort, an der Reception von Caesars Palace, steht Haas mit einer grossen Zigarre im Mund wie immer. Er kommt lächelnd zu mir herüber und sagt: «Ich wusste, dass Du es schaffen könntest... » Ich sage: ‹Carl, Du bist doch der Mann, welcher bei transatlantischen Gesprächen ein Vermögen verschwendete, um Williams zu sagen, er solle mich nicht nehmen. Das stimmt doch, oder ?› Nun, die Zigarre fing er im letzten Moment auf, bevor sie auf den Boden fiel. Dann sagte ich: ‹Heute habe ich die Weltmeisterschaft gewonnen, aber das Schönste von heute war, Dein Gesicht zu sehen.› Und dann drehte ich mich um und ging weg. Es gibt im Leben nur wenige solche Momente.»

Bei der FISA-Preisverleihung eine Woche vor Weihnachten war es wieder so weit. Der neue Weltmeister hätte am liebsten nicht an der Zeremonie teilgenommen, aber der Gedanke an die automatische 10 000 $-Strafe verstiess gegen seinen gesunden Respekt vor dem Geld. Rosberg hält nicht allzuviel von der Föderation, es hilft auch nicht, dass die Geschäfte alle in Französisch durchgeführt werden. «Alle wissen, dass die Sprache unseres Sports englisch ist, aber sie wollten es nicht wahrhaben. Die lange Rede wurde in Französisch abgehalten - eine Sprache, die ich nicht kann - und ich dachte mir, okay, gut, ich werde Euch zeigen, wie das ist. Meine Annahmerede hielt ich in Finnisch, Englisch, Schwedisch und Deutsch!»

Sie sehen also, dass unser Keke sich nicht gern überrumpeln lässt. Wie er ist, so fährt er auch. «1984 in Brands Hatch befand ich mich mit meinem zweiten Satz Qualifikationsreifen unterwegs und sah plötzlich de Cesaris vor mir. Er wusste, dass ich da war und seine Reaktion war nur ‹na und?› Er blockierte mir einfach den Weg. Aber ich habe es ihm zurückbezahlt, oh ja. Während ich versuchte, eine gute Zeit aufzustellen, war er ziemlich langsam, und als ich meine schnelle Runde beendete, wollte er seine gerade beginnen. Ich vergass einfach, in den Spiegel zu schauen - genau wie er es getan hatte. Ist doch gerecht, oder? Durch Druids blieb ich auch in der Strassenmitte, aber ich tat es ein bisschen stilvoller. Ich winkte ihm zu als er vorbeifuhr. Als Entschuldigung dafür, dass ich ihm im Wege stand.»

Auf der Rennstrecke sieht er auch wundervoll aus. Ich habe mehrmals gesehen, wie jene bemerkenswerte Zielstrebigkeit und komplette Hingabe am Ende eines anstrengenden Trainingslaufes eine blendene Runde hingekriegt hat. 1984 in Estoril gab es ein klassisches Beispiel dafür: Sein Motor ging fest, und da er sich noch nicht qualifiziert hatte, ging er ruhig zu Fuss in die Boxen zurück, um den Ersatzwagen zu holen. «Es hätte keinen Sinn gehabt, dort ausser Atem und angeschlagen anzukommen. Ich habe auf die Uhr geschaut.» Es blieb ihm noch die Zeit für eine einzige, was Lauda «Chaotische Runde» nennt, und Keke sprang vom 27. Platz auf den vierten hoch.

Einige Minuten später empfing er neben seinem Wohnwagen seine Gäste. Rosberg ist keiner der Sorte, die das Gelände sofort verlässt. Nach dem Training spricht er mit den Ingenieuren und bereitet sich dann vor, seine Gäste zu empfangen. Er trägt eine Sonnenbrille, ausser wenn der Tag sehr dunkel ist, und vielleicht auch seine Hard Rock Cafe-Jacke. Dann macht er sich eine Tasse Kaffee und setzt sich. Hast Du alles? Zigaretten? Gut, was gibt's neues?

Seine Direktheit bringt sein Team zur Verzweiflung. «Der Wagen ist Scheisse, danke», lächelt er höflich und erklärt dann, wo es an diesem Wochenende an was mangelt. 1985 versuchte man ihm einen gewissen Grad an Diplomatie beizubringen. Vergebens! «Der neue Motor? Davon darf ich Dir nichts erzählen - er steht auf einer Liste von Sachen, worüber ich nicht reden darf. Wenn ich es dürfte, würde ich Dir sagen, dass der Drehmoment erheblich gesteigert ist, und dass die Leistung immer noch mit einem Schlag eintritt. Aber ich darf es ja nicht. Nächste Frage?»

Für den Journalisten ist Rosberg eine Goldader, ein Einzelgänger wie Villeneuve es war, ein Mensch, welcher seine Meinung offen sagt. Gilles Irreverenz stammte von seiner Unbefangenheit, Kekes von Sturheit: «Dies ist wohl das einzige Geschäft mit mehr Public Relations-Männern als WM-Punkten.» In der gleichen Weise ist er grosszügig mit Komplimenten, wenn der Wagen besonders gut läuft. Am meisten liebt er es zu klatschen - über alles unter der Sonne. Es ist öfters vorgekommen, dass ich zu ihm ging, bloss um etwas über das Turboproblem im letzten Training oder was immer zu fragen, und mehr als eine Stunde blieb. Sein Manager, der freundliche und

Der regierende Weltmeister hatte 1983, als die Turbos volljährig wurden, eine harte Zeit. Er gewann jedoch in Monaco und übertraf sich hier in Spa, wo er seinen Williams-Cosworth immer an der Höchstgreze fuhr.

Rosberg, Williams und Head arbeiteten vier Saisons lang zusammen, während welcher Keke fünf Grand Prix gewann. Die Beziehung zwischen den drei Männern war nicht immer ideal.

gutmütige Ortwin Podlech, ist fast immer in seiner Nähe. Er teilt Rosbergs Sinn für Humor.

«Während des Winters in Ibiza» erzählte Keke, «gingen wir eines Abends in sein Büro. Ortwin fand einen Brief, den ich vor Jahren geschrieben hatte, als ich vorhatte, das Kojima-Ding für Willi Kauhsen zu fahren. Im Brief schrieb ich, dass unsere Probleme vorüber seien, von jetzt an stehe uns nichts mehr im Wege. Nach meiner Unterschrift hatte ich in Klammern ‹Formel 1-Fahrer› geschrieben.›

«Nun, wir begannen über die alten Zeiten zu plaudern, und uns fiel plötzlich ein, dass wir in all der Zeit nie etwas richtig gefeiert hatten - nicht mal die Weltmeisterschaft. In seinem Büro befand sich eine Flasche Kognak und wir nahmen sie in Angriff und redeten und redeten. Es wurde spät. Ich musste nach Hause und wollte nicht, dass Ortwin mich heimfährt. Ich war mit einem schweren Motorrad gekommen, liess es an, legte den Gang ein und fiel auf den Boden. Es war ein schweres Gerät, kann ich Dir sagen, und ich brachte es kaum wieder hoch. Okay, nochmals von vorn: Anlassen, Gang rein, Kupplung raus - und ich lag schon wieder im Dreck! «Was ist mit mir los?» dachte ich, «Warum geht das blöde Ding nicht?» Also stand ich dort, ganz allein, mitten in der Nacht. Es dauerte einige Minuten, bis mir auffiel, dass bei dieser Maschine die Kette offenbar aufs Vorderad ging...»

Diese kleinen Anekdoten sind eine willkommene Abwechslung von einer Diät aus, ich finde den Ausgleich nicht, im zweiten Lauf an Boost verloren oder - der Allzweckfavorit - Verkehr. Rosberg, wie Prost, Piquet oder jeder andere Fahrer echter Qualität und Selbstvertrauen, sucht keine Ausreden für seine eigenen Fehler.

Der schockierende Mangel an Disziplin in der Formel 1 von heute ist eines von Rosbergs beliebtesten Gesprächsthemen. Als er 1978 zum Sport kam, galt die Grand Prix-Szene als das höchste Niveau, und die Teilnehmer benahmen sich entsprechend. «Ich habe mein erstes Rennen nie vergessen. Es war in Südafrika und ich fühlte mich nicht fehl am Platz. Ich stand hinter den Boxen und Mario Andretti kam zu mir und sagte: ‹Nett, Dich in der Formel 1 zu sehen. Ich hoffe, dass Du viel Erfolg haben wirst.› Es war eine wunderschöne Geste und es half mir unendlich - er tat es von sich aus, einfach so.»

«Dann, bevor er wegging, drehte er sich nochmals um und sagte: ‹Übrigens, Du weisst, dass wir es in der Formel 1 ein bisschen anders machen? Pass auf Dich auf. Schaue zu, dass Du den Beruf erlernst, tue es wie wir alle in der Formel 1.› Sonst sagte er nichts, brauchte eigentlich nichts mehr zu sagen. Ich prägte es mir ein. Als ich anfing, musste ich aufpassen, dass ich niemandem im Weg stand. Was mich heute ärgert, ist der Kerl, der einen Fehler macht: Sich fast überholen lässt und dann den Weg abschneidet. Man muss entweder nachgeben und bremsen oder ihn rammen. Das ist kein Grand Prix-Rennen. In vieler Hinsicht ist es zu einer Juniorenformel geworden, aber mit gefährlichen Waffen.»

Kekes unvergesslichster Sieg war in Dallas im berüchtigten Williams-Honda FW09, samt unmöglichem Handling und «alles-oder-nichts»-Motor. Zusammengefasst: Für ein Rennen auf einem engen Kurs in schlechtem Zustand ein unmögliches Auto. Am Morgen hatte ich mich mit ihm unterhalten und stellte eine positive Einstellung fest, welche bei den anderen in der Boxenstrasse bei weitem fehlte. Lauda, Prost und die anderen liefen in Panik hin und her, organisierten Versammlungen und sprachen von einem Boykott. Rosberg lag seelenruhig unter der texanischen Sonne. «Ich kam heute morgen um sieben Uhr für das Aufwärmen, schaute mir die Strecke an und ging wieder ins Hotel zurück. Seitdem sass ich vor dem Fernseher.»

«Sie scheinen über den Zustand der Rennstrecke nicht so verärgert zu sein wie die anderen Fahrer, Herr Rosberg», bemerkte ein Reporter von der Lokalzeitung. «Doch, ich bin verärgert», berichtigte ihn Keke. «Ich will ebensowenig wie der nächste meine Knochen brechen, aber seien wir realistisch. Heute ist Renntag. Da sitzen 80 000 Leute auf den Tribünen, und 28 Länder warten auf die Fernsehübertragung. Natürlich wird es ein Rennen geben. Die Veranstalter von Dallas sind nicht daran schuld. Der Schuldige ist die Formel 1, inklusive Fahrer. Es gab ein sehr gutes Reglement, wonach eine Rennstrecke zuerst für ein kleineres Rennen verwendet werden muss, bevor die Grand Prix-Bewilligung erteilt wird. Und dieses Reglement wurde schlicht übergangen, genau wie in Detroit und in Las Vegas. Jedesmal war es ein Chaos. Und wo zum Teufel ist unsere wundervolle FISA? Klar sind sie nicht hier – für sie ist es zu heiss. Ich finde es stupid, bei einer solchen Strassenoberfläche zu fahren, aber wir müssen damit fertig werden. Geben wir es zu, wir sind doch bloss Huren, nicht wahr? Wir gehen hin und ziehen unsere Show für jeden ab, wenn das Geld stimmt.»

Rosberg hielt sich von den Versammlungen fern – er ist sowieso kein Mitglied der PRDA, der Vereinigung von professionellen Rennfahrern und zeigte keine Aufregung, als er in seinen Wagen stieg. Unter den schrecklichen Bedingungen konnte er mit den führenden Wagen mithalten und machte an diesem Nachmittag keinen Fehler, im Gegensatz zu dreizehn anderen, darunter Lauda und Prost, welche in die Mauer fuhren.

Eine der besten Karten in seiner Hand ist seine Ausdauer. 1983 wurde er in Südafrika mit einem Lebervirus angesteckt und geschwächt, aber seine Fahrweise litt nicht darunter. Die Hitze scheint ihn nicht zu stören. Sogar in Dallas sah er immer kühl und frisch aus, dies an einem Wochenende, wo Jour-

Rosberg verlor nie ein gutes Wort an den Williams-Honda FW09, war aber immer bereit, daraus das möglichste zu holen. Hier hält er in Kyalami 1984 den Renault von Warwick in Schach.

nalisten nach einer halben Stunde draussen wieder zurück ins klimatisierte Pressebüro rannten. Auch das Reisen scheint auf ihn keine negative Wirkung auszuüben. «1978 hatte ich innerhalb von 36 Wochenenden 41 Rennen, F1, F2 und die Atlantic Serie, ein ganzes Jahr lang bekam ich nichts rechtes zu essen. Ich wohnte in Flugzeugen. Im Vergleich zu damals ist die Herumreiserei von heute gar nichts.»

In der Regel fliegt er selber, sein Pilotenschein führte ihn von einer Piper Seneca über eine Turboprop Cheyenne zu einem Learjet. Wenn die Rede von relativ grossem Besitztum ist, Düsenflugzeuge, Villas und ähnlichem, gibt er Geld ohne Bedenken aus. Aber im alltäglichen Geschäft hat er wie Alan Jones den Ruf eines Mannes, welcher einen Dollarschein zweimal umdreht. Für die Rennen in Nordamerika fliegt er mit einem Linienflugzeug, und es überrascht mich immer wieder, ihn ganz hinten, sozusagen auf dem Zwischendeck, zu finden.

«Keke», sagte ich ihm, «wenn ich soviel verdienen würde wie Du, würde ich die erste Klasse als Sonderangebot des Jahres betrachten.»

«Nein, hör mal, was muss ich während einem langen Flug tun können? Ich brauche einen Platz, wo ich eine rauchen kann, und irgendwo zum Schlafen. Warum soll ich dreimal mehr bezahlen, um vorne sitzen zu dürfen?» Für den Flug zurück von Detroit 1985 gewährte er sich jedoch den Luxus der Club-Klasse. «Was, ich gewann das Rennen, ich lade mich selber ein! Das ist das Problem, wenn man sein eigenes Flugzeug besitzt. Man vergisst, dass das Fliegen nicht nur immer Spass macht. Es bedeutet auch Plastikmahlzeiten neben einer dicken Frau, die droht, Dich aus Deinem Sitz zu drücken.»

Wie seine Kollegen Piquet und Lauda braucht Rosberg viel Schlaf. «Hast Du die ganze Nacht durchgeschrieben?», fragte er mich, als sich das Flugzeug auf Endanflug London befand. Ich nickte. «Nun, da hast Du es. Das ist eine andere Art von Ausdauer. Jesus, das könnte ich nicht machen. Ich habe lang geschlafen und fühle mich immer hundemüde. Ich mache während den ersten paar Stunden am Tag nie etwas Wichtiges. Zu dieser Tageszeit tauge ich nicht viel und das muss ich berücksichtigen. Einmal stand ich für Probefahrten in Snetterton noch mitten in der Nacht auf, so früh war es, ich zerstörte einen nagelneuen Fittipaldi in der Boxenstrasse! Ich wollte die letzte Kurve im fünften Gang nehmen, dann entschloss ich mich doch, in die Boxen zu fahren...das war mir eine Lehre. Fahre nie, wenn Du müde bist. Darum fahre ich nie in Le Mans, Mulsanne in der Nacht, im Regen, mit 300 Amateuren auf der Rennstrecke, nein danke.»

Sein Zwei Stunden-Vorsatz gilt auch für Kekes Geschäfte, an welchen er ebensoviel Freude hat wie am Fahren. Stunde für glückliche Stunde verbringt er an seinem Schreibtisch, Aschenbecher in der Nähe und klatscht mit Ortwin am Telefon über diesen Vertrag und jene Transaktion. «Piquet hat das Fahren gern und sonst gar nichts», sagt er. «Er will sonst von gar nichts wissen, und auf seine Weise ist er glücklich. Das könnte ich nicht. Ich hätte das Gefühl, nur halbtags zu arbeiten.»

Mit den Jahren hat Rosberg eine überwältigende Zahl an Geschäftskontakten aufgebaut und in diesen sieht er seine Zukunft jenseits der Rennstrecke. In einem gewissen Grad hat sich für ihn die Auswahl an Teams auf die begrenzt, welche den Fahrern erlauben, persönliche Sponsoren zu haben. Das bedeutet, dass wir ihn wahrscheinlich nie in einem Ferrari sehen werden.

«Jeder von diesen Annähern stellt verdammt viel Arbeit dar», sagt Keke und zeigt auf seinen Overall. «Annäher sind sehr wichtig...»

Der FW10 wurde 1985 immer stärker und beendete das Jahr als der zu schlagende Wagen. Rosberg gewann in Detroit und wieder bei seinem letzten Rennen für das Team in Adelaide.

# Bernd Rosemeyer

## Freistilkünstler

Die Sonne ist meist schon untergegangen, wenn ich vom Flughafen Frankfurt in Richtung Heidelberg fahre. Die erste Autobahnetappe führt an Darmstadt vorbei. Und jedes Jahr mache ich halt neben dem Autobahndreieck Langen-Morfelden. Hier, bei Kilometer 508, ein paar Meter von der Strasse entfernt, befindet sich ein Gedenkstein für Bernd Rosemeyer. In der Stille eines warmen Augustabends sind die Umstände seines Unfalls schwer zu glauben. Kann es wirklich stimmen, dass Mercedes-Benz und Auto Union das Leben ihrer besten Fahrer bei Rekordversuchen auf dieser Strecke aufs Spiel setzten? An einem eiskalten Morgen im Januar 1938 wurde uns das Genie eines Rosemeyer von einem starken Seitenwind, der den ohnehin extrem empfindlichen Rekordwagen von der Fahrbahn drückte, genommen. Bei 440 km/h zerschellte der Wagen mit unglaublicher Wucht, einer der entsetzlichsten Unfälle der Geschichte.

Als ich sieben oder acht Jahre alt war, fiel mir eine Kopie des George Monkhouse Klassikers «Motor Racing with Mercedes-Benz» in die Hände und ich wurde von diesem Mann, der fast alleine der Macht des dreizackingen Sterns die Stirn bot, fasziniert. Manchmal erscheint in einer Renngeneration ein Fahrer, dessen Talent und Persönlichkeit ihn auf ein besonderes Niveau hebt. Diese Qualität kann man weder definieren noch künstlich schaffen. Moss hatte sie, und Villeneuve. Und auch der Rosemeyer. Offenbar war es mir gelungen, den Enthusiasmus meiner Jugend in Worte zu fassen, da die kleine Geschichte einen bemerkenswerten Briefwechsel hervorrief, darunter auch einen Brief von seiner Witwe, der ehemaligen weltberühmten Fliegerin Elly Beinhorn-Rosemeyer.

«Kann es sein», schrieb sie, «dass sich junge Leute immer noch für unsere Zeit interessieren? Ihr Bericht kam als grosse Überraschung..»

Ein Jahr nach dem Tod ihres Mannes schrieb Elly Rosemeyer als Tribut ein Buch über ihn: «Mein Mann, der Rennfahrer». Das Buch zwingt Menschen, die das Glück hatten, Gilles Villeneuve zu kennen, die Tränen in die Augen, so unheimlich ähnlich waren sich die zwei Männer, in und ausserhalb eines Rennwagens. Jeder war der Schnellste seiner Zeit, und beide kämpften für einen zehnten Platz so hart wie für den ersten. Sie wollten nie eine Niederlage akzeptieren.

Es war jedoch nicht ihr Tempo, welches das Volk in Bann hielt, sondern die Fahrkunst, die es ermöglichte. Beide Männer verbrachten ihr Leben in Wagen, die nur schwierig zu beherrschen waren und beide waren bereit, diese Fahrzeuge mit weit mehr als dem üblichen Einsatz zu forcieren. Es gibt nichts aufregenderes als die Fahrt eines grossen Fahrers, der seinen Wagen bis über die Höchstgrenzen fest im Griff hat.

Mehr als das, sie taten es mit einer Freude und Leidenschaft, welche auf die Zuschauer übertragen wurde. Rosemeyer und Villeneuve liebten das Rennfahrerleben. Ihre einmaligen Talente stützten sich auf einen anormalen Mangel an Angst, eine Kombination, die fraglos unwiderstehlich, aber die auch leider meist tödlich ist.

Beim Grossen Preis der Schweiz 1936 war Rosemeyer dem Carratsch weit überlegen, fühlte sich im Rennen jedoch von Caracciola behindert und war ihm deshalb noch lange Zeit böse. «Die Rennen sind doch gefährlich genug, als dass man das Risiko noch künstlich vergrössern muss!», rief Bernd. Es dauerte sechs Monate, bis sich die Gemüter wieder beruhigten.

Das war für Bernd typisch, schrieb seine Frau. «Er konnte nicht, und wenn er dafür hätte sterben müssen, ein ihm - wie er glaubte - angetanes Unrecht einfach hinnehmen.»

Ein anderes Mal glaubte Bernd, dass sein Kollege bei Auto Union, Ernst von Delius, sich nicht an eine vor einem Bergrennen besprochene Abmachung gehalten hatte. Es handelte sich in der Tat um ein echtes Missverständnis, aber bis es sich aufgeklärt hatte, wollte Bernd mit seinem Freund nichts mehr zu tun haben. Frau Rosemeyer schrieb: «Der Gedanke, dass sein Freund und Kamerad ihn hatte hintergehen wollen, machte ihn fertig. Dieser geradeste und offenste Mensch konnte alles ertragen, nur keine Unehrlichkeit.»

Ich las diese Worte und dachte sofort an Villeneuves identische Reaktion zu Pironis Hinterlist 1982 in Imola.

Rosemeyer erwies sich schon bei seiner allerersten Fahrt in einem Rennwagen als aussergewöhnlicher Rennfahrer. Er hatte eine Lehrzeit als Motorradrennfahrer gemacht und im Frühjahr 1935 überredete er den Zuständigen bei Auto Union, ihn bei einem Rennen einzusetzen. Das Werk stand damals tief im Schatten von Mercedes-Benz und es fehlte ein echter Star, um die Zuverlässigkeit von Hans Stuck und das verblassende Genie von Achille Varzi zu ergänzen. Rosemeyer machte sein Debüt für die Mannschaft auf der Avus und nach einigen Wochen wurde er zu ihrer Hauptstütze.

Einer von Rosemeyers meistgefeierten Siege war der 1939 beim Vanderbilt Cup auf Long Island, New York. Der Auto Union beendete das Rennen vor Dick Seaman (Mercedes). Hier wartet Bernd auf den Start, der junge Ferry Porsche (links) schaut zu.

Wie kein anderer meisterte er den Auto Union. Nicht mal Nuvolari hatte sein perfektes Gefühl für die Tücken dieser Wagen. Zugegeben, er war vorher nie einen Rennwagen mit Frontmotor gefahren und musste daher nicht umlernen, aber Sie dürfen nicht vergessen, sein Rennen auf der Avus war sein erstes Rennen überhaupt. Bei seinem zweiten Rennen, auf dem Nürburgring, übernahm Caracciola die von Rosemeyer innegehabte Führung nur ein paar hundert Meter vor dem Ziel.

Rosemeyer beendete seine erste Grand Prix-Saison mit einem Sieg, und im folgenden Jahr, 1936, triumphierte er praktisch überall. Sieben erste Ränge brachten ihm die europäische Meisterschaft, die höchste Ehre des damaligen Rennsports.

Sein Kampf gegen Mercedes war eine einsame Affäre, da Auto Union über sonst niemanden verfügte, welcher im entferntesten in seiner Klasse war. Das führte 1937 zu einem etwas langwierigen Jahr: Mercedes, gefahren von Caracciola, Lang, von Brauchitsch und Seaman konnte sich über die krasse Überlegenkeit ihrer W125 freuen. Vier Mal in diesem Jahr gelang es Bernd trotzdem, sie zu schlagen, in jedem Rennen war er ihr einziger ernster Gegner.

Der Grosse Preis von Deutschland war ein typisches Rosemeyer-Rennen. Im Training versetzte er seine Gegner von Mercedes in Staunen. Sein leistungsmässig unterlegener Wagen stand mit vollen sechs Sekunden Vorsprung auf der ersten Startposition. Nach der ersten Runde lag er neun Sekunden vor Lang, Caracciola und von Brauchitsch. Er hatte sie in diesem Jahr schon beim traditionellen Eifelrennen geschlagen und wollte seinen vierten Nürburgring-Sieg mit nach Hause nehmen. In der vierten Runde stiess er mit dem Hinterrad irgendwo an und beschädigte dabei die Zentralverschlussmutter. In einem lahmen Wagen mit völlig demoliertem Hinterreifen kam er an die Boxen. Es dauerte alles entscheidende 3 Minuten, bis die Monteure die verklemmten Teile entfernen, ersetzen und ihn an zehnter Stelle in das Gefecht zurückschicken konnten.

In der achten Runde, nach dem Aufstellen von neuen Rundenrekorden, kam er von der Strecke ab und holte Hilfe von den in der Nähe stehenden Zuschauern, um den Wagen wieder auf die Strecke zu schieben.

Der Grosse Preis von Deutschland lief über 22 Runden und dauerte beinahe vier Stunden. Am Ziel hatte Rosemeyer den Auto Union bis auf den dritten Platz herangebracht, eine Minute hinter dem siegreichen Caracciola. Beim Boxenhalt hatte er doch mehr als drei Minuten verloren...

Unter stürmischem Beifall des Publikums stieg Bernd aus dem Wagen und ging zum Siegespodest, wo Caracciola und von Brauchitsch warteten. Auch anwesend war Korpsführer Adolf Hähnlein von der NSKK (Nationalsozialistisches Kraftfahrer Korps). Reichskanzler Hitler betrachtete den Rennsport als wichtigen Teil der deutschen Propagandamaschinerie. Das ganze fahnenschwenkende Drumherum beleidigte Rosemeyers Liebe für das, was seiner Meinung nach ein Sport bleiben sollte. Und er verpasste keine Gelegenheit, die Naziautorität zu untergraben. Caracciola erhielt für seinen Sieg eine grosse bronzene Statue der Göttin der Geschwindigkeit, und, als sich Hühnlein momentan wegdrehte, steckte Rosemeyer seine Zigarette in den Mund der metallischen Schönheit. Als er das Gelächter der Zuschauer hörte, drehte sich Hähnlein um, um die Ursache herauszufinden. Bernd stand dort, wie ein unschuldiger kleiner Engel, mit seiner Zigarette im eigenen Mund.

Der lustige Moment wurde wenige Stunden später von einer Tragödie überschattet. Rosemeyer wusste schon vom Zusammenstoss zwischen Seaman und von Delius. Der Auto Union hatte sich überschlagen und der Deutsche lag schwerverletzt im Spital. Einige Stunden danach erreichte das Ehepaar Rosemeyer die schockierende Nachricht seines Todes.

Der Verlust seines besten Freundes war die letzte in einer Reihe von Tragödien in Rosemeyers Leben zu dieser Zeit. Im vorangegangenen Winter war seine Mutter gestorben und nur ein paar Monate danach kam sein älterer Bruder bei einem Verkehrsunfall ums Leben. Nur einmal hatte ihn sein Vater gebeten, vom Rennsport zurückzutreten. Darauf antwortete Bernd, dass, trotz Risiko, ein Leben ohne Rennen nicht lebenswert wäre.

Die Saison 1937 wurde mit dem Donington Grand Prix abgeschlossen. Hier erzielte Rosemeyer nach einem besonders intensiven Zweikampf mit von

Bernd bestritt sein letztes Rennen 1937 beim Donington Grand Prix. Dieses Bild der Startaufstellung fasst die Ära perfekt zusammen: Rosemeyer (5) allein gegen die Mercedes-Mannschaft. An diesem Tag hiess der Hauptrivale von Brauchitsch (3).

Kein Wunder, dass die Leute ihn anbeteten. Bernds Brillianz und Mut im mächtigen und diffizilen Auto Union kam überall zum Vorschein. Hier nimmt er den Sprung von Donington.

Brauchitsch einen seiner spektakulärsten Siege. Er schaute hoffnungsvoll in die Zukunft und wusste nicht, dass es für ihn in mancherlei Hinsicht das «letzte» war: Das letzte Rennen auf einer Rundstrecke und der letzte Sieg. Aber für den Moment hoffte er auf ein Jahr erfolgreicher Zusammenarbeit mit seinem engen Freund Nuvolari, der sich bereit erklärt hatte, sich 1938 der Mannschaft der Vier Ringe anzuschliessen. Dem Bernd stand ein erholsamer Winter bevor, zusammen mit seiner Frau, die vor Weihnachten ein Kind erwartete.

Seine Arbeit für 1937 war jedoch noch nicht fertig. Für das letzte Oktoberwochenende waren Rekordversuche in der Nähe von Frankfurt angesagt. Bernd hatte bisher nie an der internationalen Rekordwoche teilgenommen, da sich Auto Union traditionsmässig auf Stuck verliess. Bernd bat seinen Team-Manager Dr. Karl Feuereissen, ihm die Chance zu geben, einen Rekordversuch gegen Caracciola und den Mercedes-Benz zu unternehmen.

Während der Rekordwoche bei Frankfurt wurde die Autobahn in Richtung Darmstadt einseitig für den öffentlichen Verkehr gesperrt. Bei Rekordversuchen im Juni 1937 erfolgte aber diese Sperrung nur so weit, wie es für Kilometer- und Meilenrekorde mit An- und Auslauf erforderlich war. Am Ende der Strecke war in Kniehöhe ein grosser Balken über die Bahn gelegt, um den aus Darmstadt kommenden Fahrzeugen rechtzeitig den Schluss der doppelseitigen Fahrbahn und Überführung zur einspurigen Bahn anzuzeigen.

Um so grösser war der Schrecken, als Rosemeyer die Absperrung mit ca. 290 km/h durchfuhr. Im letzten Augenblick war der Sperrbalken zur Seite gerissen worden – und Bernd befand sich in Fahrtrichtung Darmstadt, auf der Fahrbahn also, auf der ihm der normale Verkehr entgegen kam!

Nachher erklärte Bernd, das Fahren hatte ihm so Spass gemacht, dass er schneller fuhr als er sollte. Vor lauter Freude an der Geschwindigkeit hatte er nicht an die Barriere gedacht. Als er den Balken sah, reichte bei der Geschwindigkeit von 250-300 km/h der Bremsweg nicht mehr aus. «In Darmstadt kannst Du wenden,» dachte er sich, «also bis Darmstadt.»

Innerhalb von ein paar Stunden hatte Bernd neue Rekorde über den Kilometer (389,2 km/h) und Meile (389,6 km/h) mit fliegendem Start aufgestellt und dann wurde die Verkehrsabsperrung für einen Versuch auf den Zehnmeilenrekord versetzt. Bald war Rosemeyer der Inhaber eines neuen 10-Meilen Weltrekords: 360,3 km/h.

Wenn wir bedenken, dass die Rede von einer normalen, durchaus nicht vollkommen geraden Strasse ist, mit Brückenunterführung und Kilometersteinen am Strassenrand, wird die Errungenschaft noch deutlicher. «Bei der Rückkehr von der Rekordfahrt

Rosemeyers Frau, Elly Beinhorn, war durch eigene Leistung eine Berühmtheit und wurde die «Amy Johnson von Deutschland» genannt. Sie stellte zahlreiche Fliegerrekorde auf und nach dem Tod ihres Mannes schrieb sie ein faszinierendes Buch über sein Leben.

Oktober 1937: Vor dem Rekordversuch auf der Frankfurt-Darmstadt-Autobahn kontrolliert Rosemeyer den Auto Union Stromlinienwagen. Drei Monate später verlor er hier sein Leben.

über 10 Meilen», berichtete Dr. Feuereissen, «stieg Rosemeyer nicht fröhlich wie sonst bei einem Erfolg aus dem Wagen, er blieb eine Weile erschöpft sitzen, und das sieghafte Lachen wollte nicht kommen. Die Nervenbeanspruchung bei der langen Strecke von 10 Meilen ist bei der für so hohe Geschwindigkeit schmalen Fahrbahn so gross und vor allem so lang, dass sie fast über die Grenze der menschlichen Leistungsfähigkeit geht.»

Rosemeyer war auf der Rückfahrt an Brückenüberführungen zweimal derartig versetzt worden, dass er mit den Rädern schon auf dem Grünstreifen war. Nach der Fahrt konnte er nicht sagen, wie er den Wagen wieder auf die Fahrbahn gebracht hatte.

«Bei etwa 380 km/h werden die Stossfugen der Betonstrassendecke als Schläge fühlbar, die eine Resonanz am Wagen finden, die aber bei höherer Geschwindigkeit sofort verschwindet. Beim Durchfahren der Brückenüberführungen erhält man einen furchtbaren Schlag auf die Brust, hervorgerufen durch die Luftverdrängung des Wagens, die sich nicht schnell genug ausgleichen kann. Es ist allerhöchste Konzentration erforderlich, um den Wagen stets in Fahrbahnmitte zu halten. Das rechtzeitige Abfangen von Seitenluftstössen und von Versetzungen an den Unterführungen erfordert ein solches Höchstmass von dauernder Bereitschaft zu sozusagen instinktmässiger blitzschneller Gegenaktion, noch bevor sich der Seitenwind oder ein anderer Einfluss voll auswirken kann, dass nach längstens ein paar Minuten die Nervenkraft einfach verbraucht ist. Dadurch ist die Anstrengung zum Beispiel beim 10 Meilen-Rekord grösser als beim Grand Prix, obschon die ganze Angelegenheit nur rund 2 Minuten vierzig Sekunden dauert», beschrieb Rosemeyer seine anstrengende Fahrt.

Zwischen dem 25. und dem 27. Oktober 1937 holte sich Rosemeyer nicht weniger als fünfzehn Geschwindigkeitsrekorde, darunter drei Weltrekorde. Caracciola und Mercedes-Benz konnte er vorläufig vergessen und er ging für den Winter nach Hause und wurde Vater eines Sohnes, «des kleinen Bernd».

Einige Tage später wurde die Ruhe unterbrochen. Die im August unterlegene Mercedes-Mannschaft wollte nicht ein weiteres Jahr warten, um die Rekordbücher wieder auszugleichen, und dank weitverzweigter Verbindungen zu höchsten Stellen in Regierung und Partei gelang es ihnen, einen Termin für neue Rekordversuche im Januar durchzusetzten. Auto Union fühlte sich gut gerüstet, nahm die Herausforderung an und Rosemeyer flog widerwillig von Berlin nach Frankfurt.

Es war kalt am Morgen des 28. Januar, die Strasse glitzerte von Raureif. Um acht Uhr war das Wetter etwas freundlicher und Caracciola startete zur Fahrt in Richtung Darmstadt. Um neun Uhr hatte Auto Union die Meilen- und Kilometerrekorde verloren. Carratsch lehnte einen erneuten Versuch wegen des aufkommenen Windes und Raureifs auf der Strecke ab und fuhr zurück ins Hotel. Vor seiner Abfahrt bedankte er sich für Bernds Glückwünsche und riet seinem Kollegen von einem Versuch ab.

Rosemeyer wollte jedoch seinen Rekord zurückhaben. Er wollte das Ganze hinter sich bringen und nach Hause gehen. Er nahm seinen Stoffhelm und stieg in den Wagen, um eine Probefahrt zu unternehmen. Bei dieser «Aufwärmefahrt» erreichte er schon 429 km/h, nur 3 km/h langsamer als Carcciolas neuer Rekord! Seine Mannschaft, darunter Chefmonteur Wilhelm Sebastian und Dr. Feuereissen, machte ihn eindringlich auf den aufkommenden Wind aufmerksam und flehte ihn an, doch nicht zu fahren. «Wir brauchen Dich für die kommende Saison mehr als jetzt das eine Mal rauf- und runterfahren», versuchte Sebastian ihn zu überzeugen. Rosemeyer: «Ich will mich nur noch einmal rantasten...». Kurz vor Mittag, um 11.46 Uhr beschleunigte das aerodynamische Geschoss in Richtung Darmstadt.

Der Rosemeyer Gedenkstein steht an der Stelle, wo der Auto Union im Januar 1938 zerschellte, beim Kilometer 508 an der Frankfurt-Darmstadt-Autobahn in der Nähe des Langen-Mörfelden Dreiecks.

Das zertrümmerte Wrack lag über eine Strecke von 600 Meter Länge verteilt. Es war wie ein Flugzeugunglück, eine Szene von verheerender Verwüstung. Im Wald fanden sie Bernd Rosemeyer. Seine Augen waren offen und Blut war keines zu sehen. Aber es war kein Wunder geschehen. An dieser Stelle steht heute der Gedenkstein.

«Die Nachricht von dem tragischen Geschick Ihres Mannes», las Elly Rosemeyer, «hat mich tief erschüttert. Ich übermittle Ihnen mein aufrichtiges Beileid. Möge der Gedanke, dass er im Einsatz für deutsche Geltung fiel, Ihren tiefen Schmerz lindern.»

Der Brief kam von Hitler und wurde von vielen anderen begleitet, von Namen, welche die Geschichte inzwischen verdammt hat. Jeder Brief tropfte vom fanatischen Eifer des Dritten Reichs. Symphatiegeladene Worte wurden vom offenbar als Trost gedachten Gedanken gefolgt, dass Bernd Rosemeyer, wie Göring schrieb, «beim Kampf um Deutschlands Weltgeltung gefallen» sei.

Auch ein toter Rosemeyer hatte für Hitler einen propagandistischen Wert: Die Personifizierung des blonden, arischen Traumjungen, der glorreiche, gefallene Held. Für andere war er ein Vorbild, das sie nicht mehr sehen würden, ein Mann, der für allzu kurze Zeit ihr Leben bereichert hatte.

«Rosemeyer war einmalig», schrieb Dr. Feuereissen. «Eine bis zur höchsten Vollkommenheit durchgebildete Fahrkunst, scheinbar spielerisch erreicht, paarte sich in ihm mit bedenkenlosem kämpferischen Einsatz. Alles war für ihn eine Selbstverständlichkeit. Alles nahm er ganz, es gab für ihn keine Halbheit.»

«Persönlich blieb er immer der gleiche sonnige, jungenhafte Mann. Er kannte kein Falsch, allen Menschen sagte er das, was er dachte, ohne Rücksicht darauf, ob es ihm nützen oder schaden könnte. Und so wird er in unserer Erinnerung bleiben als der gute Kamerad, der faire Sportsmann, der aufrechte Mensch. Er wird weiterleben als der grosse, sieghafte Kämpfer, ein Vorbild der Jugend...»

Eine Andekdote, welche über den Mann Rosemeyer viel aussagt, kam von Ludwig Sebastian, Bernds Monteur. Während eines Rekordtags 1937 wartete Sebastian auf die Rückkehr von Rosemeyer und sah den herannahenden Auto Union. Plötzlich stellte sich der Wagen mit 200 km/h quer, zackte hin und her, acht oder neun Mal. Sebastian schaute dem Horror hilflos zu, aber schliesslich wurde der Wagen zum Stehen gebracht. «Na?», rief der Fahrer, als er aus dem Wagen stieg. «Das soll mir mal einer nachmachen..»

# Ayrton Senna

## Ein einziger Gedanke

Er hiess «Ayrton de Silva», als er in Europa ankam. Ein sehr guter Name für einen Rennfahrer, fand ich, etwa so melodisch wie «Johnny Servoz-Gavin». Eine Weile lang erschien er dann unter dem Namen «Ayrton Senna de Silva» im Programm, ein grosser Bissen für die Kommentatoren. Schliesslich wurde er schlicht Ayrton Senna. Ich wünschte, er hätte seinen ursprünglichen Namen behalten. «Es ist bedauerlich», sagte ich eines Tages zu einem anderen Fahrer, «dass in unserer Sprache das Wort Senna ‹Sennesblätter› eine abführende Nebenbedeutung hat.»

«Der Name passt so gut zu ihm», kam die mürrische Antwort, «Diese Auswirkung hat er auch auf mich...».

Schon in vier ersten Runden seiner Formel 1-Karriere hatte der junge Brasilianer begonnen, seinen Gegnern auf die Nerven zu gehen. Es war nicht seine Schuld, dass sich der Toleman in Imola nicht qualifizierte, aber im Fahrerlager war man vergnügt. «Senna? Ich kenne ihn nicht», sagte ein Fahrer schadenfroh, «Ich weiss nur, dass ich ihn nicht ausstehen kann.»

Achtzehn Monate danach, 1985 in Zandvoort, musste Ayrton eine Abkürzung finden, um seinen brennenden Lotus an die Boxen zu bringen. Die Lösung rettete das Auto, kostete ihn jedoch eine Geldstrafe von $ 5 000,-. Wieder gab es allgemeine Heiterkeit. «Schade..», munkelten sie.

Senna ist seit Villeneuve die umstrittenste Person im Grand Prix-Sport. Als Mensch jedoch war Gilles sehr beliebt, und die gegen ihn gerichtete Kritik stammte nur von seinem manchmal widerspenstigen Verhalten auf der Rennstrecke. Ayrton wird von beiden Seiten angeschossen, seine Persönlichkeit sowie seine Fahrweise schürt den Ärger seiner Kollegen.

«Sie haben nur das grosse Talent gemeinsam», meinte Keke Rosberg. «Auf der Strasse war Gilles hart wie Eisen und manchmal auch ziemlich wild, aber er war immer gerecht. Senna wird sich viel leicht eines Tages ändern, aber im Moment ist er immer noch unter dem Eindruck, das hier sei die Formel 3. Wenn man neben ihm fährt, geht er direkt auf einen los. Das tat Gilles nie - und Ayrton ist gut genug, sowas hat er gar nicht nötig. Das Geschäft ist ohnehin gefährlich. Das einzige was er macht, ist sich Feinde zu schaffen.»

Bei anderen Fahrern würde man sofort an saure Trauben denken, aber Keke ist durchaus keine Flasche. In der Tat eckte Senna 1985 an verschiedenen Orten an: Er ärgerte Prost in Imola, Alboreto und Lauda in Monaco, Rosberg in Brands Hatch, den verstorbenen de Angelis in Kyalami, Mansell in Adelaide....«Wenn ich ihn mögen würde, würde ich es ihm verzeihen, aber ich mag ihn ja nicht..», sagte Michele.

Im Grunde genommen, sagen sie, geht es um die Respektlosigkeit. In den späten 70er Jahren warfen die etablierten Stars Patrese das gleiche «Lese Majeste» vor (und tun es immer noch, wenn ich es mir recht überlege). Grobe Fahrmanieren gingen Hand in Hand mit einer arroganten Gleichgültigkeit der Kritik gegenüber. Senna ist jedoch als Fahrer in einer anderen Klasse. Vielleicht mag es zynisch klingen, zu unterstellen, dass diese Eigenschaft ihren Antagonismus nur noch schürt, aber es stimmt. Rennfahrer sind schliesslich auch nur Menschen.

In jeder Hinsicht ist Senna seiner selbst sicher. 1981 beherrschte er die Formel Ford-Szene in Grossbritannien, überging jedoch das wichtigste Meeting von allen, das Festival von Brands Hatch. «Ich fand, ich hatte genug getan, um einen Formel 3-Vertrag zu verdienen, aber ich bekam keine Angebote. Ich wollte den Winter nicht damit verbringen, um einen Wagen zu betteln, noch um einen Sponsor zu suchen, und ich dachte: «Gut, dann hörst Du auf, gehst nach Hause und arbeitest in Brasilien.» Der 21-jährige Rennfahrer im Ruhestand flog dann in Begleitung seiner Frau nach Sao Paulo zurück.

Während des Wintes überlegte er sich seine Entscheidung und kam zum Schluss, das er doch weitermachen wollte. Die Tür zur Formel 3 hatte sich immer noch nicht geöffnet und er begnügte sich mit einer Saison von FF2000. Als er diesmal in Europa ankam, war er allein. «Wenn ich mich in der Formel 1 etablieren will, muss ich dem Sport alle meine Zeit und Energie zuwenden. Das konnte ich als Ehemann nicht, also liessen wir uns scheiden.»

«Du musst verstehen», sagte er ruhig, «dass mich nur meine Karriere interessiert. Dafür habe ich vieles geopfert, darunter meine Ehe, mein Zuhause, meine Familie und Freunde in Brasilien.»

Das klingt kalt und distanziert, und vielleicht ist es das auch. Sennas Offenheit ist bei der ersten Begegnung stark und beunruhigend. Sie bekommen den Eindruck, dass er diese Redeweise verwendet, um Zeit zu sparen, dass das Zuckern einer ungeniessbaren Pille Zeit verschwendet, welche anderswo besser genutzt werden kann - zum Beispiel beim Wagen Schneller-Machen.

Während seiner Williams-Zeit sprach Alan Jones von dem «Fahren für einen inneren Kreis». Solange alle im Team mit ihm zufrieden waren, war die Welt

Monaco 1984. Senna und Toleman rutschen über den Casinoplatz. Es war nur der sechste Grand Prix seiner Karriere und er hat ihn beinahe gewonnen.

in Ordnung. Ayrton ist der gleichen Ansicht, obwohl böse Zungen behaupten, dass die Mitgliedschaft seines «inneren Kreises» auf eine einzige Person beschränkt ist. Es ist eine Tatsache, dass er die Leute um sich nie als selbstverständlich hinnimmt. Nach einem guten Resultat vergisst er nie, alle seine Mechaniker zu umarmen.Er verlässt das Gelände nie, ohne jedem die Hand zu geben und sich bei ihnen zu bedanken.

Senna ist einer der wenigen Männer, der ein Team zur Höchstleistung motivieren und hinter sich bringen kann. Piquet hat die gleiche Begabung. Man fühlt sich nach einer langen Nacht viel besser, wenn der Fahrer dank deiner Arbeit auf der Pole Position steht. Mache den Wagen etwas besser und es zeigt sich sofort in seinen Zeiten. Ayrton hat dieses Talent und Engagement. Für seine Mannschaft ist es eine sofortige Belohnung für ihren Einsatz.

Er steht im Zentrum des Teams, verbringt viele Stunden im Werk, wie Nelson es früher bei Brabham tat. Sein Wagen, das nächste Rennen, das sind die Sachen, welche ihn vor allem interessieren. Er will überall im Bilde sein, und ein weiterer Bonus seiner konstanten Anwesenheit in der Fabrik ist, dass er die kleine Familie noch mehr zusammenbindet. Mechaniker und Boxencrew haben keine Affinität zu einem Superstar, der fünf Minuten vor dem Start hineindüst und fünf Minuten nach dem Rennen wieder verschwindet.

Verglichen mit der Mehrheit der Grand Prix-Fahrer lebt Senna relativ einfach. Vielleicht wird er sich mal der sonntagabendlichen Learjet-Warteschlange anschliessen, zwischen den Rennen in ein Versteck am Mittelmeer verschwinden, aber im Moment trägt er für alles ausser dem Rennsport Scheuklappen. «In Europa habe ich nicht viele Freunde», sagte er. «An der Rennstrecke habe ich neben der Arbeit keine Zeit. Und wenn ich arbeite, ist mir ausser meinen Mechanikern und der Crew alles egal.»

«Es ist mir egal..» ist ein von Senna viel gebrauchter Ausdruck. Manchmal glaube ich, sagt er es, wenn er über einen erwiesenen Punkt nicht diskutieren möchte. «Alberto sagt, Du hast ihm den Weg versperrt.» «Das ist mir egal..» Manchmal klingt seine Stimme dabei müde, gelangweilt. Das ist sein Problem, ist seine Alternative und manchmal zuckt er mit den Schultern. «Was heisst das? Ich war ja vorn - ich bleibe auf meiner Linie.» Rosberg und andere

JPS
JPS

Senna wollte die Führung des Monaco Grand Prix 1984 von Prost übernehmen, als das Rennen wegen schlechter Witterung vorzeitig abgebrochen wurde. Seine Meinung über die Entscheidung der Stewards kam auf dem Siegespodest deutlich zum Ausdruck.

empfinden solche Sprüche aus der Formel 3 typisch. Senna meine offensichtlich, die Führung verleihe einem unbeschränkte Vollmacht.

Es gibt in jedem Sport eine bestimmte Entrüstung, wenn ein Neuling von Ayrtons Talent die Bühne betritt. Das Establishment bevorzugt einen unkomplizierten Jungen, der angemessenen Respekt zeigt und nicht auffällt. Arroganz bleibt ein Privileg, das durch viele Dienstjahre, viele Siege, einige Villen, Düsenflugzeuge und vor allem unzählige Dollars erworben wird. Mit Arroganz kommt niemand in die Szene, besonders wenn man, Gott behüte, auf vier Rädern ein Genie ist. Niemand kümmert sich um den eingebildeten Kerl, der zu seinem Startplatz in der elften Reihe stolziert. Aber es ist eine andere Sache, wenn er an drei Wochenenden auf zwei Pole Positionen steht. «Okay», sagt er, «der Wagen ist fantastisch jetzt. Fühlt sich sehr sicher an. Jetzt geht's los.»

Im Moment ist es äusserst schwierig, den Rennfahrer Senna einzuschätzen. In Adelaide beim letzten Rennen vor der Winterpause 1985 erinnerte er mich an de Cesaris. Aber in Spa, Estoril, Silverstone und anderswo zeigte er sich wie er ist: Ein Künstler in bester Clark-Tradition.

Der grösste Teil der Fahrer würde wahrscheinlich lieber ein Glas-Sandwich essen, als zuzugeben, dass er wirklich in Clarks Klasse gehört, aber Tambay ist davon überzeugt: «Er ist phänomenal. Seit meinem ersten Rennen habe ich drei Fahrer mit dem besonderen Etwas gesehen, welches sie auf eine andere Ebene bringt: Villeneuve, Prost und Senna. Ich weiss nicht, was das Etwas ist, nur dass es existiert.»

Was den Ayrton betrifft, stehen die Zielstrebigkeit und ein hoher Grad an Ambition hoch auf der Liste. Tambay wieder: «Ich hatte die Chance zu Lotus zu gehen und fragte Senna: «Wie würde es Dir gefallen, mich als Teampartner zu haben?» ‹Du›, rief er entsetzt, ‹aber Du bist doch Franzose. Renault würde dir die besten Motoren geben!› Das war seine Reaktion. Er dachte, ‹wie könnte es mir schaden?›. Ich fand es erstaunlich - nicht dass er nur an sich selber dachte, sondern dass er sich nicht die Mühe machte, seine Gedanken zu verbergen.»

Von der Rennstrecke entfernt ist Ayrton wieder anders. Wenn man ihn am Flughafen oder in einem Hotel antrifft, ist er immer höflich und freundlich und enthüllt einen zynischen Humor, welcher im Fahrerlager selten anzutreffen ist. Ich habe das Gefühl, dass trotz seiner äusserlichen Gleichgültigkeit es ihm doch nicht egal ist, was die Leute von ihm halten. Seine Ambition hat jedoch heute immer noch Vorrang.

Er verliess Toleman in einer ziemlich unorthodoxen Weise. Der 3-Jahresvertrag enthielt zwar eine «Kaufe Dich heraus»-Klausel, aber er verlangte, dass dieses Geld sogar bezahlt werden musste, bevor Senna die Gespräche mit einem anderen Team überhaupt aufnehmen durfte. Bei einer meisterhaften Demonstration von Planung und Diplomatie gab Lotus die Vertragsunterzeichnung mit Senna bekannt, bevor Toleman einen Pfennig erhalten hatte.

Senna sah seinen Überlauf nur in Sätzen von schwarz und weiss. Er ging zu Lotus, da es klüger für seine Karriere schien als zu warten, bis sein Vertrag mit Toleman auslief. Es war doch nur eine Frage der Logik. Peter Warr war nicht die einzige interessante Partei. Alle wollten seinen Namen auf einem Vertrag. Wenn ein Talent wie Sennas auftaucht, werden die Regeln übergangen. Keine attraktive Seite des modernen Rennsports, aber trotzdem eine Tatsache.

Die Leute von Toleman waren mit Recht enttäuscht, da sie allein bereit waren, dem jungen Senna den Durchbruch in die Formel 1 zu ermöglichen. Grand Prix-Teamchefs sind dafür bekannt, dass sie bei der Wahl ihrer Fahrer schrecklich konservativ sind. Es kommt billiger, wenn jemand anderes die Spitalrechnungen des jungen Möchte-gerns bezahlt. Es ist die bekannte Geschichte: Kleines Team nimmt Neuling, Neuling nimmt Gelegenheit, grosses Team nimmt Star.

1984 erlebten wir die volle Entfaltung von Ayrtons Entschlossenheit. In Kyalami, noch nicht «For-

Bei seiner zweiten Fahrt für Lotus holte sich Ayrton seine ersten Grand Prix-Lorbeeren. Im monsunartigen Regen von Estoril zeigte der Brasilianer seine Qualitäten.

Oktober 1985: Während den letzten Trainings in Brands Hatch schaut Senna gespannt auf den Monitor und wartet, bis jemand seine Zeit unterbietet. Piquet gelang es - und Senna stellte sofort eine neue Bestzeit auf.

mel 1-fit», beendete er das Rennen halb bewusstlos vor Erschöpfung - aber mit einem WM-Punkt. Wenn der verregnete Grand Prix von Monte Carlo eine Runde später abgebrochen worden wäre, hätte er gewonnen. In Dallas fuhr er über die grösste Distanz ohne Sicherheitsgurt; die unteren Gurte verursachten eine Durchblutungsstörung und seine Beine schliefen ein. «Unmöglich, so zu fahren», sagte er. Hatte er denn nicht an Anhalten gedacht? «Nein», beantwortete er meine offenbar dumme Frage, «Warum? Der Wagen war ja in Ordnung..»

In Brands Hatch erlitt Cecetto zu Beginn des Trainings einen Unfall und verletzte seine Beine schwer. Senna ging zum Unfallort und kam sehr beunruhigt an die Box zurück. Er inspizierte das Wrack, das einmal Johnnys Wagen war, dann stellte er die schnellste Runde des Trainingslaufs auf. Im Rennen wurde er dritter und wiederholte das Ganze in Estoril. Toleman wusste genau, was sie bald verlieren würden.

«Hast Du schon bemerkt?», fragte Alex Hawkridge «Das seltsame an ihm ist, er flucht nie, egal was passiert. Ich habe bisher nie solche Selbstbeherrschung gesehen - irgendwie ist es nicht ganz menschlich.» Ayrton ist bestimmt kein Mann, der in der Öffentlichkeit eine Show abzieht. Seine Wut brodelt unter der Oberfläche.

Bis in den Sommer 1985 hatte er viel Gelegenheit dazu. Seit seinem ersten Grand Prix-Sieg in Estoril hatte er die Rennen in Imola, Monaco, Detroit, Silverstone und auf dem Nürburgring angeführt und keines davon beendet. Aber bei den nächsten fünf klassierte er sich immer in den Punkterängen.

Wo immer Senna ging, schien ihm irgendeine Kontroverse zu folgen. Nach dem Aufstellen der schnellsten Runde in Monaco befolgte er die Tradition von «die Position verteidigen», und machte es seinen Gegnern fast unmöglich, eine freie Runde zu drehen. Alboreto, der sich die Pole Position auch als Tagesziel gesetzt hatte, wurde bei den ewigen Überholungsversuchen fast wahnsinnig und schoss Senna schliesslich von der Strasse bei der Rascasse ab. Das Blockieren gehört zur altehrwürdigen Tradition in Monaco - Reutemann war darin der Meister -, aber von diesem jungen Emporkömmling war es unakzeptabel. Michele tobte vor Wut.

Drei Monate später kämpfte das Paar in der letzten Runde um den dritten Platz von Zandvoort. In der Schikane erzielte der Ferrari einen Treffer und der Lotus kam dabei fast von der Strasse ab. «Das war bestimmt absichtlich», sagte Ayrton, «Alboreto muss schwachsinnig sein, wenn er denkt, ich werde es vergessen. Für die Weltmeisterschaft steht er gegen Prost. Wenn sie beim letzten Rennen in Australien in der Lage sind, mich zu überrunden, werde ich Alain auf jeden Fall vorbeilassen...»

Natürlich kam es nicht soweit. Micheles Saison wurde zu Asche. Er war es, der in Adelaide Ayrton an Monaco und Zandvoort erinnerte, er war der Überrundete, er liess Rosberg durch, und er blokkierte Senna.

Zweifellos geht Ayrton manchmal beängstigende Risiken ein. Der reine Rennfahrer bezwingt den eiskalten, ruhigen und methodischen Denker. In Adelaide schien es, als sei der Computer gecrasht, als habe mein Dorfnachbar ihm den Helm und die Startnummer geklaut. Risiko folgte Risiko und der Lotus machte alles bereitwillig mit.

Es gab jedoch andere Rennen, bei welchen Senna sich offenbar entschlossen hatte, auf seine eigene Ebene zurückzukehren. Um zu verstehen, wie schwer es im Regen von Estoril war, musste man einen Blick auf die anderen werfen und sehen, wie sie Mühe hatten, ihn in Sicht zu behalten. Bei Ayrton gab es keine kreischenden Drehzahlen, fast keine Gegensteuerung, als verfüge er alleine über einen Vierradantrieb. «Du hast alle Kurven in einem höhe-

Sieg Nummer zwei. Der Grosse Preis von Belgien 1985 wurde im Regen gestartet und Senna ging gleich in Führung. Die richtige Reifenwahl half ihm, diese Position bis zum Schluss zu behalten.

ren Gang als die anderen genommen, genau wie Stewart», staunte ich nachher, «Natürlich. In die Kurve hinein, und den Fuss weg vom Gas, bis der Wagen wieder gerade stand. Haben sie das nicht alle getan?» Tschja, eigentlich nicht, aber sie finden es auch nicht nötig, die Bremsen vor der schnellen Runde bei der Qualifikation langsam aufzuwärmen, wie er es zu tun pflegt.

Das gleiche gilt für seine Kurventechnik. Stehen Sie zum Beispiel beim Eingang von La Source in Spa, und sie hören den Unterschied zwischen Senna und dem Rest. Lange vor dem Scheitelpunkt hören Sie das ›Barp,Barp,Barp‹ des Motors, wie er delikat mit dem Gas umgeht, genug um die Touren zu halten, aber nicht zuviel, um das Fahrverhalten des Wagens beim Einbiegen nicht zu stören. Er verliert keinen Ladedruck und kommt aus der Kurve wie aus einer Schleuder heraus.

Wenn er das Rennen in Portugal wie ein Stewart gefahren ist, bestätigte er seinen Triumph wie ein Brambilla, endlich kam der Latein zum Vorschein. In der ersten Kurve nach der karierten Flagge hatte er die Sicherheitsgurte abgelegt und war halb aus dem Cockpit vor Freude. Er winkte mit beiden Armen wie ein Junge am Flughafen. Er hatte nach seinem ersten Formel 3-Sieg zwei Jahre zuvor in Thruxton die gleiche Reaktion gezeigt.

Wir stehen an der Schwelle einer aufregenden Ära mit Senna . Es wird faszinierend sein, zu sehen, wie er sich entwickelt, welche Auswirkungen die Zeit und die Erfahrung haben werden. Nach zwei Jahren Formel 3 ist er fabelhaft, wenn er vorn liegt, fehlbarer, wenn er kämpfen muss. Wenn es heute bei seiner Fahrweise an etwas fehlt, dann ist es die Geduld, und zu wissen, wann er nachgeben muss. Das wird wahrscheinlich mit der Zeit kommen, und dann wird er unschlagbar sein. Was seinen Ruf unter den Kollegen angeht, ich kann mir nicht vorstellen, dass Senna jemals zu Kreuze kriechen wird, aber das «enfant terrible» von heute wird oft zum etablierten Mann von Morgen.

Während der Rennsaison 1985 baute Ayrton ein enges Arbeitsverhältnis mit Gerhard Ducarouge auf, der Senna als den besten Fahrer, mit welchem er bisher zusammengearbeitet hat , beschreibt.

# Jackie Stewart

## Nichts geschenkt

«Hör mal, zur Zeit bin ich auf der Schnellspur», ist ein Lieblingsspruch von JYS. «Kannst Du mich morgen um 14.30 Uhr zurückrufen? Dann habe ich nämlich 40 Minuten frei.» So beschäftigt ist er. Telefonanrufe von mehr als ein paar Minuten Länge müssen vorher arrangiert werden und in seiner Agenda eingeschrieben sein.

Ein Freund von mir musste ihn einmal in London anrufen. Jackie wohnte im Grosvenor House und das Gespräch war für 10.00 Uhr gebucht. Punkt Zehn wurde mein Kollege durchgestellt. Jackie war nicht da. Das ist aber merkwürdig, dachte er, als er den Hörer auflegte. Das Telefon klingelte. «Hallo, hier ist Jackie. Ich bin im Verkehr an der Park Lane steckengeblieben. Kannst du mich in zehn Minuten in meinem Hotelzimmer anrufen?»

1971 veröffentlichte Stewart ein auf seine Tagebücher der vorangegangenen Saison basierendes Buch. Im Buchhandel erschien es unter dem Titel «Faster!» («Schneller!»). Jackie wollte es «Where Am I Going Today?» («Wo geht's heute hin?») nennen. Sollte er jemals einen weiteren Band seiner Autobiographie schreiben wollen, wäre dieser Titel immer noch passend. Sein Reiseprogramm blieb hektisch. Warum genau, ist uns allen ein Rätsel. Es gibt Zeiten, da kommt es mir vor, als ob Stewart seinen eigenen Schwanz jagen würde. Er besitzt alle materiellen Reichtümer, die ein Mann sich wünschen kann. Sein Haus am Genfersee ist fabelhaft, und man fragt sich, warum er dort so wenig Zeit verbringt, warum er so viele Stunden in Flugzeugen sitzen muss, so viele Tage an unangenehmen Orten. Ein Teil davon muss auf sein Ego zurückzuführen sein: Jackie ist gut entwickelt und bestens unterhalten. Eingebildet ist er nicht. Er weiss natürlich, wie gross er als Fahrer war, aber davon redet er, als sei es eine Selbstverständlichkeit. Drei Weltmeistertitel und mehr Grands Prix als sonst jemand in der Geschichte zu gewinnen ist nichts alltägliches.

Viele empfanden den Rücktritt des 34jährigen als unakzeptabel. Er hat einen Haufen Geld gemacht, klagten sie, und jetzt haut er ab. Was ist mit ihm los? Das ewige Gerede von der Sicherheit...will er denn nicht in einem Rennwagen sterben? Als ich jung war, waren die Männer noch Männer...er könnte sich nicht mal die Haare schneiden lassen...

Gott sei Dank war es nicht wie damals, als sie noch jung waren. Mario Andretti sagt von Stewart und von anderen, die ihm auf den Weg eines frühen Rücktritts folgten, dass sie den Rennsport zu wenig liebten. Ihre Talente sind immer noch vorhanden, wie können sie es nur verschwenden? «Für mich ist es wie ein Rauschgiftsüchtiger», sagt Mario. «Ich meine den reinen tierischen Genuss, den er von seinem Fix bekommt. Bis man es sich abgewöhnen kann - bis man weiss, dass man nicht schnell genug ist - weiss ich wirklich nicht, wie man davon loskommt. Ich könnte nicht als Zuschauer da stehen und wissen, dass ich den Kerlen auf der Rennstrecke noch um die Ohren fahren könnte.»

Andretti ist jedoch mit dem Sport emotionaler verbunden als die meisten. Stewart sagt, er sei ausgebrannt gewesen, als er seinen Rücktritt bekanntgab, er musste seine Lebensweise ändern und wies keine Rückzugssymtome auf. «Für mich war es eine einfache Entscheidung», sagt er. «Ich hatte mich zu lange zu hart getrieben.» Mehr noch, den Entschluss hatte er lange zuvor gefasst. Im April 1973 fragte ich ihn, wie lange er noch fahren wolle. Es stimme, antwortete er, er denke tatsächlich an seinen Rücktritt.

«Das muss das logische Ziel von jedem sein», erklärte er mir vor dreizehn Jahren. «Mir macht mein Beruf riesigen Spass und es wird bestimmt nicht leicht sein, diesen Lebensstil aufzugeben. Aber ich will mich zurückziehen, nicht nur für mich, sondern auch meiner Familie wegen».

«Ich sehe, dass es im Leben noch andere Dinge gibt, und egal, wieviel Freude man an etwas hat, kann man nicht immer das haben, was man will. Man muss Opfer bringen, und irgendwann werde ich auch etwas opfern müssen. Die Entscheidung wird unwiderruflich sein. Wenn die Zeit stimmt, werde ich es tun. Keine Comebacks. Endgültig Schluss.»

Wir sprachen bei einer Testsession in Silverstone, und, wie er mir später sagte, es fiel die Entscheidung genau in dieser Woche. Ein paar Tage danach vertraute er Ken Tyrell und Fords Walter Hayes an, er wolle am Ende des Jahres aufhören. Die drei Männer bewahrten das Geheimnis bis zum 14. Oktober, als Jackie bei einem Anlass in London seinen Rücktritt bekanntgab.

«Ich war an diesem Tag ein bisschen benommen. Ich verspürte Erleichterung und auch Trauer. Wenn alles ein bisschen glücklicher gewesen wäre, hätte ich meine Entscheidung etwas mehr bereut. Wir wollten es eine Woche nach dem letzten Rennen bekanntgeben, aber wie es sich herausstellte, war das die Woche nach dem Unfall von François, und nur drei Tage nach seiner Beerdingung.»

Watkins Glen hätte das perfekte Finale von Stewarts Karriere sein sollen: Schönes Herbstwetter im Staate New York beim 100. Grand Prix eines gros-

Jackie und sein Lieblingswagen. Während der ersten Runden des Grossen Preises von Monaco 1969 konnten nur Amon und sein Ferrari den Matra MS80 von Stewart in Sichtweite halten. In diesem Jahr gewann JYS die Weltmeisterschaft Nummer 1.

sen Fahrers. François Cevert, der dort zwei Jahre zuvor gewonnen hatte, starb im Training bei einem unglaublich brutalen Unfall, und das Tyrrell-Team zog sich vom Rennen zurück.

Vom Anfang seiner Karriere an widmete sich Jakkie der Sicherheit, und zweifellos wirkte sein Unfall in Spa 1966 als Nahrung für sein Interesse in dieser Sphäre. Es dauerte eine Ewigkeit, bis er aus dem benzinnassen Wrack befreit werden konnte. Danach startete er nie ohne einen am Lenkrad seines BRM angeklebten Gabelschlüssel, um dessen schnelle Entfernung zu erleichtern. Stewart war der erste Grand Prix-Fahrer, der einen Sicherheitsgurt trug. Er wurde bei Sicherheitsangelegenheiten zum Fahrersprecher, und in verschiedenen Kreisen wurde er deswegen geächtet.

«Wir hatten alle begonnen, uns darüber Gedanken zu machen», sagte Chris Amon. «Besonders nach dem Tod von Jimmy Clark. Es schockierte und erzürnte uns, dass das Leben des grössten Fahrers dieser Zeit verloren ging, nur weil er eine Reifenpanne hatte und in die Bäume fuhr. Damals gehörte es sich aber nicht, über die Sicherheit zu sprechen. Vor Stewart hatte ich grossen Respekt, nicht nur als Fahrer, sondern besonders, weil er den Mut hatte, Dinge zu sagen, welche ihn in bestimmten Kreisen unpopulär machten. Er sprach für uns alle - aber er war der einzige, der den Mut hatte, seine Meinung zu sagen.» Jackie selber erklärt es so: «Ich wurde von allen Seiten angegriffen. Man warf mir vor, ich wolle die Fahrer in Watte einbetten. Träumer, alle. Grosser Gott, wann sind sie jemals mit 250 Sachen in die Leitplanken gefahren? Sie sprachen von Leitplanken, als seien sie aus Zuckerwatte! Der Motorsport wird nie ungefährlich sein, und es wird immer wieder Tote geben. Heute sehen die Leute wenigstens ein, dass es keinen Platz für unnötige Gefahren gibt. Leute mit mindestens einem halben Gehirn, auf jeden Fall...»

Er betrachtete die Ära des Bodeneffekts im gleichen Licht. Er war zwar schon lange nicht mehr aktiv, meinte aber, dass sich der Sport mit den federungslosen Brummis der frühen 80er Jahre selber umzubringen drohte. An jedem Wochenende gab es zahlreiche Unfälle. Die Wagen waren hässlich. Die Fahrer hassten sie. Die ganze Artistik war in Gefahr.

«Da wurde ich auch heftig kritisiert, besonders von denen, deren Bodeneffekt-Wagen gut funktionierten. Meine Antwort darauf war, dass Gilles Villeneuve, der beste Rennfahrer, den man je zu sehen hoffen konnte, ganz davon besessen war, die Schürzen und den Bodeneffekt zu verbieten. Er fand die Wagen zu gefährlich, und er wollte sie nicht fahren. Weisst Du, das grosse Problem ist, dass die Männer an der Macht dieses Sports ein finanzielles Interesse haben. Wenn die Formel 1 ein gewöhnliches Geschäft wäre mit Sitz in Amerika, würde die Federal Trade Commission (Föderalistische Handelskommission) wegen dem Interessenkonflikt sofort etwas dagegen unternehmen.»

«Ironisch ist, dass Gilles – der mutigste von allen – konstruktivere Vorstellungen von der Sicherheit hatte als sonst jemand. Die Fahrer müssen für sich selber schauen, niemand anderes wird es für sie tun. Die FISA sieht wie das neue Talent kommt und geht. Die Teams selber können Fahrer ersetzen. Die Trauerzeit ist kurz . . .»

Stewart hatte für Spa nichts übrig, liess es sich jedoch nicht anmerken. 1967 musste er den Schalthebel mit der Hand in Position halten, fuhr aber den schwierigen BRM H16 trotzdem bis auf den zweiten Platz.

elf
CW '85

Jackie hat nie ein Blatt vor den Mund genommen. «Als ich noch aktiv war, wäre es viel bequemer gewesen, nichts über die Sicherheit zu sagen. Ich wäre ein viel populärerer Weltmeister gewesen, wenn ich gesagt hätte, was man hören wollte. Ich wäre vielleicht tot gewesen, aber populärer auf jeden Fall . . .»

Als sein grösstes Rennen nennt er das fast letzte seiner Karriere, 1973 in Monza. Das überraschte mich. Ich hatte erwartet, dass er den Lauf auf dem Nürburgring fünf Jahre früher, wo er mit vier Minuten Vorsprung die Ziellinie überquerte, nennen würde. «Nein, nein,» erwiderte er. «Das war im Regen eine einfache Sache. Auf dem Ring spielen Talent und Begabung immer eine Rolle. Dazu kommt, dass ich an diesem Tag einen Reifenvorteil hatte. In Monza war es anders. Ich musste früh an die Box, verlor dabei eine Runde und ging in Angriffsstellung. Aber in Monza ist es so einfach – dort kann jeder schnell fahren, und daher ist es so schwierig, verlorene Zeit wieder gutzumachen. Man muss technisch perfekt und klinisch sauber fahren, sonst kann man es vergessen. Ich liess mich vollkommen von meinem Kopf dirigieren, und er war so gut wie nie zuvor, glaube mir. Kämpfe nicht mit dem Wagen, lasse ihn die Arbeit machen – das ist das Geheimnis.»

Ich habe das grosse Glück gehabt, mich während meiner Zeit als Motorsportjournalist von vielen Grand Prix-Fahrern, manchmal auf einer Rennstrecke, normalerweise auf der öffentlichen Strasse, fahren zu lassen. Keiner hat mich bisher so beeindruckt wie Stewart. Ihm fällt alles so wahnsinnig leicht. Man glaubt, der Wagen fahre sich selber, und dass Jackie nur anwesend ist, um die gelegentlich anfallenden, heikleren Arbeiten zu übernehmen.

Gegen Ende 1981 zirkulierten laute, wenn nicht ordinäre Gerüchte, dass er wie Niki Lauda ein Comeback plane. Obschon der Österreicher mit überwältigendem Erfolg zurückkehrte, nahmen die Kenner der Szene die Geschichten um Stewart nie ernst. Er war schon 42 Jahre alt und acht Jahre abwesend gewesen.

«Wenn er doch zurückgekehrt wäre», bemerkte Frank Williams zu dieser Zeit, «hätte ich überhaupt keine Zweifel, dass er immer noch konkurrenzfähig wäre. Er ist ein Künstler seines Fachs, ist sogar anpassungsfähiger als Niki und ist sehr fit. In meinen Augen war er der beste Allround Fahrer der letzten Dekade.»

Die zwei Männer haben vieles gemeinsam, eine Gesundheitsmanie inbegriffen. Kannibalen würden an keinen von beiden einen zweiten Blick verschwenden. Beide haben ähnlich hohle, magere Gesichter, die man in der Regel bei Jockeys wie Lester Piggott findet, aber Williams und Stewart fanden Lesters traditionelle Diät, von Kaffee und Zigaretten, um Diät zu halten, schauderhaft. Aber auch Frank hat seine schwachen Momente. Alkohol und Tabak hatte er sein Leben lang gemieden, aber ich war einmal dabei, als er, während er seine Meinung über Jean-Marie Balestre von sich gab, einen ganzen Quarkkuchen killte. Stewart ist ein noch fanatischerer Märtyrer. Jahrelang schleppte er grosse Mengen eines Kleienfrühstücks mit in seinem Gepäck herum, und heutzutage müssen die Köche in den besten Hotels der Welt jeden Morgen ein Porridge nach seinen eigenen Spezifikationen zubereiten – «Absolut kein Salz!». Mittagessen heisst ein leichter Salat, und gelegentlich erlaubt er sich einen «Spritzer», eine Mischung aus Weisswein und Mineralwasser.

Es ist allerdings leicht, eine solche enthaltsame Lebensweise zu verspotten. Eine von Jackie's grossen Stärken ist, dass er über sich selber lachen kann. Natürlich hält er im Fahrerlager gerne Hofstaat, gerne sitzt er bei seinen Bekannten und hört sich den neuesten Klatsch an. Einmal, an einem nassen Trainingstag in Zolder, sass ich mit einigen Freunden vor dem Elf-Motorhome zusammen. Es gab praktisch nichts, was uns aus dem Vorzelt hätte locken können. Plötzlich hörten wir eine bekannte Stimme:

«Es fällt mir gar nicht leicht, eure bestimmt interessante und äusserst wichtige Unterhaltung zu unterbrechen, aber hier draussen befinden sich 26 Jungs, die sich für eure geschätzte Aufmerksamkeit den Hintern abarbeiten!»

Wir drehten uns um und sahen einen Mann wie aus einer Zeitschrift «Männer-Vogue» gekleidet, mit einem breiten Lächeln auf dem Gesicht.

«Nein, nein, lassen sie sich doch nicht stören. Überanstrengt euch nicht. Bleibt da – ich bringe euch die Zeiten, wenn das Training vorbei ist . . .»

Ich bin aber mehrmals mit Jackie in einer Kurve gestanden und finde seinen inoffiziellen Kommentar faszinierend. «Hast Du gesehen? Er biegt immer noch zu früh ein. Das macht er seit dem Start . . .» Und wenn er jemanden mit auf die Strecke nimmt, demonstriert er, was er meint, indem er den Fahrstil von verschiedenen Fahrern nachmacht. «Okay, diesmal nehmen wir die Kurve wie es Soundso macht. Hast Du es bemerkt? Hast Du gespürt, wie der Wagen versucht, weiter nach aussen zu gleiten?»

Er mag seit langem nicht mehr dabei sein, aber die Erinnerungen an seine grössten Tage bleiben. Ich habe ihn 1971 in Monaco gesehen, und das Rennen wurde zu einem der Flagge-zu-Flagge-Siegen, die in diesem Sommer zur Routine geworden waren. Jahre später stellte es Ken Tyrrell in die richtige Perspektive: «Nach der Aufwärmerunde sagte Jackie, es stimme mit den Bremsen etwas nicht und unsere Mechaniker fanden, dass die Bremsausgleichsstange gebrochen war! Wir konnten in so kurzer Zeit vor dem Start absolut nichts unternehmen, also musste er die ganze Distanz – von Monaco, stelle Dir das vor – nur mit der Vorderradbremse fahren. Nach dem Rennen sahen wir, dass die hinteren Bremsbeläge absolut keine Abnutzung aufwiesen – sie waren wie neu.»

Stewart war in dieser Saison so gut wie alleine. Rindt war nicht mehr da, Fittipaldi und Peterson ka-

Stewart und der 003. Einer der erfolgreichsten Wagen überhaupt, trug dieses Tyrrell-Chassis den Schotten zu acht Grand Prix-Siegen, darunter die sechs aus 1971, welche ihm die Weltmeisterschaft Nr. 2 brachten.

men gerade an. Der Ferrari von Ickx war gelegentlich eine irritierende Mücke, nicht mehr. Im August in Zeltweg hatte Stewart seine zweite Weltmeisterschaft fest in der Tasche. Wie 1965 bei Jimmy Clark drehte sich alles nur um einen Mann, welcher die anderen komplett und gnadenlos demoralisierte. Ich war in der Tyrell-Box in Ricard, als Ickx in der letzten Minute des Trainings Stewarts Zeit unterbot.

«Verdammt», fluchte Jackie, «das heisst, ich muss schon wieder raus.» Mit scheinbar minimaler Anstrengung fuhr er eine Sekunde schneller und nahm sich die Pole wieder zurück. «So, darf ich mich jetzt umziehen?», fragte er, als er den Helm abnahm. Bitte keine solchen Belästigungen mehr! Welches hervorragende Selbstvertrauen! Diese lässige Arroganz ist heute im Fahrerlager selten anzutreffen.

Wenn Sie es wirklich wissen wollen: Stewart ist vor einem Publikum brilliant, seien es Zuschauer auf der Tribüne, hartnäckige Geschäftspartner im Vorstandszimmer, oder eine kleine Gruppe von Freunden im Fahrerlager. Wie Mario Andretti ist er der geborene Schauspieler und liebt es - braucht es -, im Mittelpunkt zu stehen. Jody Scheckter zog sich vollkommen vom Sport zurück und liess kaum wieder von sich hören; für Jackie wäre das nicht auszuhalten. Er geniesst die Zeichen des Erfolgs, liebt es erkannt zu werden. Die meisten solcher Leute sind unerträglich, aber wenn JYS bei einem Rennen erscheint, wird er mit echter Zuneigung begrüsst.

Auf den ersten Blick ist er fürchterlich organisiert, aber er sagt, dass es so für ihn am leichtesten geht. Wenn er Kleider kauft, bestellt er gleich ein halbes Dutzend von jedem Artikel, und diese werden dann in Hotels und Häuser in der ganzen Welt verteilt. In London wohnt er in Grosvenor House und dort steht ein Louis Vuitton-Kabinenkoffer mit allem, was er benötigen könnte. In New York besitzt er eine Wohnung.

«Es ist doch vernünftig», sagt er. «Im Endeffekt spart man Zeit und Mühe. Ich kannte Chris Amons Lebensweise und bin überzeugt, dass sie ihm im Wege des Erfolgs stand. Er war ein lieber Bursche, mit grossem natürlichen Talent im Rennwagen, aber er kam zu spät zum Flughafen, und hatte nicht mal ein Flugbillet! Dann kam er am anderen Ende an und wusste nicht, in welchem Hotel er gebucht hatte. Das ist sehr verwirrend, und das ist das Letzte , was ein Fahrer braucht.»

«Ich führe ein ordentliches Leben, weil ich so am besten funktioniere - ehrlich gesagt, ich kann anders gar nicht funktionieren. Auf der Rennstrecke war es dasselbe. Um das Beste aus mir herauszuholen, musste ich in der richtigen Verfassung sein. Es ist schrecklich, dauernd Höhen und Tiefen zu erleben. Man muss neutral sein. Wenn ich irgendetwas gut machen konnte, dann war es, Emotionen zu eliminieren. Darum war ich in den ersten Runden immer voll am Ball.» Das war er bestimmt. Meine beste Erinnerung an Stewart in einem Rennwagen ist mit keiner berühmten Siegesfahrt verbunden, sondern mit einem kurzen magischen Moment in Silverstone 1973. Es war die erste Runde des britischen Grand Prix. Vor Becketts bremste Petersons führender Lotus 72 spät, der Tyrrell von Stewart noch später. Jackie ging an ihm vorbei und verschwand wie eine Rakete in der Ferne. Ronnie konnte nur in ungläubiger Bewunderung den Kopf schütteln. Schon dreissig Sekunden nach dem Start befand sich der Schotte auf diesem Niveau des Selbstvertrauens.

Die letzte Saison war seine beste, denke ich. Es fehlte an der absoluten Beherrschung der zwei Weltmeisterschaften zuvor, und auch die Überlegenheit des Matras MS80 (seines Lieblingswagens) oder des Tyrrell 003 war nicht mehr da. 1973 war der kurze 006 zackig und schwierig zu fahren, aber in den Händen eines Stewart war er konkurrenzfähig genug. Er war einem Lotus 72 durchaus ebenbürtig, und Peterson und Fittipaldi gehörten jetzt zur Spitze.

1973 entschloss sich Stewart am Ende der Saison vom Sport zurückzutreten. Bis zum Ende seiner Rennkarriere verlor er nie an Brillanz und Ehrgeiz.

Die 1973 oft gesehene Reihenfolge: Stewart einige Meter vor Cevert, beide Tyrrell. Hier in Monaco gewann Jackie zum dritten Mal. Auf dem Nürburgring und in Zandvoort überquerten sie die Ziellinie auf den Plätzen 1 und 2.

Jackies letzter Triumph fand auf dem Nürburgring statt, und das freute ihn unendlich. «Wenn ich dort keinen Grand Prix gewonnen hätte, hätte etwas in meiner Karriere gefehlt. Aber, seien wir ehrlich, war es nicht eine unsinnige Strecke? Von einem Hügelchen zum anderen springen, 187 Kurven, oder wieviel waren es? Wie oft habe ich mich gefreut, als ich dort wieder eine Runde hinter mich gebracht hatte . . .ich bin dort nie eine Runde mehr gefahren als ich unbedingt musste. Es war eine wundervolle Selbstbestätigung, keine Frage, aber wenn jemand sagt, er liebte die Strecke, ist er entweder ein Lügner oder er ist zu langsam gefahren. Mir gefällt der Nürburgring, wenn ich in einer Winternacht zu Hause am offenen Feuer sitze», lächelt er. «Alle Brems- und Schaltpunkte sind in meinem Kopf eigebrannt – wohl darum habe ich dort nie einen Fehler begangen. Jede Kurve habe ich geschnitten, jeden Ausgang sauber genommen . . .schön.»

Wir haben uns mehrmals über sein jetziges Leben unterhalten. Er ist jetzt reich, warum lehnt er sich nicht zurück und nimmt die Zeit, das Leben zu geniessen? Warum das endlose Herumreisen, die langweiligen PR-Auftritte und ewigen Geschäftsdiners?

«Schau mal», erklärte er geduldig, «als ich aufhörte zu fahren, ging es mir gut genug, um für den Rest meines Lebens ohne grosse finanziellen Sorgen zu bleiben. Aber die Zeiten ändern sich, es kommt die Inflation, und die Wechselkurse sinken. Ich war 34, als ich zurücktrat und hoffentlich lebe ich, bis ich mindestens siebzig bin. Ich musste kein Mathematiker sein, um auszurechnen, dass ich ohne ein zusätzliches Einkommen nicht weiterhin im gleichen Stil leben könnte. Die Leute glauben mir nicht, wenn ich es sage, aber mein Geschäftsleben stimuliert mich tatsächlich genauso wie es das Rennfahren getan hat. Und ich verdiene soviel wie die Spitzenfahrer von heute.»

«Zugegeben, manchmal gibt es Zeiten, da ich mich anderswo wünsche und nicht vor einem grossen Publikum mit der gleichen Rede vor mir wie schon so oft. Aber die Firma will es so, und das Publikum will es hören. Wenn ich sie zum Lachen bringe, oder sie irgendwie beeinflussen kann, wenn sie danach dem Rennsport mehr Respekt entgegenbringen, dann habe ich mein Geld verdient und gleichzeitig eine Dienstleistung erwiesen. Weltmeister zu sein bedeutet mehr Verantwortung, als die meisten Leute annehmen – die Mehrzahl der heutigen Fahrer inbegriffen.»

Die letzte Runde? Im Winter 1977, vier Jahre nach seinem Rücktritt, fuhr JYS in Paul Ricard verschieden Grand Prix-Wagen für eine Reihe von Zeitschriften. Hier den Tyrrell 008.

# Achille Varzi

## Italienische Tragödie

Vor kurzem besuchte ich einen jungen Fahrer, der nach einem schweren Sturz eben das Spital verlassen hatte. Er erholte sich gut und war glücklich, noch am Leben zu sein. Seine Schmerzen nach dem Unfall waren so intensiv gewesen, dass die Ärzte ihm Morphium verabreicht hatten, heutzutage eine von Medizinern als letzte Möglichkeit betrachtetes Schmerzmittel. «Aber wenn es ein nächstes Mal gibt», beharrte der Verletzte, «werde ich ohne das Zeug durchkommen. Die Schmerzen waren nichts im Vergleich zu den höllischen Entzugserscheinungen, als sie mit dem Morphium aufhörten. Die ganze Zeit weiss man, dass man sich nach einem Schuss bestens fühlen würde - für eine Weile.» Das Gespräch führte mich auf Achille Varzi, dessen Persönlichkeit und Karriere in diesem gleichen Fluss weggespült wurde.

Von den frühen 30er Jahren sagte Enzo Ferrari: «Der hervorragendste Mann war Nuvolari, aber in Varzi, mit seinem kühlen, perfekten Fahrstil, fand er einen ebenbürtigen Gegner.» Von Enzo Ferrari kommend, war das ein grosses Lob, da in den Augen des Commendatore Nuvolari den Göttern gleichgestellt war.

Das Rätsel Achille Varzi hat mich immer fasziniert. Nuvolari war ein unkomplizierter Volksheld; sein Rivale hingegen ein mysteriöser Schatten. Von gleicher Nationalität und Berufung teilten sich die italienischen Motorsportfreunde in Nuvolariani und Varziani.

Auf der Rennstrecke hatten sie nur die Geschwindigkeit gemeinsam. Nuvolari war der grosse Improvisator, überlebte mit Intuition und Reaktion, ein emotioneller Mann, der oft beobachtet wurde, wie er frustriert die Cockpitseiten seiner oft langsamen Wagen mit der Faust bearbeitete. Varzi war aus Eis und Stein, seine Fahrlinien tadellos, der klassische Künstler. Wie der Lauda von heute war er bei Aufholjagden am stärksten. Er forcierte den anderen, Fehler zu machen, und machte selbst keine. «Sein Fahrstil widerspiegelte seine Persönlichkeit: Intelligent, berechnend, und eiskalt in der Ausnutzung der Schwächen und den Fehlern seiner Gegner. Ich würde ihn als erbarmungslos beschreiben.» Der grosse Rudolf Caracciola erinnerte sich hauptsächlich daran: «Wenn ich Varzi hinter mir sah, lief mir ein kalter Schauer den Rücken hinunter. . .»

Für den in Galliate als Sohn reicher Eltern geboren Varzi war der Weg in den Grand Prix-Sport leicht und schmerzlos. Nach einer erfolgreichen Karriere als Motorradrennfahrer kaufte er sich 1928 einen Alfa Romeo P2, was zu einem Werksvertrag - und vielen ersten Plätzen - für die nächsten zwei Jahre führte.

Während Nuvolari 1931 bei Alfa Romeo blieb, ging Varzi zu Bugatti, eine von seinen Landsmännern als Verrat empfundene Entscheidung. Ihre Reaktion liess ihn kalt. Zu diesem Zeitpunkt konnte er nur einen wettbewerbsfähigen Wagen brauchen, und seiner Meinung nach war der Franzose schneller. Nach drei erfolgreichen Saisons kehrte er wieder aus rein pragmatischen Gründen zu Alfa Romeo zurück.

Es war die grosse Ära der Rivalität zwischen Nuvolari und Varzi, eine wunderbare Zeit für Rennsportjournalisten und ihre Leser. In hervorstechender Weise war Tazio die Verkörperung von extrovertiertem Heroismus, ein echter, mit den Händen sprechender, kinderliebender Italiener; ein freundlicher und offener Mann. Im Gegensatz war Achille wenig humorvoll, arrogant, unzugänglich und für Frauen offenbar unwiderstehlich. Er war elegant, beehrte nur die besten Hotels mit seiner Anwesenheit und küsste keine Babys. Wie viele andere Rennfahrer lebte er nur für sich selber. Unverzeihbar war nur, dass er sich keine Mühe gab, dies zu verheimlichen.

Trotz den unterschiedlichen Charaktern und der gnadenlosen beruflichen Feindschaft verstanden sich die zwei Männer sehr gut. Wenn Nuvolari ausser Hörweite war, nannte ihn Varzi «Maestro» und ihr gegenseitiger Respekt war absolut.

Man schlug einmal ein Fahrduell vor, ein Versuch, um die Frage ein für allemal zu klären. «Wenn ich verliere», sagte Nuvolari, «werde ich nie Ruhe finden. Wenn Du verlierst, werde ich Dich bemitleiden. Egal was passiert, unsere Freundschaft wird Schaden nehmen. Wenn Du willst, machen wir es, aber ich glaub, es wäre die Konsequenzen nicht wert.» Sie gaben sich die Hand, und die Angelegenheit wurde nie wieder erwähnt.

Bei der Mille Miglia 1930, die damals sechzehn Stunden dauerte und in der Dunkelheit endete, kam

Der auf der Ehrentribüne anwesende Hitler war nicht erfreut, als Varzi mit seinem Bugatti Typ 34 beim Grossen Preis der Avus, 1933, gewann. Im Hintergrund blicken Nazi-Funktionäre misstrauisch zu.

ADA

Tunesien 1935. Varzi hat für die neue Saison bei Auto Union unterschrieben und hier bereitet er sein erstes Rennen im eigenwilligen Heckmotorwagen vor. Noch nicht unter dem Einfluss von Morphium gewann er problemlos.

es zum üblichen Zweikampf. Der nächste Wagen befand sich eine halbe Stunde hinter ihnen. Im letzten Stadium des Wettbewerbs befürchtete Varzi, das Spiel verloren zu haben. Auf der Strasse lag er zwar in Führung, aber in seinem Rückspiegel erkannte er die Scheinwerfer von Nuvolaris Wagen - und Tazio war nach Zeit zehn Minuten in Führung.

«Er ist es», rief Achille seinem Beifahrer zu. Nach einer Weile begann sich Varzi wieder Hoffnungen zu machen. Die Scheinwerfer hinter ihm waren verschwunden. Hat Nuvolari anhalten müssen? Nein. Vierzig Kilometer vor Schluss wurde Varzi plötzlich durch blinkende Lichter und lautes Hupen aus seinem Siegestraum arg geweckt. Seit Kilometern hatte Nuvolari mit ausgeschaltetem Licht an seinem Heck geklebt . . .

Keine Niederlage ist süss, aber vielleicht fand Varzi Trost in dem ihm von Nuvolari stillschweigend gemachten Kompliment. Es braucht Vertrauen, o ja, um sich in den Händen eines anderen zu legen und sich von ihm nachts durch die Berge führen zu lassen.

Im Jahre 1934 waren beide wieder in Alfas, und diesmal lautete die Reihenfolge Varzi vor Nuvolari, aber es fiel beiden Männern schwerer, sich bei den Grand Prix durchzusetzen. Beide wussten, dass eine Ära von deutscher Überlegenheit unmittelbar bevorstand. Aber während Tazio für 1935 schliesslich für das Scuderia Ferrari-Team von Alfa Romeos für 1935 unterschrieb, akzeptierte Achille ein Angebot von Auto Union. Diese scheinbar logische und durchdachte Entscheidung war es, die schliesslich zum Chaos in seinem Leben führte.

Am Anfang lief die Zusammenarbeit prächtig. Mit seinem angeborenen Talent stellten die extrem hohe Leistung und das ungewöhnliche Handling der Heckmotor-Wagen für Varzi kein Problem. Er gewann in Tunis und Pescara, und alle erkannten, dass er an einem Höhepunkt seiner Karriere war.

Im Frühjahr 1935 lernte der verschlossene Mai-

In den Boxen von San Sebastian 1935 mit der immer vorhandenen Zigarette.

länder während Testfahrten in Monza Ilse, die Frau des jungen Auto Union-Reservefahrers Paul Pietsch, kennen. Ihre Liebesaffäre begann praktisch sofort. Eine kurze Weile verhielten sie sich diskret, aber bald waren sie auch in der Öffentlichkeit unzertrennlich.

Varzi blieb 1936 bei Auto Union. Seine Partner waren Hans Stuck und der edle Meteor Bernd Rosemeyer, der gerade sein bestes Jahr erlebte. Bis Tripolis ging alles gut.

Es war Achilles Lieblingsstrecke, schnell und anspruchsvoll, ein Ort, wo Präzision alles bedeutete. Er hatte den Grossen Preis schon zweimal gewonnen, und jetzt kam der dritte Sieg, nur einige Meter vor dem erst im letzten Moment überholten Stuck. In der letzten Runde betrug seine Durchschnittsgeschwindigkeit mehr als 225 km/h und nach dem Rennen war er ein zufriedener Mann - bis zum Bankett, bei welchen der Gouverneur um Ruhe bat, sein Glas erhob und den Toast auf den Sieger ausbrachte- . . .Hans Stuck!

Es folgte peinliche Stille. Varzi habe das Rennen gewonnen, murmelte jemand, und nicht Stuck. Aber der Gouverneur wollte von alldem nichts wissen. Vielleicht überquerte Varzi als erster die Ziellinie, aber der Sieger blieb Stuck.

Langsam kam die Wahrheit ans Tageslicht. Es war die Zeit der Rom/Berlin-Achse, und von Ribbentrop hatte befohlen, dass, wenn möglich, italienische Fahrer die italienischen Rennen gewinnen sollten - so lange sie sich in deutschen Wagen befanden, natürlich. Stuck hatte in der letzten Phase des Rennens ein Zeichen erhalten, langsamer zu fahren, um Varzi vorbei zu lassen. Kurz gesagt war das Rennen nichts anderes als eine politische Demonstration - ein Betrug.

Weder Stuck noch Varzi hatten davon gewusst, und der Italiener glaubte tatsächlich gewonnen zu haben. Jetzt war seine Ehre in der Öffentlichkeit grob angegriffen. Er warf das Glas wütend zu Boden und lief hinaus. In seinem Zimmer war Schlaf unmöglich, seine Gedanken rannten ihm wirr durch den Kopf. «Versuche das hier», sagte Ilse. «Ich nehme es oft, wenn ich nicht schlafen kann. Es hilft . . .»

In ihrer Hand hielt sie eine Spritze. Seit einem Jahr waren sie zusammen, aber erst jetzt erfuhr er von ihrer Drogenabhängigkeit. Es hatte im Spital angefangen, erklärte sie, nach einer kleinen Operation. Achille fragte sich, was wohl an diesem Abend sonst noch schiefgehen könnte. Stunden später, immer noch ohne Schlaf, streckte er den Arm für die Nadel aus.

Wäre er ein undisziplinierter, unordentlicher und redseliger Mann gewesen, hätte es länger gedauert, bis man die Änderung in Varzi bemerkte. Aber bei einem wie er war die Transformation erschreckend. Morphium ist kein netter Begleiter.

Was war geschehen? Seine Kollegen zerbrachen sich die Köpfe und machten sich Sorgen. In Tunesien, nur ein paar Wochen später, erschien er unrasiert, dreckig und nervös. Er redete viel sinnloses Zeug und versank zeitweise in Perioden verzweifelter Stille.

Noch mehr, auf der Strasse war er fürchterlich. Die Präzision und der Glanz waren verschwunden. An diesem Wochenende hatte er den ersten schweren Unfall seiner Karriere, wobei sich der Auto Union bei rund 290 km/h überschlug. Irgendwie kam er unverletzt davon, war aber so erschrocken, dass er nicht in der Lage war, eine Zigarette zu halten.

Nach zwei, drei weiteren wertlosen Rennen verschwand Varzi. Nicht mal seine Eltern wussten, wo er sich aufhielt, aber die Rennabteilung von Auto Union fand ihn schliesslich in einer Villa in Rom, von albernen Dilettanten umringt. Er existierte, stellte der Mannschaftsarzt fest, von Champagner, Kaffee und Zigaretten. Das Morphium hatte ihn inzwischen fest im Griff, und er kannte keine Realität mehr. Sein Gesicht war verwüstet und seine Sprache undeutlich. Er war 32 Jahre alt und schon so schrecklich alt.

Der Arzt machte seinen Bericht und es war keine Überraschung, dass Auto Union sich gegen eine Erneuerung des Vertrages für 1937 entschied.

Während der Saison liess sich Varzi kaum blicken. Er wohnte inzwischen in einem Mailänder Hotel, ohne Freunde und ohne Sorgen. Nur seine Freundin blieb bei ihm, aber das Verhältnis war beinahe zu Ende und schliesslich verliess er sie.

Er war schon ein kranker Mann, wurde aber 1936 in Pescara trotzdem Dritter und Inhaber der schnellsten Runde. Hier schützt er seinen Kopf vor herausgeworfenem Gummi unterwegs in die Box.

Befreit von seiner Abhängigkeit kam Varzi nach dem Krieg zum Rennsport als Werksfahrer von Alfa Romeo zurück. Hier, im Frühjahr 1948 in Buenos Aires, zeigte er seinen berühmten gelösten Fahrstil. Kurz danach wurde er in Bern getötet.

In seinen vernünftigeren Momenten dachte er an die von ihm weggeworfene Karriere. Beim Grossen Preis von San Remo sass er wieder hinter dem Lenkrad seines eigenen Maseratis - und gewann gegen die gleichgültige Opposition. Er hatte sich wieder gefangen, erschien beim Grossen Preis von Italien in Leghorn und flehte Auto Union an, ihm eine letzte Chance zu geben. Er hatte sich behandeln lassen, schwörte er, und war jetzt gesund. Rosemeyer unterstützte ihn, und er wurde für die letzten drei Rennen der Saison angestellt.

Während dem Training in Leghorn war es, als sei er nie fort gewesen. Im Auto Union war er sensationell und wurde hinter dem Mercedes von Caracciola zweitschnellster. Aber das Rennen war etwas anderes. Auch trotz dem Vorhandensein des Genies von einst fehlte es an Ausdauer, und vor Halbdistanz hielt er erschöpft und verschwitzt an der Boxe an.

«Ich verstehe», sagte er niedergeschlagen, als man ihm mitteilte, er brauche nicht nach Donington zu kommen.

Im folgenden Winter kam Bernd Rosemeyer bei einem Rekordversuch ums Leben, und Auto Union brauchte unbedingt einen erstklassigen Fahrer. Wieder dachten sie an Varzi. Aber die Zeit war endgültig vorbei. Er lebte wieder mit Ilse zusammen, immer noch als Gefangener der Drogen. Sie wandten sich ironischerweise an Nuvolari.

1938-39 blieb Varzi den Rennstrecken fern, bei Wiederaufnahme des Rennsport nach dem Krieg machte er ein Comeback als Mitglied des Alfa Romeo-Teams. Er war wieder der alte Varzi, frei von seiner Abhängigkeit und mit Norma, die er vor seinen schwierigen Jahren gekannt hatte, verheiratet. In und ausserhalb eines Rennwagens hatte er all seinen Glanz und Grazie zurückgewonnen. Mit dem grossen Jean-Pierre Wimille als Achilles Teamgefährten dominierte Alfa Romeo die frühen Nachkriegsjahre.

Der erste Grosse Preis von 1948 fand in der Schweiz auf dem Bremgarten Rundkurs um Bern statt. Kurz vor Sonnenuntergang am ersten Trainingstag ging Varzi wieder auf die Strecke hinaus. Es war feucht und bewölkt, und die Strasse war glatt. Louis Chiron sah, wie der vor ihm fahrende Alfa durch die schnelle Jordenrampe S-Kurve rutschte, eine Holzbarriere touchierte und sich überschlug. Varzi wurde auf die Strasse geschleudert.

Chiron hielt sofort an, konnte aber nichts tun. Varzi , wie immer mit einem dünnen Stoffhelm auf dem Kopf, war sofort tot, und es blieb dem Franzosen überlassen, die traurige Nachricht in die Boxen zu bringen.

Signora Varzi, schon als mutige und würdevolle Dame bekannt, gab ihre Antwort mit grosser Courage. Nein, sagte sie, es war nicht ihr Wunsch, dass sich Alfa Romeo vom Rennen zurückzieht. Vielmehr sollte das Team den Namen Varzi mit einem Sieg für Italien ehren. Und am Sonntag erfüllte ihr Felice Trossi diesen Wunsch.

Niemand war betroffener als Fangio, der damals ausserhalb von Südamerika noch unbekannt war. Er hatte Varzi in Argentinien kennengelernt und sie sind gute Freunde geworden. Varzi hatte sich vom Land so angesprochen gefühlt, dass er nach seinem Rücktritt dorthin gehen wollte, um eine Rennschule zu eröffnen. Als Juan Manuel ein Jahr später nach Europa kam, fuhr sein Team unter dem Namen Squadra Achille Varzi, mit Sitz in Gallite.

«Varzi war ein Gott für mich», hat Fangio einmal gesagt. «Er verhielt sich sehr einfach und gab mir viele gute Ratschläge. Er ist wahrscheinlich der am meisten verehrte Fahrer meines Lebens. Ihn interessierte nur seine Kunst . . .»

# Gilles Villeneuve

## Der Volksheld

Ein Bekannter von mir in Amerika schickte mir vor einiger Zeit eine Kassette. Darauf hört man einen einzelnen Rennwagen, einen Ferrari-12-Zylinder. Eine ganze Runde lang singt der unverkennbare Klang dieses Motors: Man hört, wie die Räder durchdrehen, wie die Touren bei jedem Kurvenausgang kreischen, und dann wird es lauter und lauter, bis der Wagen in sausender Gischt vorbeizischt.

Mein Bekannter hatte es während des ersten Trainings von Watkins Glen 1979 aufgenommen, wo die Wetterbedingungen so schlecht waren, wie ich es vorher nie gesehen hatte. An verschiedenen Stellen war die Strasse überflutet und nur acht Fahrer wagten es, in dieser Witterung zu fahren. Scheckter war einer davon, und er wurde hinter seinem Teamkameraden Villeneuve Zweitschnellster. Elf Sekunden dahinter . . .

Natürlich ist es Gilles, der auf der Kassette zu hören ist, und beim Anhören des Bandes wurden Erinnerungen eines Tages wieder wach, als man den kalten Regen vollkommen vergass, bis Gilles in die Boxen kam, sein Ferrari atemlos und dampfend. In den Boxen hatten die anderen Fahrer mit offenem Mund erstaunt und nervös zugesehen, wie der Wagen jedesmal mit 250 km/h vorbeigerutscht war. «Er ist anders als alle anderen», sagte Jacques Laffite, «er ist auf einem anderen Niveau . .»

«Ich erschreckte mich an diesem Tag beinah zu Tode», erinnert sich Jody Scheckter. «Ich war sicher, dass ich der schnellste war. Dann sah ich die Zeit von Gilles, und ich verstehe heute noch nicht, wie das möglich war. Elf Sekunden!»

«Der Motorsport war für ihn etwas romantisches», erklärte Scheckter weiter. «Wir waren enge Freunde und arbeiteten für das gleiche Team, aber unsere Einstellungen dazu waren komplett verschieden. Ich war bloss daran interessiert, am Leben zu bleiben, aber Gilles musste immer der schnellste sein - auch wenn er einen Wagen testete. Er war der schnellste Fahrer, den die Welt je gesehen hat. Wenn er zurückkommen und sein Leben nochmals leben könnte, glaube ich, er würde genau das gleiche tun – und mit dem gleichen Vergnügen.»

Am Mittag dieses schicksalschweren Samstags in Zolder dachte ich, dass nichts meine Desillusionierung für den Grand Prix-Sport noch vertiefen könnte. Die Amosphäre im Fahrerlager war von einem Ende zum anderen giftig. Zwei Wochen vorher hatte es in Imola den trotzigen FOCA-Boykott gegeben, und im Frühling hatten wir den Fahrerstreik in Kyalami erlebt. Der Sport war in einem erbärmlichen Zustand, in zwei Lager gespalten. Ein Gespräch mit Teddy Mayer zwischen den beiden Trainingsläufen von Samstag führte zur Beschuldigung, ich und andere britische Journalisten seien von Renault «gekauft» worden. Das sei die einzig mögliche Erklärung für unser Verhalten der FOCA-Aktion gegenüber, sagte er. Zu Beginn des letzten Trainings war ich immer noch wütend.

Dreiviertelstunden später aber, unter dem grauen Himmel, verunglückte Gilles und machte alles andere an diesem Wochenende unwichtig. Ein Kollege und ich gingen zum Unfallort. Es hatte keine offizielle Meldung gegeben, aber irgendwie wussten wir, dass wir uns dem Tode gegenüber befanden.

Ein Geplauder mit Gilles am Morgen war der einzige Sonnenstrahl an diesem Tag gewesen. Mein Kollege und ich liefen ohne ein Wort zu sagen ins Fahrerlager zurück, und mir war's, als ob es keinen guten Grund mehr gäbe, überhaupt wieder einen Grand Prix zu besuchen ausser dem, dass kein Tag mehr so schlecht sein könnte wie dieser.

Für mich und unzählige andere war Gilles zum Retter des Sports geworden, das Gegenmittel für die von uns allen empfundene Enttäuschung. Die Wagen der Zeit machten aus «Grand Prix-Rennen» eine Komödie, und der Krebs der finanziellen Interessen hatte sich durch Hunderte von Freundschaften gefressen. Aber solange Gilles da war, hatte man einen Anhaltspunkt für das Wochenende, eine Mahnung, dass es noch Hoffnung gab. Der Fahrer , wie der Mann, war hemmungslos und natürlich, in jeder Hinsicht positiv und absolut ehrlich. Der Gedanke an Villeneuve auf seiner Qualifikationsrunde riss mich aus den Boxen und zwang mich in eine «gute» Kurve, weil ich wusste, dass es aufregend sein würde. Einige Erinnerungen bleiben für immer. Während des Trainings in Dijon 1981 chrashte Gilles in der Courbe de Pouas, eine wellige «Vierter-Gang»-Rechtskurve, die über keine nennenswerte Auslaufmöglichkeit verfügt. Während der Mittagspause fand ich ihn, das Blut von einer kleinen Schnittwunde am Kinn abtupfend. «Die verdammte Fangnetzstange spaltete meinen Helm und brach das Visier . . .»

«Du bist wohl zu eifrig gewesen», sagte ich, «die Strasse ist Dir ausgegangen.»

«Nein, nein,» grinste er, «mir ist der Lenkeinschlag ausgegangen! Der Wagen ist wirklich schlimm in dieser Kurve - jedes Mal ein Abenteuer. Gehe hin und schaue heute Nachmittag zu, und Du wirst sehen, was ich meine.» Ich ging hin, sah die scheinbar auf Schienen fahrenden Cosworth-angetriebenen Williams und Brabhams durch die Kurve sausen und wartete. Der Ferrari stand schon im Scheitelpunkt auf dem Hügel quer. Als er mich passierte, hing das Heck immer noch weit hinaus, ging weiter und weiter und Gilles hatte den Fuss immer noch fest auf dem Boden. Als er die tiefste Stelle erreichte, wusste ich, dass die Lage hoffnungslos war, da der Wagen jetzt mit vollem Gegensteuer völlig quer stand. Villeneuves Kopf ragte aus dem Cockoit und schaute die Strasse hinunter. Aber irgendwie drehte sich der Ferrari nicht. Er sprang in die richtige Position zurück und schoss davon. Mehr als hundert Meter weit stand der Wagen mit mehr als 200 km/h 90 Grad zum Strassenrand, ich schwöre es.

«Das ist genial», sagte der neben mir stehende David Hobbs. «Willst Du mir in allem Ernst sagen, dass er mit diesem Ding zwei Grand Prix gewonnen hat?»

Zu dieser Zeit führten französische Ärzte eine Reihe von Untersuchungen und Tests durch, um herauszufinden, unter welcher Belastung ein Fahrer eines Formel 1-Wagens stand. An diesem Tag war Gilles «verdrahtet» und sein Herzschlag wurde überwacht. Im Trainingslauf am Morgen vor dem Unfall betrug die Zahl seiner Herzschläge nie mehr als 127, und als er in die Leitplanken fuhr, erreichte sie momentan die Höchstzahl von 168. Das sind unglaublich niedrige Werte, bestätigte der Bericht - besonders wenn mit denen von Pironi verglichen wird, dessen Herz beim GrossenPreis von Monaco immer zwischen 170-207 Schlägen dahinhämmerte.

Ich habe den Arztbericht gerade vor mir und dachte soeben an einen Telefonanruf von Chris Amon im Sommer 1977, in dem Jahr also, in dem Gilles Amons CanAm-Wolf gefahren ist. «Hast Du diesen Villeneuve Burschen schon gesehen? Nun, ich sage Dir, während fünfzehn Jahren im Rennsport habe ich niemanden gesehen, der nach einem Zusammenstoss reagiert wie er. Er reagiert überhaupt nicht!»

«Ist er schnell?», fragte ich. «SCHNELL?», krachte seine Stimme durch das transatlantische Kabel. «Er hat mehr Potential als sonst jemand . .»

Wenn etwas aus dem Arztbericht herausgelesen werden kann, gab es gesunde medizinische Gründe für Villeneuves scheinbare Angstlosigkeit. «Kein Zweifel», behauptet Keke Rosberg. «Gilles war abnormal mutig. Auf der Strasse war er der härteste Bastard, den ich kannte, aber immer absolut fair. Privat und im Rennwagen war er ein ehrenvoller Mann. Wenn er dachte, dass man ihn offen und ehrlich in die Kurve geschlagen hatte, hat er nie seine Linie geändert, um Dich zu blockieren. Die Duelle mit ihm waren immer absolut gefahrlos. Als Rennfahrer war er ein Riese.»

Im Frühjahr 1979 schaute es aus, als würde die Weltmeisterschaft Villeneuve gehören. Im neuen Ferrari 312T4 gewann Gilles zwei aufeinander folgende Rennen in Kyalami und Long Beach.

Der Grosse Preis von Kanada 1979 wurde zu einer Jones-Villeneuve Tour de Force. Es gelang Gilles, sich den unbestreitbar stärkeren Williams lange vom Leibe zu halten.

Villeneuve selbst sah seinen Mut als nichts ungewöhnliches. Im nächsten Atemzug fügte er aber hinzu: «Aber ich habe keine Angst vor Unfällen, überhaupt keine. Natürlich will ich in einer «Fünfter-Gang»-Kurve nicht von der Strasse fliegen, ich bin ja nicht verrückt. Aber gegen Ende des Trainings, wenn man die Pole Position in Angriff nimmt, kann man es schon noch ein bisschen unterdrücken . .»

Er war immer sicher, dass diese Ansicht von seiner Zeit als Schneemobilfahrer stammte. «Jeden Winter rechnete man mit drei oder vier schweren Unfällen - und ich rede davon, mit 160 km/h auf das Eis geschleudert zu werden. Diese Fahrzeuge schlitterten sehr viel und dabei lernte ich viel über Kontrolle. Die Sicht war fürchterlich! Wenn man nicht gerade in Führung lag, sah man im Schnee absolut nichts. Sehr gut für die Reaktionen - und danach mache ich mir um Regenrennen kein Sorgen.»

Das erste wirkliche Interview machte ich 1978 in Zolder mit ihm, und ich musste staunen. Bei ihm war alles frisch und anders. Wie Scheckter sagte, sein Verhalten gegenüber dem Sport war unverschämt romantisch. Er stand an der Schwelle seiner Formel 1-Karriere und sah sie als grosses Abenteuer, die Kulmination seiner Träume. «Wenn mir jemand gesagt hätte ‹Villeneuve, Du hast drei Wünsche›, wäre mein erster gewesen, Rennfahrer zu werden, mein zweiter, in der Formel 1 zu fahren und mein dritter, für Ferrari zu fahren . . .»

«Wie kannst du sagen, dass Du vor einem Unfall keine Angst hast», wagte ich zu fragen. «Ich besuchte einmal ein Rennen in St. Jovite. Da gab es TransAm, Formel Ford und so weiter. Ich fand die meisten Fahrer lächerlich, echte Amateure, Leute mit viel Geld und wenig Gas. Nun, die Zuschauer meinen immer, sie können schneller fahren, ich war keine Ausnahme. Ich denke einfach nicht daran, dass ich mir weh tun könnte - nicht ernsthaft, auf jeden Fall. Wenn man immer mit diesem Gedanken spielt, wie kann man diesen Beruf ausüben? Wenn Du nicht mehr als acht Zehntel gibst, weil Du von Unfällen träumst, dann fährst Du weniger schnell als Du könntest. Und wenn Du das nicht tust, bist Du kein Rennfahrer. Einige der Jungs in der Formel 1, nun, für mich sind sie keine Rennfahrer. Sie fahren Rennwagen, das ist alles. Sie leisten nur eine halbe Arbeit. Und in diesem Fall wundere ich mich , dass sie überhaupt noch dabei sind.»

Gilles präsentierte seine Ansichten als These, als klare und logische Erklärung. Mit den Jahren erkannte ich, dass er in allem, was er unternahm, gleich war. Je länger er in in Europa blieb, desto stär-

Monaco 1981. Der schwere Ferrari 126C donnert hinunter zur Mirabeau Kurve, unterwegs zu einem überwältigenden Sieg. Zwei Wochen später gewann Gilles wieder, in Spanien.

ker wurde sein Selbstvertrauen, aber seine Argumente waren immer positiv begründet und heiss verteidigt.

«Alles in seinem Leben fand mit 300 km/h statt», sagte sein bester Freund, Patrick Tambay. «Alles! Skifahren, Schnellbootfahren, Backgammon spielen. Auch mit Geld ging er, im Vergleich zu anderen, sehr übertrieben um, ob er gerade Weihnachtsgeschenke für seine Kinder kaufte oder im Kasino Blackjack spielte.»

«Gilles, Du spinnst!», sagte ich ihm immer, aber so war er. «Manchmal spielten wir alle Monopoly zusammen, und auch hier verhielt er sich, als sei er im Rennwagen. Er überlegte jede Bewegung, hielt sich nicht zurück, ging Risiken ein, immer vorwärts, vorwärts. Nach einer getroffenen Entscheidung ging er aufs Ganze, wie beim Rennen. Alles war übertrieben, aber es war nicht forciert, nicht falsch.» Zusammengefasst die Art Mensch, der Kreuzworträtsel gleich mit dem Kugelschreiber löst.

Er hatte einen wundervollen Sinn für Humor und von seinen Nachahmungen bestimmter, ihm unsympathischer Personen in der Formel 1 bekam man Bauchschmerzen vor Lachen. In Zandvoort erzählte er eine kleine Geschichte von seinem Bruder, der zu diesem Zeitpunkt in Kanada die Formel-Atlantic dominierte.

«Was habe ich da gehört?», fragte ich ihn, «Jacques hat am letzten Wochenende einen Frühstart gemacht?«

«Du hast davon gehört? Ich war dabei, direkt auf der Startlinie, und während der ersten Sekunden dachte ich, ‹Mensch, der hat aber einen guten Start erwischt!› Die anderen standen noch still. Nach fünfzig Metern standen sie immer noch still und ich dachte, ‹Da stimmt doch was nicht.› Er ging beim Rotlicht los!»

«Nun, er ging acht Sekunden zu früh los. Was

macht man? Man legt den Rückwärtsgang ein – und die anderen erhielten das Grünlicht. Sie gingen in eine Richtung und er in die andere. Ich glaube,» sagte Gilles nachdenklich, «es sollte möglich sein, das Ganze abzubrechen, wenn so etwas vorkommt, weil es verdammt gefährlich sein kann, wenn Du das grüne Licht siehst und jemand rückwärts auf Dich zukommt . . .»

Ja, stimmte ich zu, das sehe ich ein.

Die meisten Rennleute waren über den Rennfahrer Villeneuve verschiedener Meinung. Als er in Zolder Tribut zollte, sagte Niki Lauda: «Gilles war ein perfekter Rennfahrer und war von uns allen das grösste Talent. Er fuhr nicht um Punkte, sondern um Rennen zu gewinnen. Er war der beste und schnellste Fahrer der Welt.»

Nelson Piquet war allerdings anderer Meinung. «Ich habe nie verstanden, warum man ihn so bewunderte. Er hätte 1979 die Weltmeisterschaft gewinnen können, warf sie aber weg. Er war spektakulär, sicher, aber jeder kann einen Wagen dahinschlittern, und dann sind die Reifen kaputt, und damit auch deine Chance im Rennen.» Aus dem Cockpit eines Gordon Murray-Wagens ist das leicht gesagt.

In seiner Beurteilung nimmt Piquet an, dass Villeneuves Motivation, Rennen zu fahren, die gleiche war wie seine eigene (und, es muss gesagt werden, wie die der meisten anderen Fahrer), aber das war in keiner Weise der Fall. Als Prost 1983 in Kyalami aufgeben musste, minderte Nelson seinen überwältigenden Vorsprung, um ganz sicher zu gehen, nur genügend Punkte zu gewinnen, um den Titel zu sichern. Die Vorstellung, einen Sieg zu verschenken, gleich aus welchem Grund, war für Gilles reine Ketzerei. «Mir ist ein möglicher Sieg immer lieber als ein sicherer dritter Platz», sagte er. «Ich bin Rennfahrer, und für mich bedeutet das, Rennen zu gewinnen und nicht, Punkte zu sammeln.»

«Er hatte nur ein Viertel der Anpresskraft eines Williams oder Cosworths», sagte Harvey Postlethwaite über den Ferrari von 1981. Nach diesem Bild von Zandvoort hat Harvey vielleicht noch untertrieben.

«Mehr als sonst jemand hatte Gilles einen Drang zu gewinnen», sagte Mauro Forghieri.

Das Theater Motorsport war für Villeneuve sehr wichtig. Er liebte es, die Zuschauer aus ihren Sitzen zu reissen, hat aber niemals nur ihretwegen während einesm Rennen einen Wagen quergestellt. Es ist eine Tatsache, dass er während seiner Jahre in der Formel 1 nie ein Chassis hatte, das sich im entferntesten mit den Besten vergleichen liess, nie einen Wagen, welcher mit ihm zusammenarbeitete. Er musste daher seine Ferraris mehr forcieren als es ihnen lieb war. Das Volk liebte ihn dafür. Von allen Männern da draussen arbeitete nur er ohne Sicherheitsnetz.

«Wenn Du ein wirklich schlechtes Auto hast, stehst Du vor zwei Möglichkeiten: Du kannst entweder langsam und bequem fahren, hinten bleiben und zehnter werden, oder Du gibst alles was Du hast, hast Freude daran und hälst Dich in Form für den richtigen Wagen von morgen.» Er bevorzugte es, anzugreifen, die Reifen zu wechseln, in die Hände zu spucken und den Kampf wieder aufzunehmen. Darum wurde er von den zahlreichen Zuschauern wie sonst niemand bewundert und geliebt.

Villeneuves meistgefeierten Siege fanden 1981 in Jarama und in Monaco statt. «Dieser Wagen, der originale 126C turbo», erklärte Harvey Postlethwaite, «hatte nur ein Viertel der Anpresskraft eines Williams oder Cosworths. Zugegeben, er hatte gegenüber den Cosworths einen Leistungsvorteil, aber zu diesem Zeitpunkt litt das Auto auch unter einem massiven Ansprechverzug. Was das reine Können angeht, war Gilles meines Erachtens den anderen Fahrern weit überlegen. Diese Rennen zu gewinnen - auf engen, kurvenreichen Strecken - war beinahe unmöglich. Ich weiss, wie schlecht dieser Wagen war.» Man konnte Villeneuve gegenüber nicht gleichgültig sein. Entweder sahen sie ihn als unvernünftigen sensiblen Wilden oder als hervorragendes

Talent. Ohne Zweifel verlieh er dem Motorsport mehr Dramatik und Aufregung als sonst jemand. Nach den Worten von Mauro Forghieri hatte er «einen Drang zu gewinnen».

Er hielt das Protokoll der Formel 1 für unsinnig. Als der riesengrosse Wohnwagen mit Quebec-Nummernschildern in den Fahrerlagern von Europa zu erscheinen begann, schauten ihn die feinen Herren schief an – wer war dieser Zigeuner überhaupt? Gilles kümmerte sich nicht um sie. Für ihn, Joann und seine Kinder war es für den Hauptteil des Jahres sein Zuhause. Er wollte nicht morgens und abends im Verkehr stecken, schlief besser im eigenen Bett, wollte von der Haute Cuisine nichts wissen.

Willy Dungl muss geschaudert haben, den Villeneuve bei Tisch zu sehen. «Milchfrappes habe ich für mein Leben gern, und Steaks, Hamburger und vor allem Pommes Frites . . .»

«Du bist wohl auf Foyt-Diät», lachte ich eines Tages und er war entzückt. «Ja, Du hast recht – nun, ihm ging es auch nicht so schlecht . .»

Natürlich verdiente er viel Geld, aber er änderte sich nicht. Seine Wohnung in Monte Carlo war relativ nahe der Teststrecke in Fiorano. «Für normale Leute war es eine Fahrt von 5 Stunden», bemerkte Scheckter. «Wenn man wirklich schnell war, schaffte man es in dreieinhalb Stunden. Gilles – zweiunddreiviertel!» Zu einem Zeitpunkt war das Unterbieten seines 308GTB Monaco-Fiorano-Rekordes fast so wichtig, wie nach seiner Ankunft einen neuen Rundenrekord aufzustellen.

Dann lernte er den Hubschrauber kennen. Zuerst mietete er einen, aber im Frühjahr 1982 kaufte er einen Agusta 109. «Der schnellste seiner Klasse, Reisegeschwindigkeit 280 km/h, ich liebe ihn», sagte er in Imola, wo die rot-orange Maschine zum ersten Mal eingesetzt wurde. Es war das Wochenende, an dem die Herren von der FOCA zu Hause blieben, und Vil-

Die letzte Runde. Villeneuve beschleunigt aus der Bianchibocht, einige Sekunden bevor er den in der Strassenmitte langsam fahrenden March von Mass traf.

leneuve sprach auch von seinen Sorgen wegen der Formel 1. In Rio hatte er geschworen, dass, wenn nichts unternommen würde, um die Wagen zu ändern, er eine Zeitlang zurücktreten würde. Ich fragte ihn, ob er das immer noch vorhatte.

«Ich weiss nicht, wie ernst ich es meine, es kommt auf meine momentane Laune an! Aber im Ernst, Du müsstest einen dieser Wagen fahren, um zu sehen, wie schlimm sie sind. Es ist blödsinnig, Schürzen und keine Federung zu haben. Das ist nicht fahren, nur eine Frage von das Auto in die Kurve zielen, den Fuss hinunter drücken und hoffen, dass man sich auf der richtigen Linie befindet - da du sie nicht siehst und auch nicht mehr korrigieren kannst.»

«Es gibt in diesen Dingern überhaut keine Befriedigung. Sie müssen fast wie auf Schienen gefahren werden, und mir gefällt's besser, wenn die Kurvengeschwindigkeit mehr mit Fahrenkönnen zu tun hat als wie gut die Schürzen funktionieren.»

«Aber Du hast doch sicher nicht alle Freude am Fahren verloren», sagte ich. Er überlegte einen Moment. «Ich erkläre es so: Jedesmal, wenn ich das Auto fahre, bekomme ich Kopfschmerzen. Wenn Du mit einer Frau schläfst und jedesmal gleichzeitig ein Messer in den Rücken bekommst, wirst Du bald nicht mehr mit einer Frau schlafen wollen, richtig? Okay, wenn Du gern Auto fährst, aber das Gefühl hast, dass Dein Kopf in jeder Kurve einen Hammerschlag bekommt, wird Dir das nach einer gewissen Zeit auch nicht mehr so gut gefallen, nicht? Aber - ohne Messer ist die Liebe immer noch schön!»

Es war ironisch, dass Gilles, der Mutigste von allen, stets bemüht war, den Sport von unnötigen Gefahren zu befreien. Insbesondere hatte er über die Qualifikationsprozedur in der Formel 1 entschiedene Ansichten.

«Man hat nur zwei Sätze Qualifikationsreifen. Man sitzt eine halbe Stunde vor den Boxen, kommt kalt auf die Strecke, fährt langsam und dann wird man für eine Runde zum Kamikazepiloten, um eine verdammte Zeit aufzustellen. Jesus Christus, ist das gefährlich! Dann steht Dir jemand im Wege. In einer schnellen Runde darfst Du das Gas nicht wegnehmen, niemals. Du kannst nur darauf hoffen, dass er in den Rückspiegel schaut . . .»

Am folgenden Tag nahm Villeneuve den Kampf gegen die Renaults auf, leistete ganze Arbeit und wurde anschliessend von seinem Teampartner Pironi in der letzten Runde, als einem Doppelsieg nichts mehr im Wege stand, überrumpelt. Nach der Auslaufrunde fuhr er den Ferrari zur Abnahme, bremste brüsk, riss den Sitzgurt weg und lief davon. Nur für seine Fans erschien er kurz auf dem Siegespodest, dann verliess er das Gelände.

Ein paar Tage später rief ich ihn an. «Nein», sagte er, «mit Pironi will ich nie wieder ein Wort wechseln. Ich habe ihm den Krieg erklärt. In Zukunft werde ich meinen eigenen Weg gehen. Es ist Krieg, totaler Krieg . . .»

«Imola hätte mein Rennen sein sollen, weil ich vorn lag, als wir die Führung erbten. Die Teambefehle bei Ferrari waren immer so seit meinem ersten Rennen mit ihnen. In der letzten Runde fuhr ich vorsätzlich nur mit halber Leistung, weil wir nur wenig Benzin hatten, und weil ich ihm vertraute. Die Leute dachten, wir kämpften um unser Leben! Ich lag fast immer vor ihm, und qualifizierte mich mehr als eine Sekunde schneller als er. Wo hätte ich ein Problem haben sollen? Ich habe bewiesen, dass, in gleichwertigen Autos, wenn ich jemand hinter mir halten will . . . nun, ich glaubte der bleibt hinter mir. Der zweite Platz ist eines , aber der zweite Platz, weil dieser Bastard mir den Sieg stahl, das ist etwas anderes.»

«Ich flog mit Gilles von Imola nach Hause», berichtet Jackie Stewart, «und er war über den Vorfall wütend. Die Weltmeisterschaft selbst war ihm nicht wichtig. Er sagte mir, er habe es sich zum Ziel gesetzt, meinen Rekord zu unterbieten, mehr Rennen zu gewinnen als ich. Er war von diesem Rennen erschüttert. Er war ein ehrlicher, beinahe unschuldiger Mensch. Es war sehr traurig, dass die letzten zwei Wochen seines Lebens so geplagt und enttäuschend waren.»

Viele Leute waren der Meinung, dass Gilles auf die Imola-Affäre überreagierte, aber sie verstanden seinen Charakter nicht. In jeder Hinsicht war er absolut, auch in seinem Vertrauen anderen gegenüber. Man legte ihn nur einmal herein. Als er in Zolder eintraf, war er immer noch von seiner Rage geplagt. Er dachte, er müsse sich wieder vor seinem Team behaupten. In der letzten Qualifikation hatte er seinen Unfall, unter genau den Bedingungen, die er befürchtet hatte.

Wie gut war er ? Für mich drückte es Laffite am besten aus: «Kein Mensch kann ein Wunder bewirken, aber bei Gilles war man nicht so sicher . . .»

# Aus unserem Verlagsprogramm

**LAMBORGHINI**
**Träume auf vier Rädern**
**Von Robert de la Rive Box**
200 Seiten;
Format 234 × 282 mm;
324 Abbildungen, davon 206 in Farbe;
exklusiver, qualitativ hochstehender Mehrfarbendruck auf Kunstdruckpapier;
gebunden;
**sFr. 195.–/DM 235,–**

Dieses Buch beschreibt eingehend den Werdegang der Automobilfabrik Lamborghini. Es ist aber mehr als ein Stück Automobilgeschichte. Mit den über 300, zum grösseren Teil farbigen Abbildungen gibt es Einblick in eine Welt, die den meisten von uns verborgen sein dürfte: Ausgefeilte Technik, gepaart mit Schönheit und Eleganz. Dieses Werk ist eine Muss-Lektüre für jeden Auto-Enthusiasten oder jemanden, der einfach davon träumt, ein Fahrzeug ohne seinesgleichen zu besitzen und zu fahren.

**Einziges Buch in deutscher Sprache über Lamborghini!**

**FERRARI**
**Die Rennsportwagen und Strassenfahrzeuge**
**Von Godfrey Eaton**
252 Seiten;
Format 231 × 282 mm;
500 Abbildungen, davon 158 in Farbe;
gebunden;
**sFr. 64.–/DM 76,–**

**CORVETTE**
**Amerikas Sportwagen**
**Von Jay Koblenz**
252 Seiten;
Format 231 × 282 mm;
350 Abbildungen, davon 145 in Farbe;
gebunden
**sFr. 64.–/DM 76,–**

**PORSCHE**
**Die Geschichte einer Denkfabrik**
**Von Richard M. Langworth**
252 Seiten;
Format 231 × 282 mm;
448 Abbildungen in Farbe;
gebunden;
**sFr. 64.–/DM 76,–**

**BMW**
**Die Geschichte der Bayerischen Motorenwerke**
**Von Jan P. Norbye**
252 Seiten;
Format 231 × 282 mm;
398 Abbildungen, davon 150 in Farbe;
gebunden;
**sFr. 69.–/DM 84,–**

**MERCEDES-BENZ**
**Die ersten hundert Jahre**
**Von Richard M. Langworth**
252 Seiten;
Format 231 × 282 mm;
492 Abbildungen, davon 151 in Farbe;
gebunden;
**sFr. 69.–/DM 84,–**

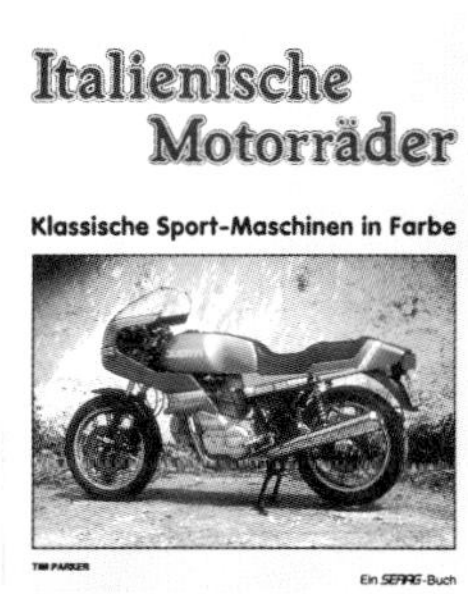

**CUSTOM-MOTORRÄDER**
**Phantasie auf Rädern**
**Von Andrew Morland**
128 Seiten;
Format 216 × 266 mm;
durchgehend farbige Abbildungen;
gebunden;
**sFr. 39.–/DM 48,–**

**HARLEY-DAVIDSON-KULT 1**
**Eine Motorrad-Legende in Farbe**
**Von Gerald Foster**
128 Seiten;
Format 216 × 266 mm;
durchgehend farbige Abbildungen;
**sFr. 39.–/DM 48,–**

**HARLEY-DAVIDSON-KULT 2**
**Eine Motorradlegende lebt weiter**
**Von Gerald Foster**
128 Seiten;
Format 216 × 266 mm;
durchgehend farbige Abbildungen;
**sFr. 42.–/DM 55,–**

**ITALIENISCHE MOTORRÄDER**
**Klassische Sport-Maschinen in Farbe**
**Von Tim Parker**
128 Seiten;
Format 216 × 266 mm;
durchgehend farbige Abbildungen;
**sFr. 48.–/DM 59,–**

**MV AGUSTA**
**Technik und Geschichte der Rennmotorräder**
**Von Christian Spahn**
280 Seiten;
Format 216 × 266 mm;
205 Abbildungen, davon 125 in Farbe;
gebunden;
**sFr. 84.–/DM 98,–**

**SERAG AG · Verlagsunternehmen · Postfach 8**
**CH-8808 Pfäffikon · Tel. 01/7 84 85 95**

MICHELIN